DANIEL y APOCALIPISIS

DANIEL Y APOCALIPISIS

ANTONIO GILBERTO

Daniel y Apocalipsis

Copyright ©2001 Editorial Patmos
Weston, Florida 33326

Antonio Gilberto
Título original: *Daniel e Apocalipse* / CPAD

Traducción: Luis Bernal Lumpuy

ISBN· 1-58802-012-6
Categoría: Escatología / Apocalipsis

Cubierta: Rafael Paixão

ÍNDICE

APOCALIPSIS

PRESENTACIÓN

Al presentar este conciso trabajo sobre los libros de Daniel y Apocalipsis, tenemos muy claro en la mente lo que se dice en 1 Corintios 13.9: "... en parte conocemos".

Es para nosotros confortante saber que la autenticidad, tanto del libro de Daniel como del de Apocalipsis fue atestiguada por el Señor Jesús. La de Daniel Él la declaró en Mateo 24.15: "Cuando veáis en el lugar santo la abominación desoladora de que habló el profeta Daniel (el que lee, entienda)". La de Apocalipsis la tenemos en su capítulo 22.16: "Yo Jesús he enviado mi ángel para daros testimonio de estas cosas en las iglesias." No importa lo que digan los críticos en cuanto a la autenticidad y credibilidad de esos dos libros, si ya tenemos el testimonio de Jesucristo.

Ambos libros armonizan, se complementan. No se debe estudiar uno sin el otro. Es importantísimo el estudio de ellos para el fiel cristiano que espera a su Señor, ya que estamos en el "tiempo del fin". El lector debe leer aquí Daniel 8.17,19; 10.14; 11.35; 12.4; y Apocalipsis 1.3.

Es también notable el paralelismo entre los dos libros, ya que Daniel se ocupa principalmente de los "tiempos de los gentiles", que se mencionan en Lucas 21.24: "Caerán a filo de espada, y serán llevados cautivos a todas las naciones; y Jerusalén será hollada por los gentiles, hasta que los tiempos de los gentiles se cumplan."

Apocalipsis presenta la "plenitud de los gentiles": "Porque no quiero, hermanos, que ignoréis este misterio, para que no seáis arrogantes en cuanto a vosotros mismos: que ha acontecido a Israel endurecimiento en parte, hasta que haya entrado la plenitud de los gentiles" (Ro 11.25).

La expresión "tiempos de los gentiles" tiene que ver con el aspecto político mundial, refiriéndose al tiempo en que los gentiles tienen supremacía sobre Israel, lo que comenzó con el destierro babilónico. Pero el alcance de la expresión va más allá de eso; ella señala el día de la supremacía final de la restaurada nación israelita, durante el reino milenario de Cristo.

La expresión "plenitud de los gentiles" tiene que ver con el aspecto espiritual, que destaca la supremacía celestial de la Iglesia triunfando sobre el mal y, al fin, reinando su divino Esposo, como vemos en el epílogo de Apocalipsis.

DANIEL

INTRODUCIÓN

Daniel, muy joven todavía, comenzó sirviendo fielmente a Dios en tierra extraña. Llevó una vida inmaculada en medio del paganismo, de la idolatría y del ocultismo de la corte babilónica. Fue semejante a José en piedad y pureza. Fue a Babilonia cautivo, en el primer grupo de desterrados de Judá, en 606 a.c., cuando tenía entre catorce y dieciséis años de edad. Allí vivió en el palacio de Nabucodonosor, como estudiante, estadista y profeta de Dios, durante el reinado de todos los reyes babilónicos, salvo el primero de ellos, Nabopolasar, padre de Nabucodonosor, fundador del imperio neobabilónico. Llegó al Imperio Persa bajo Ciro (6.28; 10.1). ¡Prestó casi setenta y dos años de abnegados servicios a Dios y al prójimo!

1. Época y lugar del libro. Se escribió el libro de Daniel en 606-534 a.c., durante el destierro del pueblo de Dios en Babilonia. (El destierro fue desde 606 hasta 536 a.c.) Babilonia

era la capital del imperio. (Susa, la capital de Ciro, en Elam, se menciona en el libro — 8.2 —, pero en una visión de Daniel.)

2. División del libro

Parte histórica (capítulos 1 al 6) — Una especie de biografía de Daniel, habiendo también el elemento profético, especialmente en el capítulo 2.

Parte profética (capítulos 7 a 12) — Visión general y pormenorizada de los últimos imperios mundiales de los tiempos de los gentiles, sucedidos por el reino de los santos del Altísimo (7.22).

En resumen, el libro revela el dominio de Dios sobre los reinos del mundo, así como el establecimiento de su propio reino.

3. Tema del libro. Dios revela lo profundo y lo escondido, y gobierna los reinos de los hombres, como está escrito: "Él revela lo profundo y lo escondido; conoce lo que está en tinieblas, y con él mora la luz" (2.22). "Hasta que conozcas que el Altísimo tiene dominio en el reino de los hombres, y que lo da a quien él quiere" (4.25).

4. Objetivo del libro
a. Revelar el futuro del mundo gentil,
b. Revelar el futuro de la nación israelita.

5. Para una mejor comprensión del libro, el lector debe estudiar la historia bíblica del pueblo israelita anterior a Daniel, a fin de tener una visión panorámica de la situación reinante en el tiempo del profeta, tanto en Israel como en las naciones con él relacionadas.

El inicio de la historia de Daniel se sitúa a partir de 2 Crónicas 36.6,7 y 2 Reyes 24.1 en el reinado de Joacim.

Después de Daniel, viene el relato de Esdras, Nehemías y Ester, si bien que la historia de Ester ocurre entre los capítulos 6 y 7 del libro de Esdras.

DANIEL Y SUS COMPAÑEROS EN BABILONIA

(CAP. 1)

En el estudio de este capítulo del libro de Daniel, vemos cómo el diablo ataca a la juventud creyente, directa e indirectamente, buscando destruir su fe en Dios. Hecho esto, conseguirá todo lo demás.

1. *"En el año tercero del reinado de Joacim..."* (1.1). Retrocedamos un poco en el tiempo para que veamos la situación anterior del trono de Judá.

El rey Josías (639-609 a.c.) fue un buen rey. Reinaba en Judá cuando murió en Meguido frente al Faraón Necao, rey de Egipto (2 Cr 35.22; 2 R 23.29,30). Faraón Necao subió a guerrear contra Carquemis, en la orilla occidental del Éufrates, que acababa de ser conquistada por Nabucodonosor, rey de Babilonia. Carquemis, desde la caída de Nínive, capital de Asiria, en 612 a.C., se volvió base avanzada de Egipto, a fin de dominar a los países vasallos, como Siria, Fenicia y otros. Ahora Babilonia, en su escalada por la supremacía mundial, se apoderó de Carquemis (2 Cr 35.20; Jer 46.2).

De modo que, en ese tiempo en que el joven Daniel entra en escena, Babilonia ya se había formado como potencia dominante mundial.

Rey Joacaz, hijo de Josías (609 a.c.) También llamado Salum (Jer 22.11). Reinó sólo tres meses, siendo después depuesto por Faraón Necao y llevado cautivo a Egipto, donde murió. Ese Faraón puso en su lugar al hermano de Joacaz, Eliaquim, cambiándole el nombre a Joacim (2 R 23.31-35; 2 Cr 36.14).

Rey Joacim, hijo de Joacaz (609-597 a.c.). Ese, después de tres años de servidumbre a Egipto, se rebeló contra Faraón Necao. En su tercer año vino contra él Nabucodonosor (2 R 24.1; 2 Cr 36.6). En el reinado de Joacim comienza la historia de Daniel (1.1). Reinó once años (2 R 24.1-6; 2 Cr 36.5-8). Ese rey malo era enemigo del profeta Jeremías, a quien persiguió (Jer 26.21; 36.26). Por lo tanto, en ese tiempo el reino de Judá estaba sometido a Babilonia.

Los dos reyes siguientes fueron los últimos de Judá, y no tuvieron expresión alguna. Joaquín, hijo de Joacim, que reinó sólo tres meses, en 597 a.c. (2 R 24.8; 2 Cr 36.9), también se le llama Jeconías (Jer 27.20), e incluso Conías (Jer 37.1). Fue llevado preso a Babilonia por Nabucodonosor, que después puso como rey en su lugar a Matanías, hermano del propio Joaquín, a quien llamó Sedequías (2 Cr 36.10,11). Sedequías reinó once años (597-587 a.c.) Más tarde vino Nabucodonosor y lo llevó encadenado a Babilonia, donde murió. De ese modo pereció, por lo visto, el reino prometido a David. La razón de toda esa desolación sobre el pueblo escogido está declarada por Dios en 2 Crónicas 36.14-17. Nabucodonosor fue sólo el ejecutor de la acción correctiva divina sobre el rebelde pueblo de Israel (Jer 25.9).

Jeremías ya ejercía el ministerio profético cuando Daniel iniciaba el de él. (Léanse las apropiadas referencias en ese sentido, en 2 Crónicas 35.25; 36.12,21,22; Jeremías 25.1; 37.5-8; 46.2.)

En ese "año tercero del reinado de Joacim" (1.1) fue hacia Babilonia el primer grupo de cautivos, y entre ellos Daniel (1.3). (Aquí comenzó el conteo de los setenta años de cautiverio de Judá: año 606 a.C.)

2. *"El Señor entregó en sus manos a Joacim"* (1.2). Eso ocurrió porque "hizo lo malo ante los ojos de Jehová, conforme a todas las cosas que sus padres habían hecho" (2 R 23.37). El líder o jefe que hace que el pueblo se extravíe es el primero en ser entregado en las manos del adversario. Aquí "entregó" indica que Dios soportó hasta donde fue posible sin afrentar su carácter, y luego quitó la restricción al mal. Es como cuando se quita una compuerta que retiene las aguas. De igual modo, Dios soporta el mal, pero llega un punto en que Él quita la barrera. Es el caso de la multiplicación de la impiedad, depravación moral y violencia entre los hombres en los últimos días, según Romanos, capítulo 1. Allí se dice tres veces que Dios "los entregó" (Ro 1.24,26,28). Es decir, Dios soportó o detuvo el mal hasta un punto, y luego quitó su restricción. Es ese el cuadro espiritual de los últimos días en la tierra.

3. *"a la casa de su dios"* (1.2). Se trataba de Bel, la principal divinidad de los babilonios. En Canaán, a Bel se le adoraba bajo el nombre de Baal.

4. *"y colocó los utensilios en la casa del tesoro de su dios"* (1.2). Se trataba de los utensilios de la casa de Dios, llevados por Nabucodonosor. Eran objetos sagrados, pero al estar el pueblo descarriado, para nada servían. Tenemos un paralelo de eso en la aparatosa liturgia de las muchas iglesias muertas de la actualidad, como es el caso de la Iglesia Romana. Pero tampoco muchas iglesias que se dicen evangélicas se quedan atrás.

5. *"del linaje real"* (1.3). Entre esos cautivos del primer grupo estaba la flor y nata de la nación judía, incluso miembros de la casa real, probablemente descendientes del rey Ezequías, según la profecía de Isaías 39.6,7, que debe leerse aquí.

6. *"muchachos"* (1.4). Daniel debía de tener entonces entre catorce y dieciséis años, según los principales estudiosos de la Biblia y del pueblo judío. Que consideren eso nuestros jóvenes de hoy para que en el albor de su juventud puedan servir lealmente a Cristo.

Notemos las exigencias de un rey pagano en cuanto a servidores para sí:

a) Cualidades físicas — *"en quienes no hubiese tacha alguna"*.

b) Cualidades intelectuales — *"sabios en ciencia"*.

c) Cualidades morales — *"idóneos para estar en el palacio"*. ¿Podemos servir a nuestro Rey Eterno sin las cualidades necesarias?

7. *"los criase tres años"* (1.5). El curso de tres años en un ambiente espiritualmente adverso... ¡Cuántos estudiantes cristianos, desde entonces, han afrontado circunstancias parecidas!

8. *"de la provisión de la comida del rey"* (1.5). Esa comida del rey se ofrecía ceremonialmente a los ídolos antes de servirse. Daniel tenía, pues, razón para rechazarla. (Léase 1 Corintios 10.28.)

9. *"Daniel, Ananías, Misael y Azarías"* (1.6). Entre los hebreos el nombre tenía que ver con la naturaleza de la persona, denotando su carácter. Cada uno de esos nombres incluye el de Dios, cuando se considera el original (Daniel — Dios es mi juez; Ananías — Jehová es misericordioso; Misael — ¿Quién es igual a Dios?; Azarías — Dios es mi ayudador). Se cambiaron todos esos nombres, de modo que incluyeran los de tres divinidades paganas babilónicas. Daniel se cambió a Beltsasar — Bel te proteja; Ananías se cambió a Sadrac — Orden de Aku (la diosa luna, de los babilonios); Azarías se cambió a Abed-nego — Siervo de Nego (o Nebo).

Ese cambio de nombres era para que esos jóvenes soldados de la fe se olvidaran de su Dios, su pueblo, su patria y su religión.

10. *"Daniel propuso en su corazón no contaminarse"* (1.8). Aquí vemos el propósito sincero de Daniel de agradar a Dios. (Léase Romanos 12.2.) En este versículo está escrito que él "pidió" al jefe de los eunucos. Daniel no se insubordinó. A pesar de ser noble, era humilde y respetuoso. ¡Hay quienes no son nada aquí y muestran mucho orgullo y presunción! Tenemos reflejada en Daniel una gran virtud.

11. *"Puso Dios a Daniel en gracia y en buena voluntad con el jefe de los eunucos"* (1.9). Dios obró en el jefe de Daniel. En el Salmo 144.2, David, hablando de la providencia divina, dice: "El que sujeta a mi pueblo debajo de mí." En Proverbios 21.1 está escrito: "Como los repartimientos de las aguas, así está el corazón del rey en la mano de Jehová; a todo lo que quiere lo inclina." Sí, Dios puede hacernos simpáticos al pueblo.

12. *La negativa del jefe de los eunucos* (1.10). Eso no afectó la fe de Daniel. Era muy joven, pero tenía fe en Dios y perseverancia.

13. *Una vez más, la perseverancia de Daniel: "te ruego"* (1.12). En esta ocasión le pidió a otro funcionario de la corte. Para agradar a Dios y preservar su fe, no se cansó de pedir.

14. *Para un rostro hermoso* (1.11-16). Para esto basta una buena dieta de legumbres (1.18,19) es fe en Dios. Por lo tanto, los cosméticos no son la verdadera solución de un rostro hermoso... La primera dieta del hombre fue la de vegetales (Gn 1.29). Después es que vino la carne animal (Gn 9.3).

15. *"Dios les dio..."* (1.17). Dios recompensa la fidelidad. Dios les dio a esos jóvenes conocimiento e inteligencia. Dios les dio también dones sobrenaturales de sabiduría.

16. *"En todo asunto de sabiduría"* (1.20). Recordemos que los babilonios fueron los precursores de la ciencia astronómica.

17. *"magos y astrólogos"* (1.20). Los magos formaban en aquel tiempo una casta religiosa de sabios. Había entre los persas una ciencia como tal, que nada tenía que ver con la astrología actual, más bien relacionada con el espiritismo. De ese inicio de investigación científica persa procede la moderna astronomía. Los magos (sabios) que vinieron a adorar al niño Jesús procedían de Persia (Mt 2.1-12). Desde el tiempo de Daniel en Babilonia, quedó un grupo de fieles que se dispersó por los países orientales, como hemos dicho: de ese grupo proceden los magos relacionados con el niño Jesús. A Daniel se le hizo jefe de aquellos magos. (Léase Daniel 4.9; 5.11.)

18. *"hasta el año primero del rey Ciro"* (1.21). Llegamos aquí al año 536 a.C. cuando Ciro se convirtió en el primer

emperador de Persia como imperio mundial. La antigua Persia está hoy ocupada en parte por el moderno Irán, que adoptó ese nombre a partir de 1935.

S E G U N D A P A R T E

LOS CUATRO ÚLTIMOS IMPERIOS MUNDIALES (CAP. 2)

En este capítulo vemos profetizado el futuro del mundo gentil en la época de los "postreros días" (2.28). Esto alcanza los tiempos de la venida de Jesucristo y del establecimiento del milenio: "Y en los días de estos reyes el Dios del cielo levantará un reino que no será jamás destruido, ni será el reino dejado a otro pueblo; desmenuzará y consumirá a todos estos reinos, pero él permanecerá para siempre" (2.44). El asunto profético de este capítulo es tan importante que se repite en el capítulo 7. Una de las diferencias es que aquí, en el capítulo 2, la revelación divina vino mediante un sueño profético de Nabucodonosor; y en el capítulo 7, mediante una visión profética concedida a Daniel.

1. *"reinado de Nabucodonosor"* (2.1). El hecho ocurrió un año después de que Daniel fuera para Babilonia; por lo tanto, durante su curso en el palacio del rey. Dios quiere usar a los estudiantes creyentes durante sus cursos. Nabucodonosor fue

el primer monarca de la historia que dominara toda la tierra habitada (Jer 27.6,7).

2. *"y se le fue el sueño"* (Dn 2.1). ¡Un monarca con insomnio! Dios da el sueño, pero también lo quita cuando quiere. Véanse otros casos famosos en la historia: Saúl (1 S 26.12); Asuero (Est 6.1); Darío (Dn 6.18).

3. *"y caldeos"* (2.2). Esta distinción muestra que los caldeos, como aquí se declara, constituían de algún modo una clase separada de sabios.

4. *Texto en idioma arameo*. De 2.4 a 7.28 del libro de Daniel, el texto está escrito en arameo, en el original. Desde luego que hay en eso una lección para el mundo gentil. El arameo era el idioma del comercio y de la diplomacia de la época.

5. *El sueño del rey, olvidado* (2.3-9). Dios habla mediante sueños (Job 33.15,16). La Biblia hace mención de treinta y cuatro sueños, veintidós en el AT y doce en el NT.

6. *Los ocultistas impotentes* (2.10,11,27). Sí, impotentes para revelar el futuro, cuando los hechos proceden de Dios.

7. *Un culto de oración de la juventud* (2.17-23). Muchas otras cosas edificantes aprendemos en estos versículos: que Daniel era hombre de oración; que es bueno tener amigos que oran en las dificultades; que es de gran valor la oración unánime; que Dios responde a la oración de jóvenes sinceros; que la oración debe estar impregnada de loor a Dios.

8. *Daniel en la presencia del rey* (2.25-30). Aquí tenemos uno de los muchos casos de un judío despreciado que resuelve los problemas de la humanidad. Es también el caso de José, el hijo de Jacob, que, olvidado en una cárcel de Egipto, se volvió el salvador del mundo. La historia se repite a través de los tiempos. En los tiempos modernos tenemos casos como el de Disraeli, y de Sabín y muchos otros. Otras lecciones de los versículos 25-30: la convicción y la autoridad espiritual de Daniel (v. 24); Daniel da testimonio de Dios en la presencia del rey (v. 28); Dios revela misterios (v. 28); Daniel, tan importante material y espiritualmente, no se consideró superior a nadie (v. 30): ¡quien de veras es importante no alardea de su importancia!

9. *La revelación del sueño olvidado* (2.29-35). El rey debe de haber quedado muy emocionado cuando Daniel, que nada tenía que ver con el sueño, comenzó a reproducirlo fielmente...

10. *La interpretación del sueño profético* (2.36-43). En la enorme estatua del sueño del rey se profetiza la historia de las naciones de los "tiempos de los gentiles", comenzando por Nabucodonosor hasta la venida de Jesucristo. Aquí están los cuatro últimos imperios mundiales hasta la venida de Cristo:

a) Babilonia (la cabeza de oro) (2.32,37,38).

b) Medopersia (el pecho y los brazos de plata) (2.32,39).

c) Grecia (el vientre y los muslos de bronce) (2.32,39).

d) Roma (las piernas de hierro, y los pies — parte de hierro y parte de barro — 2.35,40-43).

Algunos pormenores interesantes:

La cabeza de la estatua (2.32,37,38) representa el comienzo, el inicio, de los tiempos de los gentiles, es decir, el Imperio Babilónico. (Sobre la expresión "tiempos de los gentiles", léase Lucas 21.24.)

	La cabeza de oro BABILONIA	Daniel 2.32
	El pecho de plata MEDOPERSIA	Daniel 2.32
	El vientre de bronce GRECIA	Daniel 2.32
	Las piernas de hierro, y los pies en parte de hierro y en parte de barro ROMA	Daniel 2.33
	Los diez dedos de los pies: El futuro reino del anticristo	Daniel 2.33

El pecho de plata de la estatua y sus dos brazos (2.32,39). Representación de la alianza del Imperio Medopersa, el segundo imperio mundial. El vientre de bronce de la estatua (2.32,39). No hay pormenores aquí. En el capítulo 7, sí. Se trata del tercer imperio mundial, Grecia. Las dos piernas de hierro de la estatua (2.33,40). Las piernas son la parte más larga del cuerpo, lo que indica la extensión del dominio romano, del cual somos actualmente una forma. Las dos piernas corresponden a la división del Imperio Romano en Occidental y Oriental que ocurrió en 395 d.C. Los diez dedos de los pies en la imagen (2.41,42). Son diez reinos, como forma o expresión final del Imperio Romano, en los últimos días de la presente dispensación, como se ve en el versículo 44: "Y en los días de estos reyes..." Esos diez reyes corresponden a los diez cuernos del cuarto animal de Daniel 7.24 y a los diez cuernos de la bestia de Apocalipsis 13.1 y 17.3. Se trata de un poder político que existió, y que no existe en el momento actual, pero que volverá a existir ("era, y no es, y está para subir" — Ap 17.8).

Los pies, en parte de hierro, en parte de barro (2.33,41,43). ¡Hierro y barro no se mezclan! Esto revela que en este tiempo del fin no habrá "naciones unidas". El hierro es el gobierno dictatorial, totalitario que hoy cada vez más aumenta en todos los continentes (v. 40). El barro es el gobierno del pueblo, democrático, republicano. El barro se forma de partículas sueltas, lo que indica gobierno del polvo, como se presenta el régimen democrático. Ya el hierro está formado de bloques compactos, lo que indica poder centralizado. Tenemos hoy en el mundo estas dos formas de gobierno. Vemos así por la Palabra de Dios que la última forma de gobierno en la tierra no será el comunismo total, como ellos pregonan.

La creciente inferioridad de los metales en la estatua profética (2.32,33). Oro, plata, bronce, hierro con barro. Esto revela que el mundo no mejorará ni moral ni políticamente, y sí empeorará cada vez más. Es lo que nos asegura esta profecía.

Según la forma de pensar de este mundo (incluso la filosofía comunista), la cabeza debía ser de barro y los pies de oro. Al contrario, ¡la cabeza es la que es de oro y los pies de barro! La imagen de Nabucodonosor es una descripción bíblica de la degeneración de la raza humana alejada de Dios. Es el capítulo 1 de Romanos, versículos 18 y siguientes.

11. El último reino mundial (2.44,45). Ese reino proviene del cielo. Será implantado sin intervención humana. El versículo 34 dice: "Una piedra fue cortada, no con mano." Esa piedra es Cristo (Hch 4.11; 1 Co 10.4; 1 Pe 2.4). Un monte no es más que barro bajo diferentes formas. Esto se refiere a Jesús, que nacería como hombre en la tierra (Is 53.3), sin intervención humana, es decir, siendo engendrado por el Espíritu Santo, y no por el hombre. Algo idéntico ocurrirá cuando el reino de Dios sea establecido aquí por corto tiempo, o sea, sin ayuda humana. Jesucristo no será nombrado ni entronizado por el hombre. Su conquista no se efectuará por armas carnales. (Léase 2 Tesalonicenses 2.8.) En cuanto a la expresión "no con mano" (v. 45), es decir, sin la ayuda de manos humanas, el lector debe leer Daniel 8.25 y Lamentaciones 4.6.

La piedra golpeó violentamente los pies de la estatua y la desmenuzó (v. 45). Se dice cuatro veces que la piedra desmenuzó la imagen (vv. 34,40,44,45). Por lo tanto, el mundo no terminará convertido por la predicación del evangelio, y sí destruido con violencia sobrenatural en la venida de Jesucristo. Eso ocurrirá en Armagedón, en el tiempo del dominio mundial de las diez naciones confederadas bajo el anticristo (Ap 17.11-13 con 19.11-21).

En el versículo 34 vemos que la piedra hirió la estatua en los pies, y en seguida destruyó la cabeza, el pecho, el vientre y las piernas. Eso indica que todas las formas de gobierno representadas por esas partes de la estatua, ¡existirán bajo la bestia, en el futuro!

Ya se habla definidamente de la formación de los Estados Unidos de Europa, donde otrora quedaba el núcleo del Imperio Romano. El Mercado Común Europeo ya es una realidad. Para la organización de los Estados Unidos de Europa es sólo un paso más.

12. El efecto de la majestad divina (2.46,47) fue poderoso y eficaz sobre Nabucodonosor. Esa majestad se manifestó mediante la interpretación sobrenatural del sueño.

13. Nuevo ascenso de Daniel (2.48). Ahora era gobernador de la provincia de Babilonia y jefe supremo de los sabios. (Véanse también caps. 4.9 y 5.11.) Pocos hombres de este mundo tuvieron honra igual a Daniel: servir en los más altos cargos del gobierno en dos de los mayores imperios mundiales: el babilónico y el medopersa.

14. El espíritu superior de Daniel (2.49 — véanse también 5.12 y 6.1) A pesar de la fama y del puesto, siguió siendo humilde. No olvidó a sus amigos que lo ayudaron y contribuyó al ascenso de ellos también. Tenía realmente un "espíritu superior". Muchos, al ser ascendidos, se olvidan de todos, aun de quienes los ayudaron a subir. Hay muchos en este mundo amargados por ingratitudes. ¿Qué sabe el lector en este particular?

15. Conclusión. La estatua comenzó como algo grandioso y terminó en polvo (2.35). La piedra comenzó con una obra diminuta, Pero después llenó todo el mundo: "llenó toda la tierra" (v. 35).

En Mateo 21.42-44 tenemos la explicación cabal de la profecía de la piedra, dada por Jesús, que es la propia piedra.

a. La piedra rechazada por Israel (v. 42). "La piedra que desecharon los edificadores." Eso se refiere a Israel, en el pasado, cuando rechazaron la piedra! — "No queremos que éste reine sobre nosotros" (Lc 19.14).

b. La piedra angular de la Iglesia (v. 42). "Ha venido a ser cabeza del ángulo." Eso se refiere a la edificación de la Iglesia en el presente.

c. La piedra desmenuzará las naciones (v. 44) — aquel sobre quien ella caiga quedará reducido a polvo. Eso es futuro y se refiere al Señor Jesús en su venida, desmenuzando las naciones amotinadas contra Dios, según vemos en el Salmo 2, que debe leerse aquí.

EL ORGULLO
RELIGIOSO CASTIGADO

(CAP. 3)

En este capítulo tenemos la historia de la colosal estatua de oro hecha por Nabucodonosor, para ser adorada. Tenemos también una consecuencia de eso: la historia de los tres jóvenes creyentes en el horno de fuego.

1. *La estatua y su inauguración* (3,1-3). La estatua del capítulo 2 fue en sueño; esta es real. Tenía sesenta codos de altura — casi 29 metros. (El codo babilónico tenía más o menos 48 cm). Todo aquí era a base de seis, indicando cosas puramente humanas. (Véanse 1 Samuel 17.4 y Apocalipsis 13.18, donde también sobresale el número humano.)

El lugar de la estatua: Dura. El arqueólogo Oppert, que hizo excavaciones en las ruinas de Babilonia, en 1854, halló el pedestal de una colosal estatua, en un lugar llamado Duair (¿sería Dura?), que puede haber sido las ruinas de la gigantesca estatua de oro de Nabucodonosor, que tal vez fuera una imagen de él mismo.

2. *La orden de adoración de la imagen del rey y la obedien-cia de los pueblos* (3.44). Tenemos aquí la tentativa de una religión mundial de apariencias, de exterioridades. Algo para ver (v. 3); algo para oír (v. 5), pero nada para satisfacer el alma.

Esos jóvenes creyentes del libro de Daniel afrontaron dos grandes peligros:

1) Contaminación con cosas materiales, pero con efectos espirituales (la comida del rey — 1.5); y

2) Contaminación con cosas espirituales (religión falsa — 3.5).

3. *El crimen de la intolerancia religiosa* (3.6). Un infame ejemplo de eso son los horrores de la Inquisición, instituida por la Iglesia Romana en el Concilio de Tolosa, en 1229. Entre los años 1540 y 1570 ese tribunal mató a novecientos mil cristianos. En la célebre Noche de San Bartolomé, en Francia, el 24 de agosto de 1572, la Inquisición mató a setenta mil cristianos.

4. *Los jóvenes hebreos denunciados* (3.8-12). La prisa del impío en denunciar el justo: "En aquel tiempo" (v. 8). Tal vez haya sido envidia el motivo de la acusación. Por el relato se ve que Daniel no estaba presente, tal vez estuviera viajando o en-fermo.

5. *Los males de la ira* (3.13-18). La ira del rey lo cegó, de modo que cometió grandes errores como:

a. Utilizar a los hombres más fuertes del ejército para atar a tres mansos hebreos (v. 20).

b. Calentar demasiado el horno, lo que abreviaría el sufrimiento de los tres jóvenes. (Si es que quería prolongar y multiplicar sus sufrimientos, tendría que usar menos fuego — v. 19).

c. El horno supercalentado consumió a los soldados más fuertes del rey.

d. El contrasentido del rey en cuanto a Dios. En 2.47 en-grandece a Dios, ahora lo desafía (v. 15). Así hace el hombre que no controla su ira.

He aquí algunas advertencias y consejos bíblicos para el hombre iracundo: Proverbios 14.17,29; 19.19; 22.14; 29.22; San-tiago 1.19,20.

6. *Paz, firmeza y confianza en Dios ante el peligro* (3.17,18). Eso vemos en los tres creyentes hebreos. El Señor Jesús legó su paz a sus seguidores: "La paz os dejo, mi paz os doy" (Juan 14.27). Judas se quedó con la bolsa; los soldados, con la túnica; el ladrón moribundo, con el perdón; Juan, con la madre de Jesús, pero los discípulos, en todos los tiempos, se quedaron con su paz.

7. *Continúa la ira del rey* (3.19-23). Antes el rey estaba "con ira y con enojo" (v. 13), pero ahora "se llenó de ira" (v. 19). La ira es así: si no se le controla, se transforma en cólera ciega e insensata: "Deja la ira y desecha el enojo; no te excites en manera alguna a hacer lo malo" (Sal 37.8) — ¡Ahí está la advertencia divina!

8. *"apagaron fuegos impetuosos"* (Heb 11.34). Eso vemos en el caso de esos tres jóvenes creyentes (3.24,25). Era la presencia de Dios allí, por medio de la fe. (Léanse Isaías 43.1,2; Mateo 28.20; Hebreos 13.5.)

9. *Salvos EN el horno, no DEL horno* (3.26). Dios no nos promete librar siempre de la angustia, pero estará con nosotros en la angustia, si tenemos que pasar por ella (Sal 91.15).

Salvos EN el horno fue un milagro mayor que salvos DEL horno. Es el caso de Lázaro. El milagro de su resurrección fue mayor que el de su sanidad (Juan 11.44).

10. *Ángeles* — los ingenieros del universo (3.28). Sí, ellos controlan las fuerzas y los elementos de la naturaleza (Ap 71; 14.18; 16.5).

11. *Un decreto extraño* (3.29). Un decreto sobre blasfemia contra Dios; sobre hablar mal de Dios, ¡y por un rey pagano!

Hemos visto que los "tiempos de los gentiles" comenzaron con la adoración de imágenes, y de ese modo también terminará (Mt 24.15; Ap 13.8,11). Para los creyentes, la Palabra de Dios advierte: "Guardaos de los ídolos" (1 Juan 5.21). En la vida del cristiano, un ídolo es todo aquello que toma el lugar y el tiempo que pertenecen a Dios.

EL ORGULLO POLÍTICO CASTIGADO
(CAP. 4)

En este capítulo tenemos el sueño de Nabucodonosor con el gran árbol. En el estudio del capítulo anterior vimos el orgullo político y el de castigos desorbitados. En cuanto a este, se trata de una parte de la Biblia escrita por un impío. (Véanse los versículos, 1,2 y 37.)

1. *El reconocimiento de la grandeza de Dios* (4.2,3). Esto es muy importante en la vida de un gobernante, ya que toda la autoridad viene de Dios (Ro 13.1).

2. *El concepto de Daniel* (4.8). Tres veces Nabucodonosor afirma que Daniel tenía el espíritu de los dioses santos (4.8,9,18). Si ese rey fuera creyente, diría que el profeta estaba lleno del Espíritu Santo. El incrédulo no sabe hablar el lenguaje de Sion.

3. *La figura del árbol en la Biblia* (4.10). El árbol es, en las Escrituras, una figura común para representar al ser humano. (Léanse los pasajes siguientes: Salmo 1.3; 92.12; Cantares 4.16; Mateo 3.10; Romanos 11.17; 1 Corintios, 3.9.) Israel, por ejemplo,

se simboliza con tres árboles: olivo (Ro 11.17); higuera (Lc 21.29); y vid (Sal 80.15; Jl 1.12).

El justo comparado con el árbol resulta en algunas lecciones importantes:

a. Habla del tierno cuidado de Dios (Sal 1.3). Ahí se habla del justo, como un árbol plantado. Hay mucha diferencia entre un árbol que fue plantado, y otro que nació por sí mismo.

b. Un árbol fructífero de buena calidad puede volver al estado selvático por falta de cuidado (Ro 11.7).

c. Un árbol sólo da fruto después que crece; una vez desarrollado.

4. "vigilante" — una clase de ángeles (4.13). Desde luego que su principal función es vigilar contra el mal.

5. Siete tiempos = siete años (4.16,23,25,32). Es falsa la interpretación que afirma que eso significa dos mil quinientos veinte años, es decir, 7 x 360 días, significando cada día un año.

6. La interpretación del sueño por Daniel (4.19-27). En el versículo 25 vemos que Dios puede cambiar la naturaleza del hombre. En el milenio Él cambiará la naturaleza de los animales, para que haya armonía en todo.

7. La gracia y la longanimidad de Dios para con los hombres (4.29). Dios esperó doce meses para que Nabucodonosor se arrepintiera. Por el gobernador Félix esperó dos años (Hch 24.27). Por los antediluvianos esperó siete días más del plazo estipulado (Gn 7.4). ¿Y por usted, lector, será que Él está esperando? Y ¿por cuánto tiempo?

8. "la gran Babilonia" (4.30). Aquí se trata de la capital del imperio de ese mismo nombre. La ciudad era extravagante; suntuosa más de lo que pueda suponerse; no tenía rival en la historia del mundo. Isaías 13.19 dice: "Babilonia, hermosura de reinos y ornamento de la grandeza de los caldeos." Jeremías 51.41, dice de Babilonia: "Era alabada por toda la tierra." Los antiguos historiadores afirman que su muro alcanzaba 96 km de extensión (24 km de cada lado de la ciudad), 90 m de altura y 25 de espesor. El muro tenía 250 torres y 100 portones de cobre. Bajo el río Éufrates, que dividía al medio a Babilonia, pasaba un

túnel. Los diversos muros de la ciudad y de los palacios y fortalezas eran tan gruesos y altos que para cualquier tipo de guerra de la antigüedad Babilonia era una ciudad sencillamente inconquistable.

9. *El orgullo personal y político del rey* (4.30). "La gran Babilonia que yo edifiqué para casa real con la fuerza de mi poder, y para gloria de mi majestad." Ya Dios dijo que su gloria no la dará a otro (Is 48.11). ¡Cuidado con la costumbre de recibir la gloria que pertenece sólo a Dios!

10. *"Él hace según su voluntad en el ejército del cielo, y en los habitantes de la tierra"* (4.35). Para Dios resulta indiferente actuar con el "ejército del cielo" (los ángeles) o con seres humanos.

T E R C E R A   P A R T E

LOS IMPERIOS MUNDIALES ESPECIFICADOS
(CAP. 5 AL 8)

En las dos primeras partes de este libro, abordamos de forma resumida la sección inicial del libro de Daniel — sus capítulos 1 al 4 — donde vimos, en su capítulo 2, cómo la revelación divina se adentra en los siglos, dejándonos contemplar el futuro de las naciones gentiles y el establecimiento del reino eterno de nuestro Señor Jesucristo, reino ese que no pasará a otro pueblo. "Y en los días de estos reyes el Dios del cielo levantará un reino que no será jamás destruido, ni será el reino dejado a otro pueblo; desmenuzará y consumirá a todos estos reinos, pero él permanecerá para siempre" (2.44).

En esta parte trataremos sobre la sección siguiente del libro de Daniel — los capítulos 5 al 8, donde aparecen los mismos imperios mundiales del capítulo 2. El primero — Babilonia (cap. 5); el segundo — Medopersia (cap. 6); y el tercero — Grecia (parte del capítulo 8).

En el capítulo 7 vuelven a escena, juntos, como en el capítulo 2, los mismos cuatro últimos imperios mundiales, con realce del cuarto — Roma y su última forma de expresión como poder político mundial en los días del anticristo. En el capítulo 2, esos imperios aparecen como metales; ahora, en el capítulo 7, surgen bajo la forma de cuatro animales. Estudiaremos la razón de eso y sus pormenores al llegar al capítulo 7.

En el capítulo 2, la revelación divina se dio por medio de un rey pagano. En el capítulo 7, esa revelación vino por medio del profeta Daniel. El hecho de que los capítulos sean paralelos y proféticos es de mucha importancia para los estudiantes de las profecías. Cuando Dios repite una enseñanza es porque se trata de hechos muy importantes para el mundo y la humanidad.

LA CAÍDA DEL
PRIMER IMPERIO MUNDIAL
(CAP. 5)

El capítulo 5 del libro en consideración debe estudiarse a la luz de Isaías 21.1-9, donde tenemos la profecía de la caída de Babilonia, pronunciada por Isaías casi ciento cincuenta años antes. La mención de Elam y de Media (Is 21.2) señala la conquista de Babilonia por Ciro. Los capítulos 13 y 14 de Isaías añaden más detalles proféticos de esa caída de Babilonia.

Es asombroso del poder exclusivo del Todopoderoso de predecir el futuro, como en el caso de Ciro, el conquistador de Babilonia que, por medio del profeta Isaías, Dios lo llamó por el nombre (Ciro), esto más de siglo y medio antes de su nacimiento (Is 44.28).

Daniel tenía ahora más de ochenta años de edad. Para fines de noción de tiempo, hay más de treinta años entre los capítulos 4 y 5 de Daniel.

Cuando ocurrían los hechos mencionados en el capítulo 5, el ejército de Ciro, rey de Persia, ya sitiaba a Babilonia hacía casi dos años. Esa ciudad, dentro de sus muros considerados inexpugnables, estaba preparada para resistir un sitio por my prolongado que fuera, pero al final del segundo año del asedio, la ciudad fue tomada, como veremos aquí.

1. *"El rey Belsasar"* (5.1). Era corregente con su padre Nabonido. De ahí la frase "tercer señor en el reino" de los versículos 7,16. (Véase más sobre eso en el versículo 7.) La sala del banquete de Belsasar, mencionada en el versículo 1, la arqueología llegó a excavar, y se sabe ahora que medía 19 x 53 metros.

2. *"Nabucodonosor su padre"* (5.2). Belsasar era en realidad hijo de Nabonido y nieto de Nabucodonosor. El arameo no tiene término para abuelo. Jeremías explica la duda en 27.7 de su libro, cuando trata del padre de Belsasar (Nabucodonosor); del hijo de Nabucodonosor (Nabonido); y del hijo del hijo (nieto) de Nabucodonosor (Belsasar). (Véase también Daniel 5.11.)

3. Una fiesta impía (5.3,4). Mucho vino, profanación (los vasos sagrados de la casa de Dios), mujeres impías, falsos dioses.

4. *"En aquella misma hora"* (5.5). La medida de su iniquidad estaba llena y su juicio fue repentino. Con eso armoniza la expresión "la misma noche", en alusión a la muerte de Belsasar, en el versículo 30.

5. *"En tu reino hay un hombre"* (5.11). Las informaciones de la reina madre parecen indicar que Daniel estaría apartado de las antiguas funciones. Era un hombre conocido por su comunión con Dios. "Hay un hombre." Necesitamos urgentemente de ese hombre en el Estado, en la Iglesia, en el hogar, etc. Hombre que ande con Dios y que tenga dones de Dios. Algunos casos de la Biblia son:

"Hubo un hombre enviado de Dios, el cual se llamaba Juan" (Juan 1.6).

"Aquí está un muchacho, que tiene cinco panes de cebada y dos pececillos; mas ¿qué es esto para tantos?" (Juan 6.9).

"Busqué entre ellos hombre que hiciese vallado y que se pusiese en la brecha delante de mí, a favor de la tierra, para que yo no la destruyese; y no lo hallé" (Ez 22.30).

6. *El verdadero espíritu de quien quiere servir bien* (5.17). Daniel, aun ahora en edad avanzada, seguía siempre dispuesto a servir al prójimo. ¡No es de extrañar que tuviera una vida prolongada, recogiendo así los frutos que siempre sembrara!

7. *El valor y la autoridad espiritual de Daniel* (5.18-23). Con autoridad divina, Daniel le expuso al rey su situación espiritual, su arrogancia, altivez e impiedad. Dios le dio al rey oportunidad, pero él la despreció osadamente.

8. *El letrero escrito por el dedo de Dios* (5.25-28). Se conocían las palabras MENE, MENE, TEKEL UPARSIN; pero aisladas como estaban nadie sabía qué mensaje comunicaban (v. 25). Daniel, por el Espíritu de Dios, dio la exacta interpretación:

a. MENE (v. 26): contó Dios tu reino, y le ha puesto fin, es decir, Dios contó el número de días del reino y lo destruyó.

b. TEKEL (v. 27): pesado has sido en balanza, y fuiste hallado falto. Ante la justicia divina ese reino no tuvo ningún peso.

c. PERES (v. 28): en la escritura de la pared apareció el plural: UPARSIM. En la interpretación, Daniel empleó el singular PERES. Son palabras del idioma arameo, que se parece mucho al hebreo: dividido fue tu reino y se les ha dado a los medos y a los persas.

Literalmente, las palabras aisladas significan, por lo tanto: contado, pesado, divisiones. Daniel, por el Espíritu de Dios, interpretó el mensaje divino.

Los medos y los persas formaron una coalición para derrotar a Babilonia. Media luchó bajo Darío, y Persia bajo Ciro. Esta toma de Babilonia también se describe proféticamente en Jeremías, capítulo 51, sobre todo en los versículos 30-32. Jenofonte, historiador griego, dice que los asesinos de Belsasar fueron Gobrias y Gadatas.

Así terminó el magnífico imperio babilónico (la cabeza de oro de la estatua), y tuvo inicio el imperio medopersa.

EL SEGUNDO IMPERIO MUNDIAL

(CAP. 6)

Los medos, al principio de su historia, fueron más poderosos que los persas. Eran pueblos oriundos originalmente de Madai (Gn 10.2). Ellos se llamaban a sí mismos, posteriormente, de airiana, palabra del sánscrito que significa noble. De airiana viene la moderna palabra Irán, nombre por el cual se conoce hoy parte de aquella región.

Después de la caída de Asiria, en 612 a.C., los medos pasaron a controlar todo el norte de Mesopotamia. Cambises, el gran rey de los persas, en la época de la consolidación de su imperio, se casó con la hija de Astiages, rey de los medos. De ese matrimonio nació Ciro II, que juntó sus fuerzas con las de Nabonido, rey de Babilonia, y se rebeló contra los medos, pasando después el país al control de Ciro. Fue este Ciro el que tomó por asalto la ciudad de Babilonia, la noche de la gran orgía del rey Belsasar.

1. *"Pareció bien a Darío"* (6.1). Ha sido grande el debate de los estudiosos, así como los ataques de la crítica falaz alrededor

de este versículo y del anterior (5.31), que mencionan a Darío, el medo, como el primer gobernante de Babilonia. Darío gobernó Babilonia mientras Ciro terminaba sus conquistas en el norte y en el oeste, durante unos dos años. En realidad, en Daniel 9.1 se afirma que él "vino a ser rey" sobre los caldeos. En Daniel 5.31 dice que Darío "tomó el reino". Era en realidad un virrey. En Daniel 6.14 se ve que él nada podía hacer para alterar la ley, mientras que Ciro, después que asumió el trono, liberó a los hebreos del cautiverio y acabó con el régimen de esclavitud de otros pueblos, instaurado por Nabucodonosor. A Belsasar también se le llama "rey" en Daniel 5.30; sin embargo, era en realidad el segundo en la cadena de mando (5.7b).

2. *"de los cuales Daniel era uno"* (6.2). Los gobernantes deben ser hombres de carácter puro y honrado como Daniel. El versículo siguiente explica el secreto de esto: "Pero Daniel mismo era superior a estos sátrapas y gobernadores, porque había en él un espíritu superior..." En el capítulo 5.12, la reina madre de Belsasar ya había dicho eso de Daniel, es decir, que estaba dotado de un "espíritu superior".

3. *Los males de la envidia* (6.4). Es lo que vemos en este versículo y en los que siguen (vv. 5-15). Aquí tenemos a los colegas de Daniel, que tenían malas intenciones contra el siervo de Dios, motivados por amarga envidia.

Todos tenemos que estar vigilantes contra este monstruo destructor, la envidia. En este versículo vemos otra virtud de Daniel: integridad de carácter — "ningún vicio ni falta".

4. *El plan diabólico* (6.6-9). En estos versículos vemos que el plan diabólico de matar a Daniel sería ejecutado por medio de los dirigentes del pueblo y por la vanidad del rey. En 2.12,13, en su plan anterior de matar a Daniel, el diablo actuó a través de la ira del rey Nabucodonosor. Ahora él usó a otro rey, pero con otras armas: la presunción, la vanidad, el orgullo, la vanagloria personal.

El diablo estaba viendo que Daniel sería el hombre que continuaría intercediendo delante de Dios, en oración y ayuno, para que los cautivos de Israel volvieran a su tierra. (Léase Daniel, todo el capítulo 9.)

El rey sería un dios por treinta días (v. 7). Así que, motivado por el orgullo y la vanidad, firmó el decreto de muerte (v. 9). Aun hoy muchos decretos, leyes, estatutos, resoluciones, decisiones, deliberaciones, votaciones y reuniones se hacen para perjudicar a los demás.

5. *La oración de Daniel y sus enseñanzas para nosotros* (6.10):

a. Fue una oración personal (en "su cámara"). Ese es el tipo de oración que decide batallas espirituales, ya que es el canal de comunicación entre el creyente y Dios (Mt 6.6).

b. Fue una oración basada en la obediencia. (Léase 1 Reyes 8.38,42,44,48.) Ahí tenemos prescripciones bíblicas para que en los momentos de crisis el que suplicaba a Dios se volviera hacia Jerusalén, ya que es Jerusalén la "ciudad que yo elegí para poner en ella mi nombre", es lo que dice el Señor en 1 Reyes 11.36. También porque en Jerusalén estaba el templo de Dios (en los días de Daniel estaba destruido), centro de la unidad nacional y símbolo de la fe y de la existencia del pueblo escogido.

c. Fue una oración perseverante ("tres veces al día"). En tres horas del día los judíos hacían oración: a las nueve de la mañana; a las doce y a las tres de la tarde. Así hacía David (Sal 55.17). Pedro y Juan subían al templo para la oración a las tres de la tarde (que era la hora novena de los judíos — Hch 3.1).

d. Fue una oración humilde ("se arrodillaba"). Eso indica sumisión y entrega total a Dios. Jesús oró así (Lc 22.41).

e. Fue una oración con gratitud a Dios ("oraba y daba gracias"). Muchas oraciones no tienen respuesta porque sólo se ocupan de peticiones, sin acciones de gracias de antemano. La gratitud a Dios desde luego que lo inclinará a darnos lo que necesitamos.

f. Fue una oración con dirección exacta ("delante de su Dios"). Algo que vuelve la oración una forma irresistible es que se dirija a Dios. A veces estamos más preocupados con lo que necesitamos que con Dios mismo. ¡Es necesario, por encima de todo, en la oración, contacto con Dios!

g. Fue una oración habitual ("como lo solía hacer"). Daniel, en la crisis, sólo mantuvo el ritmo que acostumbraba mantener en la oración. Hay creyentes que sólo en las crisis o necesidades agudas cumplen un programa de oración, pero el que está habituado a orar con regularidad, en esas ocasiones sencillamente mantiene el ritmo habitual, mientras la tempestad ruge afuera.

El versículo habla de la "casa" de Daniel. La Biblia no menciona pormenores en ese sentido: si tenía esposa, hijos, etc.

6. *La fe de Daniel. Por su fe en Dios, se cerró la boca de los leones* (v. 22): "porque había confiado en su Dios" (v. 23). Hebreos 11.33 confirma: "por fe... taparon bocas de leones."

7. *Ahora a los acusadores se les acusa y castiga* (6.24). Eso a veces ocurre de inmediato; otras veces demora un poco, dependiendo de la justicia divina. "El que cava foso caerá en él." Dos veces Salomón escribió eso: Eclesiastés 10.8 y Proverbios 26.27. Es la ley de la siembra y la cosecha de Gálatas 6.7.

8. *"teman y tiemblen"* (6.26). Necesitamos esas dos cosas delante del Señor, sin el sentido con que se aplican al impío. El pueblo de Dios sufrió mucho en el Antiguo Testamento por no tomar eso en serio. Temor y temblor son también palabras de la dispensación de la gracia (1 Co 2.3; 2 Co 7.15; Ef 6.5; Fil 2.12).

9. *Dios nos libra de los "leones"* (6.27). Hasta de la boca del "león" Dios puede arrancar a la víctima cuando todo parece sin esperanza de salvación. (Léanse 1 Samuel 17.34,35 y 2 Timoteo 4.17.) Sólo por la fe en Dios, cual escudo, podemos resistir al diablo (1 Pe 5.8,9).

LOS CUATRO ÚLTIMOS IMPERIOS MUNDIALES

(CAP. 7)

Cronológicamente, este capítulo viene antes del capítulo 5.
Basta comparar 5.30,31 con 7.1.
Aquí tenemos la continuación del capítulo 2, otra profecía
pronunciada unos sesenta años antes. El tema es el mismo: las
cuatro últimas potencias mundiales. En el capítulo 2 esos imperios
están representados por una imagen con la cabeza de oro, el
pecho de plata, el vientre de bronce, las piernas de hierro, y los
pies, en parte de hierro y en parte de barro, que se desmenuzaron
al impacto de una piedra cortada de un monte.

En el presente capítulo, esos mismos imperios se representan
con un león, un oso, un leopardo y un animal sin nombre y
terriblemente espantoso. Por fin viene el Hijo del Hombre, que
ejerce el juicio y establece el reino eterno del Altísimo (vv.
13,14,26,27).

En el capítulo 2, por medio de Nabucodonosor, Dios reveló
el aspecto político de esos últimos imperios mundiales. A Daniel,

en ese capítulo, Dios le reveló el aspecto moral y espiritual mediante cuatro bestias. Es significativo que las naciones, en general, escogen inconscientemente, para sí símbolos nacionales provenientes de animales feroces y aves de rapiña. Ejemplos de eso son: China — dragón; Inglaterra — león; Estados Unidos — águila; Rusia — oso; Italia — lobo; y así sucesivamente.

1. *El mar agitado* (7.2) son las naciones inquietas. (Léase Apocalipsis 17.15.) La inquietud y perplejidad de las naciones es una característica de los tiempos de los gentiles, como vemos aquí. Eso por las crisis cada vez mayores, que surgen interna y externamente. Los vientos pueden ser los poderes del mal que incitan y afligen a las naciones.

2. *El león* (7.4). Corresponde a la cabeza de oro de la estatua del capítulo 2, es decir, Babilonia (2.32,37,38). El león tenía dos alas, lo que indica la rapidez en sus conquistas, como bien muestra la historia.

Primer imperio mundial de los tiempos de los gentiles: Babilonia (606-536 a.C.). Simbolizada por el león (Dn 7.4), rey de los animales. Eso indica la primacía del Imperio Babilónico sobre los demás que siguieron. Corresponde a la cabeza de oro de la estatua de Dn 2.32,37,38. Las alas de águila hablan de sus rápidas conquistas.

3. *El oso* (7.5) corresponde al pecho de plata del capítulo 2, es decir, Medopersia (2.32,39). En el capítulo 8.20 Medopersia vuelve a representarse con un carnero. El oso se alzaba de un costado, y tenía en la boca tres costillas. El costado que se alzaba era Persia, que llegó a tener supremacía sobre Media. Las tres costillas en la boca aluden a la conquista (por parte de Persia) de Babilonia, Lidia y Egipto.

Segundo imperio mundial de los tiempos de los gentiles: Persia. Simbolizada por un oso que se alzaba de un costado con tres costillas en la boca (Dn 7.5). El costado que se alzaba era Persia que llegó a tener supremacía sobre Media. Las tres costillas hablan de su conquista de Babilonia, Lidia y Egipto. Período de Persia como Imperio mundial: 536-331 a.C.

4. *El leopardo* (7.6) corresponde al vientre de bronce del capítulo 2, es decir, a Grecia (2.32,39). En 8:21 Grecia vuelve a aparecer bajo la figura de un macho cabrío. El leopardo tenía cuatro alas y cuatro cabezas. Las cuatro alas indican más rapidez en las conquistas que Babilonia. Las cuatro cabezas hablan de la cuádruple división del imperio griego después de la muerte de Alejandro, es decir, Egipto, Macedonia, Siria y Asia Menor. En realidad, en diez años

Tercer imperio mundial de los tiempos de los gentiles: Grecia. Período: 331-146 a.C. Se simboliza con un leopardo que tenía cuatro alas y cuatro cabezas. Las cuatro alas hablan del avance relámpago de Grecia en sus guerras. Las cuatro cabezas hablan de la cuádruple división del imperio griego después de la muerte de Alejandro. Texto bíblico: Dn 7.6.

Alejandro dominó al mundo civilizado de su tiempo. Su ejército estaba muy adiestrado y empleaba el principio de la guerra relámpago, es decir, sorpresa y rapidez en los ataques.

5. *El cuarto animal* (7.7,8,11,19-24) corresponde a las piernas y a los pies de la estatua del capítulo 2, o sea, al Imperio Romano, e incluso a su última forma de expresión, en la época de la venida de Jesucristo. Tenía diez cuernos. Entre esos diez surgió uno pequeño. Tres de los otros fueron destruidos por el cuerno pequeño (vv. 8,24).

El cuarto animal sería un rey o reino, como los demás animales (7.17,23). Ese animal tenía dientes de hierro (v. 7). Sería el reino de la fuerza, de la fiereza, del aplastamiento, como fue el Imperio Romano. Los diez cuernos del versículo 7 corresponden a diez reyes futuros (v, 14). Esos futuros reyes o reinos corresponden a los diez dedos de los pies de la estatua del capítulo 2.41,44 y a los diez cuernos de la bestia de Apocalipsis 13.1 y 17.12, es decir, al anticristo y sus naciones confederadas durante la gran tribulación.

La visión del cuarto animal con sus detalles fue tan impresionante que Daniel concentró su atención en él, queriendo saber a qué se refería (vv. 19,20).

El cuarto imperio mundial de los tiempos de los gentiles: Roma. Período: 148 a.C. a 476 d.C., cuando ocurrió la caída de Roma. Tenía diez cuernos (Dn 7.7,8,19-24).

6. *El cuerno pequeño* (7.8) representa al futuro anticristo. Él, al surgir entre los diez reinos, derribará a tres reyes. Esa expresión del Imperio Romano en diez reinos todavía no ha ocurrido, pues cuando ese imperio dejó de existir tenía sólo dos formas, correspondientes a las dos piernas de la estatua del capítulo 2, es decir, el Imperio Romano de Occidente y el Imperio Romano de Oriente. El primero cayó en 476 d.C. El segundo, en 1453. La división del imperio en dos se dio en 395 d.C. Por lo tanto, los hechos proféticos del versículo 8 son aun futuros, como bien lo muestra el libro de Apocalipsis. El versículo 8 en consideración revela también que el anticristo será muy inteligente ("ojos" — vv. 8,20), y también un orador inspirado e hipnotizador de multitudes ("boca que hablaba grandes cosas" — vv. 8,20). Con eso concuerda Apocalipsis 13.5,6.

7. *Juicio de las naciones* (7.9-13). Aquí tenemos una profecía de los juicios de Apocalipsis, que culminan en el juicio de las naciones, en la venida del Hijo del Hombre (v. 13). (Léanse aquí Mateo 25.31-46 y Apocalipsis 19.11 y siguientes.) El "Anciano de días" (vv. 13,22) es Dios. (Véase Isaías 57.15 — Aquel "que habita la eternidad".) El versículo 13 también muestra que Jesucristo y el Padre eterno son dos personas distintas. Acto seguido vemos a Jesucristo recibiendo el reino (v. 14): "Los reinos del mundo han venido a ser de nuestro Señor y de su Cristo; y él reinará por los siglos de los siglos" (Ap 11.15).

8. *"Me acerqué a uno de los que asistían..."* (7.16).

Hasta este punto del libro, Daniel fue el agente de Dios para interpretar los sueños de otros. De aquí en adelante un ángel interpreta los sueños de él. Sin duda es un solo ángel: Gabriel (8.16; 9.21). Dios lo hizo así para mostrar su soberanía y para evitar que el hombre se enorgullezca. (Léanse los pasajes de Daniel 7.16; 8.15-17; 9.20-23; 10.10-14.)

9. *"los santos del Altísimo"* (7.18; también vv. 21 y 25). Aquí son los judíos fieles, durante la tribulación. Son "los escogidos", de Mateo 24.31. Hasta el capítulo 6 de este libro las profecías giran en torno de los gentiles. A partir del capítulo 7 giran en torno, principalmente, de los judíos.

10. *El reino de los diez cuernos* (7.24). Ese futuro reino es equivalente al de la primera bestia de Apocalipsis 13.1-8 y 17.12-17. Hasta hoy no ha ocurrido esta forma de gobierno del Imperio Romano. No se trata del propio imperio restaurado, como muchos afirman precipitadamente. El texto de Daniel 7.24 afirma que se formarán esos países "de aquel" mismo reino.

11. *Los últimos tres años y medio de la gran tribulación* (7.25) serán los peores años de los juicios. Ese período se menciona en Apocalipsis como: cuarenta y dos meses (Ap 11.2; 13.5); mil doscientos sesenta días (Ap 11.3; 12.6), y "un tiempo, y tiempos, y la mitad de un tiempo" (Ap 12.14). En Daniel 7.25 se le cita como "tiempo, y tiempos, y medio tiempo".

El anticristo tratará de iniciar una nueva época. "Pensará en cambiar los tiempos y la ley" (v. 25). Uno de sus nombres en el

Nuevo Testamento es el "inicuo" (2 Ts 2.8), que en griego es "anomos", es decir, el que se opone al orden establecido; el subversivo, el díscolo, aquel que se opone a la ley. Habrá, pues, cambio en el orden de las cosas y de la ley establecida.

12. *Versículo 28*. Este versículo concluye el texto arameo, que comenzó en 2.4.

El segundo y el Tercer Imperios Mundiales

(Cap. 8)

El capítulo 8 tiene detalladas predicciones sobre el Imperio Persa y el Imperio Griego. Las predicciones sobre el Imperio Griego están relacionadas con Israel.

Cronológicamente, este capítulo viene antes del 5. El capítulo 8 tiene lugar en el tercer año de Belsasar (v. 1), mientras que el capítulo 5, como hemos visto, marcó el final del gobierno de Belsasar (5.30). Por lo tanto, cuando Daniel tuvo esta visión, su pueblo continuaba desterrado en Babilonia.

1. *Susa y el río Ulai* (8.2). Susa era la capital de Elam y la residencia de invierno de los reyes persas. Ahí tiene lugar la historia de Nehemías y Ester. Al río Ulai se le llama actualmente Kapur.

2. *El carnero y sus dos cuernos* (8.3,4) es Persia. "En cuanto al carnero que viste, que tenía dos cuernos, éstos son los reyes de Media y de Persia" (v. 20). Se le representa en 7.5 por un oso. Los dos cuernos hablan de la dualidad del imperio: Media

y Persia. El cuerno más alto ("uno era más alto que otro" (v, 3) es Persia, que a pesar de ser más reciente que Media, se volvió prominente. "El más alto creció después" (v. 3). En 550 a.c. Ciro, un persa se rebeló contra los medos, que hasta entonces tenían el poder y se volvió cabeza de los dos reinos. "Y se engrandecía" (v. 4). Esto se dice de Grecia. En realidad, ese imperio se volvió grande en sus conquistas. Sus hechos y proezas en ese sentido se estudian y admiran hasta hoy.

3. *El reino de Grecia* (8.5-8) se representa aquí con un macho cabrío. "El macho cabrío es el rey de Grecia" (v. 21). En el capítulo 7.6 se representa con un leopardo. El "cuerno notable" del macho cabrío (v. 5) es Alejandro Magno, uno de los guerreros más brillantes de los tiempos antiguos: rey de Macedonia, fundador del helenismo, genio militar y propagador de la cultura griega. Fue el gran emperador griego. Los versículos 6 y 7 hablan de la arremetida furiosa e irresistible de sus ejércitos. En doce años de reinado Alejandro tenía el mundo a sus pies. Murió en 323 a.c., en Babilonia, a los treinta y tres años de edad.

En el versículo 8 vemos en la profecía la división del imperio de Alejandro entre sus cuatro generales. Esas cuatro divisiones corresponden hoy, en parte, a Grecia, a Turquía, a Siria y a Egipto. (Léase también el v. 22.)

4. *"De uno de ellos salió un cuerno pequeño"* (8.9). Se trata del rey seléucida Antíoco Epifanio, el opresor de Israel en el Antiguo Testamento, que procedió de Siria, una de las divisiones del imperio griego, del que ya hablamos. El término "seléucida" se deriva del general Seleuco Nicátor, al cual, en la partición del imperio de Alejandro, le correspondió Siria, Asia Menor y Babilonia, teniendo por capital Antioquía. Seleuco fue el fundador de la dinastía de los reyes griegos de Siria, llamados seléucidas.

A Antíoco Epifanio, el "cuerno pequeño" de Daniel 8.9, se le conoce como el "anticristo del Antiguo Testamento", por la persecución que infligió al pueblo judío en el siglo II a.C., durante el llamado período intertestamentario. (Así se llama el período que va de Malaquías a Mateo, casi cuatrocientos años.)

Antíoco reinó desde 175 hasta 167 a.C. Decidió eliminar al pueblo judío y su religión. Llegó a prohibir el culto a Dios. Recurrió a todo tipo de torturas para obligar a los judíos a renunciar a su fe en Dios. Eso dio lugar a la famosa rebelión de los Macabeos, una de las páginas más heroicas de la historia de Israel. Epifanio quiere decir el magnífico. Así lo llamaban sus amigos. Sus enemigos lo llamaban "Epimanio", que quiere decir loco.

Antíoco prefiguraba al futuro anticristo, pues en el versículo 19 está escrito: "He aquí yo te enseñaré lo que ha de venir al fin de la ira; porque eso es para el tiempo del fin."

El futuro anticristo debe surgir de una de las antiguas cuatro divisiones del ex imperio griego; sin duda de la división a que pertenecía Siria. Siendo Antíoco tipo y sombra del anticristo, procederá sin duda del mismo lugar. Tal vez por eso, al mencionarse el anticristo en Apocalipsis 13, él (es decir, la bestia) se menciona primeramente como "semejante a un leopardo" (Ap 13.2). El leopardo es el animal que simboliza a Grecia (7.6).

5. *Las persecuciones de Antíoco a los judíos* (Dn 8.9-14). Hay varios pormenores interesantes en estos versículos:

a) La "tierra gloriosa" (v. 9) es una referencia a la tierra de Israel.

b) "Ejército del cielo" y "estrellas" (v. 10), parece ser una alusión a los sacerdotes y levitas, si comparamos el contenido de los versículos 11 al 13.

c) Se ven las persecuciones de Antíoco contra los judíos en los versículos 10 al 13.

d) "Dos mil trescientas tardes y mañanas" (v. 14). Literalmente son mil ciento cincuenta tardes más mil ciento cincuenta mañanas, lo que equivale a mil ciento cincuenta días, porque una tarde y una mañana eran un día en el sistema judaico de contar los días (Gn 1.5). Desde luego que eso se mencionó así por causa de la eliminación de los sacrificios diarios del templo, por Antíoco. (Véase la expresión "continuo sacrificio", en los versículos 11,12,13 y también en Números 28.3,4.)

Mil ciento cincuenta días son tres años y meses, es decir, el tiempo transcurrido entre la profanación del templo por Antíoco, y su purificación por Judas Macabeo, en 165 a.C.

6. *Más pormenores sobre Grecia prefigurando los tiempos del fin* (8.21-26).
a) El "cuerno grande" del versículo 21 es Alejandro Magno. b) Antíoco prefigura al futuro anticristo (vv. 23-25). Hay hechos aquí no aplicables a Antíoco. Sólo pueden referirse a un personaje futuro. En realidad, los versículos 17,19 y 26, se refieren a tiempos del fin. Antíoco sería el cumplimiento parcial; el anticristo, el cumplimiento cabal. c) Una visión anticipada del Armagedón (v. 25): "Se levantará contra el Príncipe de los príncipes, pero será quebrantado, aunque no por mano humana". Esto es un cuadro del Armagedón apocalíptico, cuando el poder gentil mundial bajo el anticristo será sobrenaturalmente destruido por Cristo en su venida.

7. *No había quien entendiera la visión* (v. 27). La visión fue tan terrible que Daniel se enfermó. Eran profundas las revelaciones, abarcando el futuro inmediato y el futuro remoto. Declarando que no estaba entendiendo la visión, Daniel estaba revelando su humildad. También hace eso al final de su libro, cuando dice en 12.8: "Y yo oí, mas no entendí. Y dije: Señor mío, ¿cuál será el fin de estas cosas?" ¡He aquí una gran lección para todos los que anuncian las obras de Dios!

CUARTA PARTE

ISRAEL Y LAS PROFECÍAS DE SU FUTURO

(CAP. 9 AL 12)

Esta sección del libro de Daniel (caps. 9 al 12) trata principalmente sobre el pueblo de Israel, delineando de modo claro su futuro.

La profecía del capítulo 9 sobre las setenta semanas es escatológicamente la más importante de todas, dado su alcance, ya que ella abarca, además de Israel, la Iglesia y el mundo gentil, como veremos.

Los capítulos 10, 11 y 12 concluyen la última visión dada por Dios a Daniel. Se comprueba que 11.1 y 12.1 (inicios de esos capítulos) no inician mensajes nuevos, sino que indican continuación de un solo y gran mensaje. El capítulo 10 describe la visión que tuvo Daniel junto al río Tigre. El capítulo 11 relata acontecimientos que ocurrieron en el período griego, después de la muerte de Alejandro Magno. En otras palabras, una visión anticipada de Israel en el período intertestamentario. El capítulo 12 alcanza los tiempos angustiosos de la tribulación que viene sobre Israel y los gentiles, antes del establecimiento del reino milenario de Cristo.

Los capítulos 12 y 13 de Apocalipsis deben estudiarse en conjunto con el capítulo 12 de Daniel.

LAS SETENTA SEMANAS DE AÑOS
(CAP. 9)

Las dos principales profecías del libro de Daniel son las del capítulo 2 y del capítulo 9. La del capítulo 2, como hemos visto, revela el futuro del mundo gentil, terminando por el reino de los diez dedos de los pies de la gran estatua, cuando la piedra (que representa a Cristo en su venida para juzgar) golpeó violentamente los pies de la estatua y la desmenuzó. Se dice esto tres veces (2.34,40,44). Por lo tanto, las naciones impías no caerán pacíficamente, sino de modo violento y catastrófico, como veremos a la venida de Jesucristo, con poder y gran gloria. Asimismo vemos que el reino final será el del cielo (2.44).

La segunda profecía más importante del libro de Daniel es esta del capítulo 9, que revela el futuro de la nación israelita, incluyendo también el período de la Iglesia, si bien que parentético, como veremos durante el estudio. Podemos decir que esta profecía es el futuro de Israel en el plan de Dios.

Si no entendemos bien la profecía de las setenta semanas, tampoco entenderemos el sermón profético de Mateo 24, ni el libro de Apocalipsis, ya que ella abarca esos dos. Casi todo el libro de Apocalipsis (caps. 6 al 22) es sólo un cumplimiento de la profecía de las setenta semanas de Daniel. En otras palabras, Dios le dio a Daniel un cuadro general de los acontecimientos futuros relacionados con Israel; y a Juan, en Apocalipsis, dio los detalles de esos acontecimientos.

El estudio de esta profecía se vuelve más edificante y apasionante cuando consideramos que estamos viviendo ahora en el "tiempo del fin" de que habló el profeta Daniel en 8.17,19; 10.14; 12.4.

1. El escenario histórico de la profecía (9.1,2). "En el año primero de Darío" (v. 1). Eso tuvo entonces lugar después de 5.31. Estaba llegando al final de los setenta años de cautiverio del pueblo judío. "Yo Daniel miré atentamente en los libros" (v. 2). Daniel tenía una biblioteca, cuyos libros estudiaba, y entre esos estaban los de la Biblia de entonces. Él menciona aquí, en el versículo 2, las profecías de Jeremías. Hoy podemos tener más conocimientos aun, porque disponemos de libros de las Escrituras como el de Apocalipsis, que él no tenía. La profecía de Jeremías, en consideración, dice: "Toda esta tierra será puesta en ruinas y en espanto; y servirán estas naciones al rey de Babilonia setenta años. Y cuando sean cumplidos los setenta años, castigaré al rey de Babilonia..." (Jer 25.11,12). Ese rey de que habla la profecía ya había sido castigado. Daniel consideraba entonces que ya era tiempo de que terminaran las "desolaciones de Jerusalén", que seguía destruida.

2. La oración de Daniel (9.3-19). Daniel era hombre de oración y ayuno. Sin duda tenemos ahí una de las razones por las que siempre permaneció firme en la fe, viviendo y trabajando en las "alturas" palaciegas. David dio el mismo testimonio en el Salmo 18.33. "Y me hace estar firme sobre mis alturas." Dios puede cuidar al creyente en las altas posiciones, sean cuales fueren que llegue a ocupar. Muchos creyentes, al subir en ese sentido, lamentablemente comienzan a "descender" espiritualmente. El camino verdadero en esos casos es el de la oración y de la Palabra, como hizo Daniel.

Algo conmovedor en esta oración de Daniel (vv. 3-19) es el hecho de que él confesara los pecados de su nación como si fueran los suyos, identificándose así con su pueblo. "Hemos pecado, hemos cometido iniquidad, hemos hecho impíamente, y hemos sido rebeldes, y nos hemos apartado de tus mandamientos y de tus ordenanzas" (v. 5). Él sabía conjugar los verbos bíblicos en primera persona...

3. Un ángel en la misión de respuesta a la oración (9.20-23). "Aún estaba hablando en oración, cuando el varón Gabriel, a quien había visto en la visión al principio, volando con presteza, vino a mí como a la hora del sacrificio de la tarde" (v. 21). Daniel no llegó a terminar su oración. ¡La respuesta divina vino antes de su conclusión! Dios movilizó a uno de los ángeles más prominentes para eso — Gabriel. Él declaró que su lugar de permanencia es en la presencia de Dios (Lc 1.19). Se le confió la sublime misión del anuncio del nacimiento del Señor, así como la de su precursor, Juan el Bautista (Lc 1.11-22; 1.26-38).

El ángel vino volando rápidamente (v. 21). Los ángeles son seres celestiales que se desplazan con rapidez increíble, más allá de lo que pueda concebir la mente humana. Quien dirige a los ángeles santos es Miguel, el arcángel (es decir, el jefe de los ángeles). El jefe de los ángeles malos, caídos, es Lucifer, el arcángel que pecó y se rebeló contra Dios.

"... vino a mí como a la hora del sacrificio de la tarde" (v. 21). Los judíos tenían dos sacrificios diarios continuos: por la mañana y por la tarde. El de la tarde se ofrecía en el crepúsculo, es decir, a la puesta de sol (Éx 29.38-42; Nm 28.4,8). Es algo bueno terminar el día con oración.

"porque tú eres muy amado" (v. 23). ¡Qué maravilla de la gracia de Dios, y de su amor, ser amado en el cielo!

4. "Setenta semanas están determinadas sobre tu pueblo..." (9.24). Circunstancias y observaciones sobre la profecía de las setenta semanas:

a. Terminaron los setenta años y no ocurría la repatriación de los judíos. (Léanse Daniel 9.2; Jeremías 25.11,12; 29.10.)

b. ¿Por qué setenta años de cautiverio y ni más ni menos?

Se trataba del castigo de Israel por el quebrantamiento delibera-
do de los mandamientos divinos consignados en Levítico 25.3-5;
26.14, 33-35; 2 Crónicas 36.21. El cautiverio de Judá fue, en gran
parte, fruto de la desobediencia de los judíos a las palabras del
Señor, antes consignadas. Vemos en el pasaje de Levítico que
Dios determinó la observancia de un año sabático, el de descanso, cuando la tierra descansaba. Eso debía observarse cada
siete años. Durante los casi quinientos años que van desde la
monarquía de Israel hasta su cautiverio, ellos no cumplieron el
mandamiento del Señor. Resultado: Dios mismo hizo que
reposara la tierra, manteniendo a sus malos "inquilinos" fuera
durante setenta años. Setenta años es el total de años sabáticos
transcurridos en el espacio de 490 años.

Dios sabe enfrentarse a las personas y a las naciones que
quebrantan sus leyes, incluso las civiles, como esta que acabamos de mencionar.

c. Las setenta semanas de la profecía en consideración (9.24-27)
son semanas de años, no de días. He aquí el porqué de eso:

1) El original no dice "semana", y sí "sietes" ("setenta sietes").
Cuando se trata de semana de días, como en Daniel 10.2,3, se
añade, en hebreo, la palabra para días· "yamin".

2) Es bíblica la expresión "semana de años". (Léanse Levítico
25.8; Números 14.34; Ezequiel 4.7.) Aplicación práctica de una
"semana de años" (Gn 29.20,27).

3) Los seis dichosos acontecimientos predichos respecto a
Israel, en 9.24, no se han cumplido aun.

4) En 9.27, en la época de la última de las setenta semanas,
la Biblia dice: "Y por otra semana confirmará el pacto con
muchos." Es algo ridículo un pacto entre naciones por una semana de días, cuando sólo el protocolo y las celebraciones
muchas veces toman más de una semana...

d) La autenticidad de esta profecía (9.24-27) fue atestiguada
por Jesús en Mateo 24.15, donde también muestra que la última
de las setenta semanas es todavía futura, ya que el hecho allí
citado por Jesús no ha ocurrido aun después que Él pronunció
aquellas palabras.

5. La división de las setenta semanas en tres grupos. La lectura del pasaje (vv. 24-27) muestra que las semanas están divididas en tres grupos. Siendo semanas de años, para totalizar cuatrocientos noventa años. Los tres grupos son: uno de 7 semanas, uno de 62, y uno de una.

Al compararse Apocalipsis 12.6 con 13.5 se ve que el año bíblico o profético es de trescientos sesenta días, pues mil doscientos sesenta días da cuarenta y dos meses de treinta días. En Génesis 7.24 y 8.3 tenemos la expresión "ciento cincuenta días", que equivalen a cinco meses de treinta días, lo que significa años de trescientos sesenta días en la Biblia. El calendario religioso de Israel era lunar. La luna nueva marcaba el inicio de los meses, siendo esa una ocasión festiva. Ese año era de trescientos cincuenta y cuatro días, pero en los hechos generales y en las profecías se redondeaba en trescientos sesenta días. El calendario solar es posterior, y se relaciona con las estaciones del año.

a. El primer grupo de semanas — siete semanas o cuarenta y nueve años (v. 25). Ese período comenzaría con la expedición del decreto de reconstrucción de Jerusalén, que fue emitido en 445 a.c. por Artajerjes Longímano, de acuerdo con las mayores autoridades en el asunto. El capítulo 2 de Nehemías describe la época de ese decreto; el rey comisionó a Nehemías para que le diera cumplimiento a ese decreto. De acuerdo con la profecía en estudio, al final de los cuarenta y nueve años la ciudad de Jerusalén estaría reconstruida (año 397 a.c.)

Hubo dos decretos relacionados con la reconstrucción de Jerusalén, que muchos eruditos bíblicos confunden. Uno en 457 a.c., de embellecimiento del templo y restauración del culto, a cargo de Esdras (Esd cap. 7). El otro fue el de la reconstrucción de los muros y, por tanto, de la ciudad, a cargo de Nehemías. Es de este del que estamos tratando, cuyo decreto fue emitido en 445 a.c. A partir de ahí comenzaría el conteo de las setenta semanas proféticas.

b. El segundo grupo de semanas — Sesenta y dos semanas o cuatrocientos treinta y cuatro años (vv. 25,26). En ese período surge el Mesías y muere. Se destruye la ciudad de Jerusalén y hay guerras hasta el fin. Los cuatrocientos treinta y cuatro años van desde 397 a.c. hasta los días de la muerte de Cristo. Acto seguido ocurrió la destrucción de Jerusalén por los romanos, en 70 d.c. Según el versículo 26, después de la muerte de Jesús siguió la destrucción de Jerusalén. Así que, de acuerdo con la profecía (v. 26), el Mesías moriría antes de la destrucción de la ciudad, lo que en realidad ocurrió.

Un repaso histórico de nuestro calendario. Nuestro calendario, es decir, el que está en uso entre nosotros, fue organizado primeramente por Rómulo, considerado el primer rey de Roma. Tenía diez meses. Numa Pompilio — otro rey de Roma — le añadió dos meses. Julio César lo reformó posteriormente. En 526 d.C. Dionisio preparó un nuevo calendario, pero se equivocó en los cálculos, resultando en un error de atraso de casi cinco años. El año 33 del calendario actual corresponde al 29 del calendario correcto, pero inexistente. (El limitado alcance de este libro no permite un tratamiento minucioso de este punto, pero el estudiante que ignore eso se verá en complicaciones cuando quiera situar la revelación divina en el tiempo, cuando se trata con los tiempos del Nuevo Testamento.)

c. El tercer grupo de semanas — el de una semana, es decir, siete años (v. 27). Esta semana es futura. Para ver eso es suficiente comparar el versículo 27 con las palabras de Jesús en Mateo 24.15, que no se han cumplido aun. Esta última semana no comenzará mientras Israel esté fuera de su tierra, disperso, lo que puede verse en el versículo 26. A principios de este siglo, Israel inició el regreso a Palestina y continúa el retorno mientras escribimos estas líneas (marzo/1983).

Hay un intervalo de tiempo entre las semanas sesenta y nueve y setenta, indicado en el versículo 26, por la expresión "y hasta el fin". En este intervalo (que ya va para dos mil años), mientras a Israel se le rechaza (véase Lucas 13.34,35), se forma y se arrebata la Iglesia al cielo. Realmente, a la luz de Daniel 9.24, la profecía de las setenta semanas nada tiene que ver con la Iglesia, a no ser indirectamente, como hemos mostrado, en el caso del intervalo: "y hasta el fin".

Después del arrebatamiento de la Iglesia comenzará entonces la semana setenta — los siete años en que ocurrirá la gran tribulación, que se describe en detalles en Apocalipsis, capítulos 6 al 18. ¡Es asombrosa la precisión de la profecía bíblica!

6. Análisis resumido de las setenta semanas. Esas semanas tratan de las pruebas y los sufrimientos por los que Israel tendrá que pasar antes que aparezca su Libertador para que, como dice el final del versículo 24 de la profecía en estudio, ponga fin a los pecados de Israel y traiga la justicia perdurable. Estas "semanas" no se refieren a la Iglesia, sino a Israel. "Sobre tu pueblo [el pueblo de Daniel] y sobre tu santa ciudad" (la ciudad de Jerusalén — v. 24).

Versículo 24:

a. "Setenta semanas están determinadas". Tendrán su fiel cumplimiento, pues están determinadas por Dios.

b. Las seis cosas predichas, que están por sucederle durante las setenta semanas (o 490 años) a Israel: 1) "terminar la prevaricación". el tipo de transgresión de su pueblo, que Daniel acabara de confesar en oración. 2) "poner fin al pecado". El sentido original es de retirar, detener, restringir. El mismo vocablo original se traduce "hace retirarse" en Job 37.7. 3) "expiar la iniquidad". La obra realizada por Cristo en el Calvario obrará entonces en favor de Israel. 4) "traer la justicia perdurable". Esto tendrá lugar en Israel por la transformación interior, según lo que está escrito en Jeremías 31.33,34. 5) "sellar la visión y la profecía". Cuando el pueblo anda en integridad, y abandona sus transgresiones, pueden sellarse la visión y la profecía. (Véase Jeremías 31.34.) 6) "Ungir al Santo de los santos". Sin duda esto tiene que ver con la purificación del templo de Jerusalén que fue profanado por la "abominación desoladora" mencionada en Daniel 11.31 y a la cual se refirió Jesús en Mateo 24.15.

c. Para que tengan lugar estas seis cosas es necesario que Cristo venga y que Israel sea restaurado y convertido.

Versículo 25:

a. "desde la salida de la orden para restaurar y edificar a Jerusalén". Aquí tenemos la indicación del tiempo en que comenzaría la primera semana. Esa orden o decreto, como hemos mencionado (Neh 2.1), se le entregó a Nehemías para su ejecución en el año 445 a.C.

b. "hasta el Mesías Príncipe, habrá siete semanas, y sesenta y dos semanas" Eso totaliza sesenta y nueve semanas de años, o sea, cuatrocientos ochenta y tres años. Es el tiempo que va de la reconstrucción de Jerusalén por los repatriados hasta la muerte y ascensión del Mesías.

Versículo 26:

a. "sesenta y dos semanas". A eso se añaden las siete semanas más del versículo 25, con lo que llegan a sesenta y nueve semanas hasta la muerte y ascensión de Jesús.

b. "se quitará la vida al Mesías". (Léase Isaías 53.8 donde eso se explica mejor.)

c. "mas no por sí." (Léase Mateo 23.39.)

d. "y el pueblo de un príncipe que ha de venir destruirá la ciudad y el santuario". Jerusalén fue destruida en el año 70 d. C. El pueblo que lo destruyó fue el romano. Por lo tanto, de acuerdo con las palabras de este versículo, es de la región del antiguo Imperio Romano que debe proceder el futuro anticristo. (Esa región incluía a Grecia, que era parte de dicho imperio, así como los demás territorios situados en todo el contorno del mar Mediterráneo.)

e. "su fin". Es decir, el fin de la ciudad (Jerusalén) y su santuario (el templo). Eso se refiere a su destrucción en el año 70 d.C., a la cual nos hemos referido.

f. "será con inundación". Es decir, será irresistible y aplastante, así como fue cuando Tito, el general, arrasó la ciudad y al pueblo con sus ejércitos.

g. "y hasta el fin de la guerra". Ese tiempo indefinido entre las semanas sesenta y nueve y setenta no se cuenta como parte de ellas, como está muy claro mediante el examen de los versículos 26 y 27. Tal tiempo no determinado, "hasta el fin", ¡ya va para dos mil años! Es ese el tiempo en que la Iglesia se está constituyendo, edificando y preparando para ser arrebatada de la tierra al cielo. Los acontecimientos de ese tiempo no atañen a "tu pueblo y tu santa ciudad" (es decir, de Daniel). ¿Por qué el tiempo llamado "hasta el fin". situado entre la sesenta y nueve y la setenta, no se cuenta en cuanto a Israel? Es por el hecho de que Israel durante ese tiempo estuvo fuera de su tierra, lo que ocurrió después del año 70 d.C. hasta 1948. Pero lo cierto es que hay todavía muchos millones de judíos fuera de Palestina.

Hay en la Biblia otros ejemplos de largos intervalos de tiempo en un mismo pasaje, como: Isaías 61.1,2. El año aceptable del Señor, y el día de la venganza de nuestro Dios. Ya han transcurrido casi dos mil años entre esos acontecimientos citados en un mismo versículo.

Isaías 9.6,7. Entre el nacimiento del Niño y la época del "Dios fuerte" hay muchos siglos, como bien sabemos por la historia.

Génesis 1.1,2. Entre esos dos versículos deben de haber transcurrido muchos milenios.

h. "durarán las devastaciones". Los tiempos del fin se caracterizarán por guerras y sus miserias.

Versículo 27:

Cinco cosas tendrán lugar durante la última "semana", los siete años de supremacía del anticristo:

a. Hará una alianza de importancia con los judíos por siete años. Nótense las palabras de la profecía "confirmará el pacto".

b. Él (el anticristo) quebrantará la alianza en medio de la semana, es decir, transcurridos los tres años y medio.

c. La gran tribulación comenzará sobre Israel. "Con la muchedumbre de las abominaciones vendrá el asolador."

d. El anticristo dominará "hasta que venga la consumación... se derrame sobre el desolador."

e. Cristo aparecerá para destruir al anticristo y sus ejércitos, librando así a Israel de la destrucción total cuando toda esperanza de salvación esté perdida. "hasta que venga la consumación, y lo que está determinado se derrame sobre el desolador". Eso ocurrirá en la batalla del Armagedón.

Observaciones sobre el v. 27.

a. Se trata del anticristo.

b. "confirmará el pacto". Debe de ser una falsificación del pacto divino prometido por Dios en Jeremías 31.31-33.

c. "con muchos". Una alusión al pueblo de Israel, ya reunido en su tierra.

d. "Por otra semana". Es la última de las setenta semanas proféticas, que tendrá lugar en la tierra, después del arrebatamiento de la Iglesia.

e. "a la mitad de la semana" Es decir, después de tres años y medio. (Léanse aquí Daniel 7.24,25; Apocalipsis 11.2,3; 12.6,14; 13.5.) En los últimos tres años y medio ocurre la gran tribulación propiamente dicha, de que habló Jesús en Mateo capítulo 24. De eso también se ocupa el libro de Apocalipsis, en los capítulos 11 al 18.

f. "hará cesar el sacrificio y la ofrenda." Eso demuestra que el templo de Jerusalén estará entonces reconstruido. De eso habló Jesús en Mateo 24.15b (está "en el lugar santo"). (Véase también 2 Tesalonicenses 2.3,4.)

g. "con la muchedumbre de las abominaciones". Esta expresión es de muy difícil interpretación. El término "abominación" se emplea mucho en la Biblia para referirse a los ídolos. Comparandose los pasajes paralelos de Daniel 11.31; 12.11 y Mateo 24.15, se ve que se trata de un ídolo que se pondrá en el Lugar Santo del templo, que estará entonces reconstruido. Otros pasajes que hablan de la reconstrucción del templo son 2 Tesalonicenses 2.4 y Apocalipsis 11.1-2.

h. "vendrá el asolador". Una referencia al anticristo.

i. "hasta que venga la consumación, y lo que está determinado se derrame sobre el desolador." Esas palabras de la profecía se refieren a la derrota total y absoluta del anticristo y sus ejércitos confederados, al descender Jesucristo en gloria sobre el monte de los Olivos, según Zacarías 14.1-5; Mateo 24.30; Hechos 1.11; Apocalipsis 19.11-16.

Sí, la última semana culminará con la venida de Jesucristo en gloria con todos sus santos para socorrer a Israel, destruir la bestia y sus ejércitos, y juzgar a las naciones.

Vendrá en seguida el milenio, que será una preparación del mundo por mil años, bajo el gobierno de Cristo, seguido del juicio final o del gran trono blanco, y el estado eterno perfecto, según 1 Corintios, 15.24,25; Apocalipsis 20.5,6.

Es con el milenio que comenzará el cumplimiento de las seis bendiciones de Dios sobre Israel, predichas en el versículo 24 de la profecía que estamos estudiando.

La preparación de Daniel
para las últimas revelaciones
(CAP. 10)

El capítulo 10 forma parte de la última visión que Dios le dio a Daniel, abarcando los capítulos 10, 11 y 12. La visión se dio dos años después del retorno de los judíos a Palestina. En el capítulo 10.1 se afirma que fue en el tercer año de Ciro. Ciro decretó el regreso de los judíos del destierro en el primer año de su reinado.

El capítulo 10 tiene la descripción de la visión. El capítulo 11 relata acontecimientos que tuvieron lugar durante el período griego, después de la muerte de Alejandro, que culminan con la persecución fomentada por Antíoco Epifanio. El capítulo 11 (parte), junto con el 12, describe los amargos sufrimientos del pueblo judío en los acontecimientos del final de los tiempos.

Estos tres capítulos finales de Daniel muestran el apogeo de la creciente experiencia espiritual del profeta, la cual es para todos nosotros un llamamiento para una vida profunda con Dios. Al inicio él interpretó los sueños y acontecimientos de otros (caps. 2,4,5). A continuación describe visiones suyas (cap. 7). Después se le traslada en visión a otra tierra (cap. 8). A eso le sigue la visita de uno de los ángeles más célebres (cap. 9). A la postre el profeta ve en visión al propio Hijo de Dios antes de su encarnación (cap. 10). Fue por tanto una experiencia espiritual siempre creciente. Así debe ser la de cada uno de nosotros.

1. "fue revelada palabra..." (10.1). Hay un Dios en el cielo que puede revelar el futuro, así como cualquier asunto que fuera de su voluntad. Una palabra revelada del cielo es algo maravilloso, seguro e infalible.

2. La aflicción de alma de Daniel (10.2,3). La razón de su lamento y retraimiento acompañado de ayuno está sin duda explicada por la fecha mencionada en el versículo 1: "En el año tercero de Ciro." Es que alrededor del tercer año de Ciro, se interrumpió la obra iniciada de reconstrucción del templo (Esd 1-3; 4.4,5). Daniel, como patriota y miembro de la nación escogida, se preocupaba por el futuro de ella, como hemos visto en su oración del capítulo 9.

La perseverancia de Daniel en la oración y en el ayuno durante veintiún días causó la respuesta divina. "Entonces me dijo: Daniel, no temas; porque desde el primer día que dispusiste tu corazón a entender y a humillarte en la presencia de tu Dios, fueron oídas tus palabras; y a causa de tus palabras yo he venido" (10.12). En ese versículo vemos que nuestras propias palabras, en la oración, ¡se oyen en el cielo!

3. Un caso más de teofanía en el AT (10.4-9). Al compararse los versículos 5,6 con Apocalipsis 1.13-16, entendemos que Daniel tuvo aquí una visión del Señor Jesús, tal como Juan en la isla de Patmos. En el capítulo 12.6,7 se ve que un ángel recurre al conocimiento superior de ese ser que Daniel contempló. En esta visión de los capítulos 10 al 12, dos ángeles están de pie en las márgenes del río Ulai, uno en cada orilla (12.5), pero este ser celestial superior está sobre las aguas del río (12.7).

Este ser del capítulo 10.5,6 es sin duda el mismo que le ordenó a Gabriel que le explicara a Daniel la visión del capítulo 8. (Léase Daniel 8.16.)

El versículo 7 muestra que podemos ver y oír algo de particular de parte de Dios, sin que nadie más vea ni oiga. Algo parecido le ocurrió a Pablo cuando su conversión en el camino de Damasco: "Los que estaban conmigo vieron a la verdad la luz, y se espantaron; pero no entendieron la voz del que hablaba conmigo" (Hch 22.9). Eso ocurre aun hoy, según la voluntad y el plan de Dios.

4. El efecto de la presencia divina sobre Daniel (10.9-11, 17). Si Daniel, que era "varón muy amado" en el cielo (v. 11), se desmayó delante de ese ángel sublime, ¿cómo se comportarán los impíos y los que se oponen a Dios cuando se manifieste Cristo? Daniel cayó en tierra (v. 9). Acto seguido, cuando uno de los ángeles lo tocó, se puso sobre las rodillas con las palmas de las manos en el suelo. Daniel no podía ni respirar bien, dado lo sobrenatural de la visión y de la presencia del Señor: "Al instante me faltó la fuerza, y no me quedó aliento" (v. 17).

5. Realidades del mundo invisible (10.13,20,21; 11.1). Aquí Dios levantó el velo del misterio y le mostró a Daniel algunas realidades del mundo invisible que nos rodea. Esas cosas invisibles son los ángeles mencionados en Colosenses 1.16. Un día conoceremos el misterio de los espíritus invisibles, tanto los buenos como los malos y su poderosa influencia en la vida de las personas y en los asuntos humanos.

Le dijo el mensajero celestial a Daniel que, desde el primer día de su búsqueda del Señor, su oración fue atendida, pero la respuesta divina demoró veintiún días para llegar (10.12,13). Sin duda hay aquí una de las explicaciones de por qué a veces demora la respuesta de nuestras oraciones.

"el príncipe del reino de Persia" (v. 13). Ese príncipe no era de origen terrenal. Se trataba de un ángel diabólico tan fuerte que la victoria, en el caso allí mencionado, sólo se decidió cuando Miguel, el poderoso arcángel, entró en acción y así la respuesta de la oración llegó a Daniel. Hubo, pues, conflicto en el aire entre ángeles buenos y malos. Así como Dios tiene ángeles que protegen naciones, Satanás también tiene los de él, que obran, pero a su modo. Ese ángel malo de Persia controlaba los destinos de ese país, pero fue derrotado por los ángeles de Dios. "Quedé allí con los reyes de Persia" (v. 13).

Hay muchos actos y prácticas humanas detrás de los cuales están los agentes de Satanás, como es el caso de las falsas religiones. Por ejemplo, en 1 Corintios 10.19,20, la Biblia nos muestra que la adoración a ídolos tiene como causa motivante los demonios. Significa que detrás de los ídolos están invisiblemente los demonios.

Por el hecho de que los ángeles malos son invisibles, en el mundo por lo general percibimos solamente los efectos de sus acciones, y no la causa, que son ellos mismos. Siendo así, no vale la pena que combatamos los efectos surgidos y sí la causa, y sólo tendremos victoria en eso, en la fuerza del Señor. Dice Efesios 6.12: "Porque no tenemos lucha contra sangre y carne, sino contra principados, contra potestades, contra los gobernadores de las tinieblas de este siglo, contra huestes espirituales de maldad en las regiones celestes." "Sangre y carne" es otra forma de decir hombres visibles.

"Miguel, uno de los principales príncipes" (v. 13). Esto muestra que los ángeles se dividen en categorías. "príncipe", en hebreo "sor", corresponde a jefe, el que domina. El arcángel Miguel es el ángel guardián de Israel (10.21; 12.1).

El actual Estado de Israel, con sus adelantos, sus victorias en las últimas guerras, a pesar de sus desventajas; su influencia y sus proezas internacionales sólo tienen una explicación: ángeles de Dios luchan a favor de Israel. Muchos de sus enemigos reconocen eso.

6. El alcance de la profecía de los capítulos 10-12. Esto se ve en el versículo 14. "He venido para hacerte saber lo que ha de venir a tu pueblo en los postreros días." Por lo tanto, los temas aquí tratados atañen a Israel. Se incluyen las naciones gentiles, pero sólo en cuanto a su relación con Israel.

7. El consolador celestial (10.15-19). Daniel quedó fortalecido con la ayuda del ángel. Cuando entre los seres humanos el creyente no encuentra fortalecimiento, los ángeles de Dios lo pueden dar. Se dice tres veces en los versículos 18,19 que Daniel

fue fortalecido. ¡Qué privilegio es que tengamos a los ángeles de Dios a nuestro favor!

Visión anticipada de Israel en el período intertestamentario
(cap. 11)

En este capítulo tenemos la historia bíblica, escrita de antemano mediante la palabra profética, hasta el Nuevo Testamento, ya que abarca el período intertestamentario. Hasta el versículo 35 tenemos el futuro inmediato de Israel con relación a las naciones vecinas. Del versículo 36 en adelante tenemos el futuro remoto de Israel, relacionado principalmente con el "tiempo de angustia para Jacob" (Jer 30.7), lo que ha de ocurrirle a Israel en los "postreros días", según declaró el ángel en el capítulo 10.14.

Los primeros 35 versículos abarcan casi quinientos años de historia bíblica: de Ciro, el Persa (536 a.C.), al final de la independencia del reino de Israel bajo los Macabeos, en 63 a.C., cuando Roma asumió el control de esa nación. Es muy maravilloso cómo las predicciones aquí mencionadas se cumplieron fielmente, a pesar de haberse pronunciado siglos antes. ¡Sólo nuestro gran Dios puede hacer eso!

1. Profecía sobre los medos y persas (11.1,2). "Darío el medo" (v. 1). Es el mismo Darío de 5.31. En 9.1 se le llama "Darío hijo de Asuero". Ciro constituyó rey a ese monarca, interinamente, en Caldea, mientras él terminaba sus conquistas. Asuero, el padre de este Darío, no es el mencionado en Ester 1.1. El que estudia la Biblia y la historia necesita saber que hubo más de un Darío y más de un Asuero en las Escrituras. Para hablar de Darío y Asuero conviene saber que esos términos son títulos y no nombres propiamente dichos. Darío significa mantenedor, y Asuero, poderoso. Muchos de esos monarcas tienen más de un nombre. También algunos de ellos tienen nombres diferentes en la Biblia y en la historia secular, como es el caso de Asuero, que en la historia secular se le conoce como Jerjes. Jerjes es palabra griega, mientras que Asuero es hebrea.

"habrá tres reyes en Persia, y el cuarto..." (v. 2). Se mencionan aquí cuatro reyes de Persia, además de Ciro, pues éste ya estaba en el trono (10.1). Esos cuatro reyes son:

a. Asuero, hijo de Ciro. Reinó desde 529 hasta 522 a.C. Se le conoce en la historia como Jerjes I y Cambises II. Se le menciona en Esdras 4.6.

b. Artajerjes I. Reinó desde 522 hasta 521 a.C. Se le conoce en la historia como Smeredis. Se le menciona en Esdras 4.7-11. Determinó la suspensión de las obras del templo del poscautiverio.

c. Darío II. Hijo de Artajerjes. Reinó desde 521 hasta 485 a.C. Se le menciona en Esdras 4.5. Se le conoce en la historia como Darío Histaspes, o sencillamente Histaspes. Fue él quien ordenó la conclusión de las obras del templo, según Esdras capítulo 6. Él es el famoso Darío mencionado en la Inscripción de Behistún, cerca de Hamadán, en Irán, la antigua capital de los medos, llamada entonces Ecbatana. Fue derrotado en la famosa batalla de Maratón, en Grecia, en 490 a.C.

d. Asuero, el esposo de Ester (Est 1.1). Fue el más rico y el más poderoso rey persa. Reinó desde 485 hasta 465 a.C. La historia lo llama Jerjes III. (No debe confundirse ese Asuero con el de Esdras 4.6.) Era hijo de Darío II y fue derrotado por la escuadra griega de Salamina, Chipre, en 480 a.C.

Aquí termina la historia de Persia en la profecía. Nada se dice de los reyes restantes, unos cinco, por lo menos. Es que la gloria de Persia entró en rápida decadencia con la muerte de Asuero o Jerjes II. Los reyes restantes nada hicieron de importancia para la historia.

2. Profecía sobre Grecia (11.3,4). "Se levantará luego un rey valiente" (v. 3). Es Alejandro Magno, de Grecia. En 323 a.C. inició sus guerras de conquista y en 331 venció a Persia. Murió en 323, a los treinta y tres años de edad, después de trece años de conquistas y ocho de emperador mundial. En el versículo 4 tenemos la división de su vasto imperio en cuatro partes. De los cuatro primeros reyes, después de la división del imperio, el más poderoso fue Seleuco Nicátor, de Siria.

Sobre Alejandro dice incluso la profecía en el versículo 4, respecto a la división de su imperio. "No a sus descendientes... porque su reino... será para otros fuera de ellos." La historia comprueba que todos sus descendientes fueron excluidos del trono: tres esposas, dos hijos, un hermano y su madre.

3. Profecía sobre Siria y Egipto y sus guerras en que participaban los judíos (11.5-35). Aquí tenemos la historia escrita de antemano, por la inspiración divina, de los reinos de Egipto (reino del sur) y de Siria (reino del norte) hasta la época del monstruo Antíoco Epifanio, el llamado anticristo del Antiguo Testamento, con relación a los judíos.

Versículo 5. "El rey del sur" es Ptolomeo Lago, el primer rey de Egipto, después de la muerte de Alejandro en 323 a.C. "uno de sus príncipes" (es decir, príncipes de Ptolomeo) es Seleuco I o Nicátor, primer rey de Siria después de la muerte de Alejandro. El territorio de Siria era entonces mucho más extenso de lo que es actualmente.

Versículos 8,9. Se menciona a Egipto por su nombre en el versículo 8, identificándolo así como el reino del sur del versículo 9; esto en aquellos tiempos.

Versículos 13-19. Se refieren, según los hechos de la historia, a Antíoco III, también llamado el Grande, que reinó en Siria desde 223 hasta 187 a.C. Ese rey conquistó Palestina (v. 16). El rey sirio de que trata el versículo 18 es, según la historia secular, Seleuco IV, llamado Filopátor, que reinó de 187 a 176 a.C. Versículos 21-35. Estos versículos se ocupan del procedimiento nefasto de Antíoco Epifanio, también llamado Epifanio IV, que reinó sobre Siria desde 175 hasta 164 a.C. Fue el gran torturador de Israel. Se le llama en la profecía "un hombre despreciable" (v. 21).

Se narra proféticamente la guerra de Antíoco contra Egipto en los versículos 25-27,29. Los dos reyes mencionados en el versículo 27 son Antíoco Epifanio, de Siria, y Ptolomeo VI, de Egipto. Esos dos reyes compiten en traición. En el versículo 28 vemos a Antíoco quebrantando la alianza que hiciera con los judíos. En esa ocasión él profanó el templo de Jerusalén y erigió allí una imagen (v. 31). Los versículos 29,30 hablan de la invasión de Egipto por Antíoco, de donde tuvo que retirarse, obligado por la escuadra romana, las "naves de Quitim" del versículo 30.

Los versículos 32-35 describen los hechos heroicos de Israel bajo los hermanos Macabeos, que iniciaron la rebelión de los judíos contra Antíoco en 167 a.C. En esos mismos versículos vemos dos clases de judíos durante la época de la rebelión contra Antíoco: los infieles, que se unieron al enemigo, y un remanente que siguió siendo fiel a Dios. De igual modo, en los días del futuro anticristo habrá judíos infieles, pero también un grupo fiel de ciento cuarenta y cuatro mil sellados por Dios para dar testimonio durante la gran tribulación. Es posible que Hebreos 11.35-39 sea una alusión a los tiempos turbulentos de la nación judía bajo los Macabeos.

4. Profecía sobre Israel en conflicto con el anticristo (11.36-45). El versículo 35 nos introduce al "tiempo del fin" del poder gentil, de que trata el capítulo 12. El versículo 40 vuelve a hablar de ese tiempo del fin.

Los versículos 36-40 tratan sobre acontecimientos de los que no hay correspondencia en toda la historia pasada: un cuadro profético del futuro anticristo y su obra, especialmente en cuanto a Israel.

Mediante la expresión "en aquel tiempo", en el capítulo 12, los acontecimientos escatológicos en él constantes, como resurrección de los muertos y recompensa de los justos, están en la secuencia de lo tratado en los versículos 36-45. La época en que ocurren esos acontecimientos abarca también los acontecimientos del capítulo 12.

Versículos 40-44. La expresión "rey del norte", en el versículo 40, prueba que no se trata ahí de Antíoco Epifanio, porque este sería dentro de poco el "rey del norte" (es decir, de Siria), y es evidente que él no iba a combatir contra sí mismo... Por lo tanto, se trata de un futuro reino. El versículo muestra que en el tiempo del fin, es decir, en la época de la tribulación de Israel, el rey del sur (que en ese tiempo sin duda no representará sólo a Egipto, sino a un bloque de naciones norteafricanas) y el rey del norte lucharán por algún tiempo contra el anticristo. Israel será después invadido por el reino del norte (v. 41). Egipto tampoco escapará de su invasión (v. 42). Desde luego que una de las razones para eso es el acuerdo de paz que ya hoy existe entre Egipto e Israel. Edom, Moab y Amón serán salvados (v. 41), para que más adelante el remanente de Israel huyera hacía allí en su fuga durante el ataque asolador del anticristo contra los judíos (Mt 24.20; Is 16.1-5; Ez 20.35-38; Os 2.14; Ap 12.6,13,14). Esos antiguos países bíblicos forman hoy parte de Jordania.

En los versículos 40-45 el sujeto gramatical que motiva todos los acontecimientos allí descritos es sin duda el "rey del norte" del versículo 40. En el texto original esos versículos forman nuevo párrafo. Ese reino en los tiempos del anticristo no será más la Siria de los versículos anteriores del presente capítulo, sino un bloque de naciones situadas al extremo norte de Israel, encabezadas por Rusia, y llamadas en la profecía Gog y Magog (Ez 38.15).

Versículo 45. "llegará a su fin, y no tendrá quien le ayude". Sin duda esto quiere decir que el jefe ruso establecerá su cuartel general ("las tiendas de su palacio") en Jerusalén, "el monte glorioso y santo". Esto tendrá lugar "entre los mares", sin duda entre el Mediterráneo y el mar Muerto. Ese ejército del rey del norte no será destruido en una batalla convencional humana. Ezequiel dice en el capítulo 39 de su libro que la destrucción de ese ejército será de forma sobrenatural.

LAS ÚLTIMAS COSAS EN CUANTO A ISRAEL

(CAP. 12)

Las profecías de Daniel hasta 11.35 pueden relacionarse fácilmente con acontecimientos de la historia antigua, los cuales les dieron cumplimiento; pero a partir de ahí hasta el final del capítulo 12 no encontramos correspondencia alguna con la historia.

Los temas que abarca el capítulo 12 son la gran tribulación, la resurrección de los muertos, la recompensa de los justos y el castigo eterno de los impíos.

1. "En aquel tiempo" (12.1). ¿A qué tiempo se refiere la profecía? Sin duda al tiempo en que surgirá el anticristo, a partir de 11.36. El versículo 1 del capítulo 12 está directamente relacionado con la gran tribulación. "Será tiempo de angustia, cual nunca fue desde que hubo gente hasta entonces; pero en aquel tiempo será libertado tu pueblo, todos los que se hallen escritos en el libro." Es el tiempo del que habló Jesús para los judíos en Mateo 24.21: "porque habrá entonces gran tribulación, cual no

la ha habido desde el principio del mundo hasta ahora, ni la habrá".

2. "Miguel, el gran príncipe que está de parte de los hijos de tu pueblo" (v. 1). En este mundo, a veces decimos que alguien es grande, según nuestra medida y nuestro modo de ver las cosas, pero cuando Dios dice que alguien es grande, ¡cuán grande no es ese alguien! ¿Qué ángel poderoso y glorioso no es ese arcángel? Es él quien va a expulsar a Satanás de la esfera celestial (Ap 12.7-9). Y sin duda será el ángel que prenderá a Satanás por mil años, lanzándolo en el abismo, antes del reino milenario de Cristo (Ap 20.1-3). Es ese el ángel de Dios, protector de la nación israelita.

3. Grandes adelantos en el transporte y en la educación (12.4). Eso se cumple en esta época, en las mayores cosas que todavía veremos. En este versículo "ciencia" tiene el sentido de sabiduría, y no directamente de tecnología, si bien que las dos están directamente relacionadas.

4. El período de la gran tribulación (v. 7), "tiempo, tiempos, y la mitad de un tiempo", es decir, como ya hemos comentado en el capítulo 7, tres años y medio, será su tiempo peor.

5. "Y yo oí, mas no entendí" (12.8). El gran profeta Daniel, llamado "muy amado" en el cielo, muestra aquí su humildad, diciendo que no entendió. En 8.27 él dice que no había quien entendiera la visión. No debemos quedar decepcionados por no entender todas estas profecías porque el propio Daniel confesó sus dificultades. En Mateo 24.15, cuando Jesús hizo alusión a una de esas profecías de Daniel, Él dijo: "El que lee, entienda." Para no inventar es necesario entender, pero si no entendemos no debemos jamás inventar. Tenemos, pues, aquí una gran lección y una advertencia para todos los que investigan las profecías y estudian la doctrina bíblica en general.

"¿Cuál será el fin de estas cosas?" (12.8). ¡Nosotros también preguntamos lo mismo hoy!

6. Dos períodos después de la tribulación (12.11,12). "mil doscientos noventa días" (v. 11). Es la gran tribulación con la añadidura de un mes (mil doscientos sesenta días más treinta

días). Los mil doscientos sesenta días sin duda serán los mismos de Apocalipsis 11.3 y 12.6. Tal vez en esos treinta días ocurra el juicio de las naciones.

"mil trescientos treinta y cinco días" (v. 12). Es una añadidura de cuarenta y cinco días a la suma anterior: mil doscientos sesenta más treinta más cuarenta y cinco días. Sin duda en esos cuarenta y cinco días tendrán lugar los preparativos en la tierra para el establecimiento definitivo del reino milenario de Cristo, cuando se cumplirá Mateo 25.34; Daniel 7.27 y Apocalipsis 20.4b.

7. La consideración de Dios con su siervo Daniel: El reconocimiento del trabajo prestado y la promesa de descanso y recompensa. Eso ocurrirá "al fin de los días". Daniel fue fiel a Dios desde su juventud...

APOCALIPSIS

INTRODUCIÓN

Apocalipsis es un libro de interpretación muy difícil. Este es un hecho reconocido por todos los estudiosos de las Escrituras. El autor de este libro que el lector tiene en las manos humildemente confiesa que desde hace veintinueve años (en 1983) viene estudiando los libros escatológicos de la Biblia, especialmente Daniel, Apocalipsis y Zacarías, pero las dificultades de interpretación continúan.

Apocalipsis es el apogeo de la revelación divina. Es cual un inmenso caudal donde desembocan todos los ríos (libros), tanto los del Antiguo como los del Nuevo Testamento. Él es lo opuesto del libro de Génesis. Este es el libro de los comienzos; aquel, el de los finales. Es también Apocalipsis la respuesta de la oración del pueblo de Dios en todos los tiempos: "Venga tu reino".

Dios divide la raza humana en tres grupos: judíos, gentiles y la Iglesia de Dios (1 Co 10.32), y en su Palabra Él presenta un mensaje definido para cada uno de esos tres grupos. Por ejemplo, el libro de Daniel, que acabamos de estudiar, trata sólo de judíos y gentiles. En los Evangelios tenemos la aparición o manifestación del mensaje divino para la Iglesia; y en las Epístolas la explicación de ese mensaje. Ya en Apocalipsis tenemos el mensaje final de Dios para los judíos, los gentiles y la Iglesia.

Tiene el libro el último mensaje de Jesús a la Iglesia, un mensaje referente a su venida: "Ciertamente vengo en breve" (22;20). Por eso se dice que en los Evangelios se nos lleva a creer en Cristo; en las Epístolas se nos lleva a amarlo; y en Apocalipsis se nos lleva a esperarlo.

1. Advertencia a los estudiantes de las Escrituras. Es bueno que cada estudiante lea ahora 1 Corintios 2.10-16 y medite cuidadosamente en cada uno de sus versículos.

El hombre espiritual a que se refiere el versículo 15 es aquel que es nacido del Espíritu, que está sometido al Espíritu, que está guiado por el Espíritu, que es poseído por el Espíritu, que está lleno del Espíritu. A su vez el discernimiento mencionado en dichos versículos es el que dimana de la obra del Espíritu Santo en el creyente.

El estudiante debe distinguir correctamente los sentidos literal, figurado y simbólico de la Biblia a fin de interpretar correctamente el texto bíblico. Por ejemplo, sabemos que el caballo de Apocalipsis 19.11 es simbólico debido al uso simbólico de la espada en el versículo 15 del mismo capítulo. A veces el propio texto advierte que su lenguaje es figurada, como en Apocalipsis 17.5, donde la palabra "misterio" indica esto.

2. El autor del libro es Juan, el evangelista, uno de los apóstoles de Jesús. Esto se declara en 1,4,9; 22.8. Su padre, Zebedeo, era hombre rico pues tenía empleados en las actividades pesqueras que explotaba (Mr 1.20). Juan fue uno de los primeros discípulos de Jesús (Mt 4.21; Mr 1.19). A él y a su hermano Jacobo, Jesús lo llamó "Boanerges", que quiere decir hijos del trueno (Mr 3.17), o por causa del poder con que daban testimonio, o debido a su celo (sin entendimiento) al desear que cayera fuego del cielo para que consumiera una ciudad (Lc

9.54,55). Es él sin duda el "discípulo amado" citado en Juan 13.23; 19.26; 21.20. Juan, por modestia, se escondió detrás de esa frase.

Juan asistió al juicio de Jesús y su crucifixión, demostrando así su fidelidad, firmeza y amor (Juan 18.15,16; 19.26). Él integraba el grupo íntimo de discípulos de Jesús, compuesto por tres de ellos (Mt 17.1; 26.37; Mr 5.37; 13.3).

Ireneo, nacido cerca de 130 d.c., discípulo de Policarpo, que a su vez, fue discípulo de Juan, afirma que después del retorno de Juan, de su destierro en Patmos, él permaneció en Éfeso, viviendo allí hasta su muerte, en el reinado de Trajano.

3. Época y lugar del libro. Pastoreaba Juan la iglesia en Éfeso cuando fue desterrado por Domiciano, en 95 d.C. Volvió a Éfeso al año siguiente. En ese medio tiempo se escribió el libro. La fecha aceptada comúnmente es 96 d.C.

4. La división general del libro. Jesús mismo hace esa división en 1.19. Es una triple división:

Parte I — RESPECTO AL SEÑOR
Capítulo 1
Son cosas ocurridas en el tiempo de Juan — "las cosas que has visto" (1.19).

Parte II — RESPECTO A LA IGLESIA
Capítulos 2 y 3
Son cosas presentes — "las que son" (1.19)

Parte III — RESPECTO A LAS NACIONES
Capítulos 4 a 22
Son cosas futuras — "que han de ser" (1.19)

En esta última división está comprendida la "semana" setenta de Daniel 9.27, en los capítulos del 6 al 19. Apocalipsis es, pues, un libro profético: además el único libro profético del Nuevo Testamento. Eso está precisado en 1.3; 22.7,10,18,19, donde leemos la expresión "las palabras de esta profecía".

5. Tema del libro. Es la venida de Jesucristo en gloria, es decir, su revelación personal en gloria y poder a Israel y a las naciones. Eso se declara en el primer versículo del libro: "Revelación de Jesucristo." El texto clave de todo el libro está en 1.7: "He aquí que viene con las nubes, y todo ojo le verá, y los que le traspasaron; y todos los linajes de la tierra harán lamentación por él. Sí, amén."

BOSQUEJO DEL LIBRO DE APOCALIPSIS

Una de las formas de estudio de la santa Palabra de Dios es la del método sintético, que incluye el bosquejo de cada libro. El estudio sintético de la Biblia considera y estudia, entre otras cosas, lo siguiente:

• La Biblia como un todo, es decir, sus sesenta y seis libros en conjunto.
• Cada grupo de libros de la Biblia como un todo.
• Cada libro de la Biblia como un todo.
• Bosquejo de cada libro de la Biblia.

El método de estudio sintético de la Biblia es prioritario para quien quiera pasar al análisis de ella. En otras palabras: jamás se debe tratar de analizar la Biblia, sus libros, sus capítulos, versículos, palabras, frases e ideas, sin primero hacer una síntesis cuidadosa y completa de todo eso. Espiritualidad, discernimiento espiritual y madurez son aquí de vital importancia, sea síntesis o análisis de la Biblia.

El método sintético puede compararse con el viajero que sube a la montaña para obtener una visión global y panorámica de toda la región que pretende conocer y explorar detalladamente. Al tratarse de la Biblia, significa estudiar el contenido general de cada uno de sus libros antes de cuidar de su interpretación y análisis. Sintetizar es abreviar, bosquejar; analizar es ampliar descomponiendo.

Tema del libro: La revelación personal de Cristo en gloria, en su venida.

Cap. 1 — LA VISIÓN DE CRISTO GLORIFICADO
Caps. 2,3 — LA IGLESIA EN EL PASADO Y EN EL PRESENTE
Cap. 4 — LA IGLESIA ARREBATADA
Cap. 5 — LA IGLESIA GLORIFICADA
Caps. 6-18 — LA GRAN TRIBULACIÓN
Cap. 19 — LA VENIDA DE JESUCRISTO EN GLORIA
Cap. 20 — EL MILENIO Y EL JUICIO FINAL
Cap. 21,22 — EL ESTADO ETERNO PERFECTO

Una palabra explicativa sobre cada punto del bosquejo:

Cap. 1 — LA VISIÓN DE CRISTO GLORIFICADO
Se trata de una visión de Cristo, como Él está actualmente en la gloria.

Caps. 2,3 — LA IGLESIA EN EL PASADO Y EN EL PRESENTE
Las siete iglesias allí mencionadas representan siete períodos de la historia de la Iglesia Universal como cuerpo de Cristo. Para eso, basta que se haga un cotejo entre las iglesias locales mencionadas en los capítulos 2 y 3 y los períodos de la historia de la Iglesia. En cuanto a las siete cartas como número representativo, compárese el hecho de que el apóstol Pablo también le escribió a siete iglesias, cuando, en su época, había mucho más iglesias. Esas siete iglesias fueron: Roma, Corinto, Galacia, Éfeso, Filipos, Colosas y Tesalónica. Sus otras cartas se dirigieron a personas, no a las iglesias.

Cap. 4 — LA IGLESIA ARREBATADA

El arrebatamiento a la altura de los hechos del capítulo 4 prefigura claramente el arrebatamiento de la Iglesia después de su historia en este mundo.

Cap. 5 — LA IGLESIA GLORIFICADA

Aquí tenemos representados los santos del Antiguo y del Nuevo Testamento bajo la forma de veinticuatro ancianos delante del trono del Cordero, integrando un culto en que toman parte todos los seres celestiales. Se trata de la Iglesia ya glorificada, después de su arrebatamiento.

Caps. 6-18 — La gran tribulación

La gran tribulación es un período de aflicción sin paralelo que sobrevendrá a los judíos y a los gentiles después del arrebatamiento de la Iglesia. No hay palabras que puedan describir los horrores del sufrimiento en ese período.

Es un período de siete años, según un estudio comparativo de la Biblia. Los capítulos 6 al 10 abarcan la primera mitad de la tribulación, es decir, sus primeros tres años y medio.

Los capítulos 11 al 18 abarcan la segunda mitad de esa gran tribulación, es decir, los últimos tres años y medio.

Cap. 19 — LA VENIDA DE JESUCRISTO EN GLORIA

Es la última etapa de su venida, siendo la primera el arrebatamiento de la Iglesia. En el arrebatamiento, Jesucristo vendrá para sus santos. En su venida en gloria, Él vendrá con sus santos para liberar a Israel, juzgar a las naciones y establecer el milenio.

Cap. 20 — El milenio y el juicio final

El milenio es el glorioso reinado de Cristo durante mil años en la tierra.

El juicio final seguirá al milenio, época en que todos los impíos, fallecidos desde el tiempo de Adán resucitarán para ser juzgados según sus obras.

Caps. 21,22 — EL ESTADO ETERNO PERFECTO

Aquí tenemos un cuadro que muestra cómo serán todas las

cosas después que el pecado sea juzgado y desterrado del universo, junto con los impíos y el diablo. Esto es un cuadro de la tierra y sus ocupantes cuando Dios haga nuevas todas las cosas, así como eran en el principio.

SISTEMA DE INTERPRETACIÓN DE APOCALIPSIS

Hay cuatro principales sistemas o escuelas de interpretación del libro de Apocalipsis. Es bueno que cada lector tenga conocimiento de esos sistemas, sin olvidar la advertencia que hicimos en la introducción del libro.

Los sistemas más conocidos son el futurista, el histórico, el preterista y el simbólico.

El futurista es el que considera el libro como de cumplimiento futuro. Considera que la Iglesia será arrebatada en cualquier momento, que viene a continuación de la gran tribulación para Israel y las demás naciones de la tierra, con los juicios divinos bajo las trompetas, los sellos y las copas de la ira de Dios. Hay entre los futuristas algunos que enseñan que la iglesia pasará por las tribulaciones, ignorando ellos lo que la Palabra de Dios declara en 3.10; 1 Tesalonicenses 1.10; Romanos 5.9. Ese día de la ira del Señor es el período de la gran tribulación (Ap 6.17).

El sistema histórico interpreta Apocalipsis como la historia bíblica de la Iglesia, desde el primer siglo hasta la época actual. Según entienden ellos, gran parte de esas profecías ya se han cumplido y las demás se están cumpliendo ahora mismo en los acontecimientos mundiales.

El sistema preterista interpreta Apocalipsis como si fueran profecías todas cumplidas. Juan describió acontecimientos que ocurrieron en la tierra sólo en la época del Imperio Romano. Ellos manipulan fechas para todo, incluso para los diez reinos como expresión final del Imperio Romano. Hemos expuesto eso en el estudio sobre Daniel. Ahora bien, los hechos pasados ya no son profecía estrictamente hablando: son historia. Sin embargo, el libro de Apocalipsis sigue diciendo que él es una profecía. (Léase 1.3; 22.7,10,18,19.)

Al sistema simbolista también se le llama idealista y espiritualista. (Espiritualista aquí nada tiene que ver con el espiritismo.) Este sistema de interpretación enseña que en Apocalipsis todo es simbólico y que representa el conflicto entre el bien y el mal. En ese sistema no hay nada de histórico ni de profético, y lo que el libro contiene son principios fundamentales espirituales. El sistema simbolista es, por lo tanto, una forma de expresión del racionalismo, lamentablemente llamado racionalismo cristiano.

Los racionalistas hallan que sus propias opiniones valen más que la Palabra de Dios. Aquello de la Biblia que no entienden ellos lo rechazan como absurdo, como si la Palabra de Dios dependiera del juicio del hombre. Procuran desacreditar el cumplimiento literal de las profecías de Daniel, Apocalipsis, Zacarías, Ezequiel y otros libros de la Biblia. Sustituyen la inspiración divina con el raciocinio humano. En otras palabras: endiosan la razón humana y desprecian la obra interior del Espíritu Santo.

Es claro que no estamos aquí para erigir un monumento a la ignorancia; pero tampoco vamos al otro extremo de endiosar la sabiduría humana, como hábilmente expresa el respetado pastor y profesor João Pereira de Andrade e Silva.

Las enseñanzas bíblicas de los racionalistas, siendo producto exclusivo de la razón humana, son al parecer perfectas, pero... sin vida. Son como una flor artificial ... ¡casi perfecta, pero sin vida ni perfume! En el lenguaje más sincero llamémosles humanistas a los racionalistas. Son discípulos de la filosofía maldita de John Dewey, cuyo Manifiesto humanista, publicado en 1932, continúa su obra destructora, negando lo sobrenatural y exaltando solamente la ciencia y la cultura humanas. Al principio era el humanismo sólo una filosofía. Hoy es una religión, un principio de vida, con multitud de seguidores, en todos los estratos sociales y en todo el mundo, incluso influyendo en algunas iglesias.

LA VISIÓN DE CRISTO GLORIFICADO

(CAP. 1)

El capítulo 1 de Apocalipsis abarca la primera parte de la triple división general del libro, vista en 1.19, es decir, "las cosas que has visto" respecto al Señor Jesucristo como está ahora en la gloria, con relación a su Iglesia.

El punto central de este capítulo es, pues, la visión de Cristo, concedida a Juan, el escritor, y descrita en los versículos 9-20.

En esta visión sobre la persona de Cristo está el texto clave de todo el libro, como hemos mostrado en 1.7: "He aquí que viene con las nubes, y todo ojo le verá, y los que le traspasaron; y todos los linajes de la tierra harán lamentación por él. Sí, amén." Estudiemos, pues, todo el libro teniendo en mente este versículo, ¡y el estudio se volverá mucho más edificante y cautivador!

1. *Versículos 1-3. "Revelación de Jesucristo"* (v. 1). El término "revelación" significa literalmente en el original retirar, quitar

por completo, manifestar, descubrir, como hacen las autoridades en las inauguraciones de placas conmemorativas, estatuas, retratos; quitando totalmente el paño en que están envueltos para que todos puedan ver aquello que estaba oculto hasta entonces. El término viene de dos palabras originales: la preposición "apo", con el sentido de apartado, distante, y el sustantivo "kálupsis", que significa remoción, retirada, revelación, descubrimiento.

"Apokálupsis" (revelación) es exactamente lo opuesto de "sunkálupto" (esconder, ocultar totalmente, encubrir). Estos dos términos originales, con sus dos sentidos aquí señalados, el lector puede verlos juntos en Lucas 12.2, donde encubierto es "sunkálupto", y descubrirse es "apocálupto". El término y sus cognados aparecen en muchos otros lugares del Nuevo Testamento, como en 1 Corintios 1.7; 2 Tesalonicenses 1.7; 1 Pedro 1.7. Por lo tanto, en su primera declaración: "revelación de Jesucristo", el libro de Apocalipsis deja en claro que no se ocupa del arrebatamiento de la Iglesia, y sí de la aparición de Jesucristo en gloria a este mundo, y esto después del arrebatamiento de la Iglesia.

"para manifestar a sus siervos". Quien es "siervo" del Señor podrá entender el libro; quien no lo sea, trate de serlo para que llegue a entender. Muchos son sus siervos, pero "malos siervos", y continúa la dificultad. En cuanto al Señor Jesucristo, debemos ir a Él; seguirlo y servirle. Es por la fe que el creyente va a Cristo, y es por el amor que se vuelve siervo del Maestro.

Comúnmente se dice que hay en general tres tipos de siervos de Cristo. 1) siervos esclavos. Estos sirven a Cristo por miedo a perderse; son temporeros, y un día lo abandonan; 2) siervos mercenarios son los que sirven a Cristo por interés y conveniencia personal; 3) siervos hijos son los que sirven a Cristo por amor. Jamás lo abandonarán porque el amor de Dios está en ellos, y vuelven a Dios en consagración, adoración y servicio.

Como acabamos de ver, no es suficiente ir a Cristo y quedar sólo en eso. ¿Es usted, lector, un siervo de Dios? Si lo es, ¿qué tipo de siervo es?

"Las cosas que deben suceder pronto" (v. 1). Son acontecimientos inevitables. Están decretados por Dios. No son cosas condicionales. Tendrán que suceder. El término original traducido "deben" es mucho más enfático de lo que podemos pensar en nuestro idioma.

"su ángel" (v. 1). De Jesucristo. (Véase 22.16.)

La autenticidad del libro (v. 2) está basada en tres testimonios: la Palabra de Dios, el Señor Jesucristo y el apóstol Juan. Dos del cielo y uno de la tierra.

Las bienaventuranzas del libro (v. 3). "Bienaventurado el que lee, y los que oyen las palabras de esta profecía, y guardan las cosas en ella escritas; porque el tiempo está cerca." Tres bienaventuranzas declaradas en el libro: para quienes leen, para quienes oyen y para quienes guardan; todo con relación al propio libro. Hay siete bienaventuranzas en Apocalipsis: 1) "Bienaventurado el que lee, y los que oyen las palabras de esta profecía, y guardan las cosas en ella escritas" (1.3); 2) "bienaventurados de aquí en adelante los muertos que mueren en el Señor" (14.13); 3) "bienaventurado el que vela, y guarda sus ropas" (16.15); 4) "bienaventurados los que son llamados a la cena de las bodas del Cordero" (19.9); 5) "bienaventurado y santo el que tiene parte en la primera resurrección" (20.6); 6) "bienaventurado el que guarda las palabras de la profecía de este libro" (22.7); 7) "bienaventurados los que lavan sus ropas" (22.14).

"Bienaventurado el que lee, y los que ... guardan las cosas en ella escritas" (v. 3). Hay siete veces en el libro la expresión "los que guardan", o una frase parecida, lo que denota la necesidad de obediencia de nuestra parte a los mandamientos divinos. Las siete veces son: 1) "y guardan las cosas en ella escritas" (1.3); 2) "al que venciere y guardare mis obras hasta el fin" (2.26); 3) "has guardado mi palabra" (3.8); 4) "por cuanto has guardado la palabra de mi paciencia, yo también te guardaré de la hora de la prueba" (3.10); 5) "los que guardan los mandamientos de Dios y tienen el testimonio de Jesucristo" (12.17); 6) "los que guardan los mandamientos de Dios y la fe de Jesús"

(14.12); 7) "y de los que guardan las palabras de este libro" (22.9).

"porque el tiempo está cerca" (v. 3). Si todo estaba tan cerca en el tiempo de Juan, ¿qué diremos nosotros hoy? 2. Versículos 4-8. La salutación venida del cielo (vv. 4,5) es triple, indicando al mismo tiempo la Santa Trinidad: 1) "del que es y que era y que ha de venir"; 2) "de los siete espíritus que están delante de su trono"; 3) "y de Jesucristo el testigo".

"Juan, a las siete iglesias que están en Asia" (v. 4). Se especifican esas siete iglesias en el versículo 11: Éfeso, Esmirna, Pérgamo, Tiatira, Sardis, Filadelfia y Laodicea. Debemos evitar aquí un malentendido. Asia, en el versículo 4, no es el actual continente asiático, ni tampoco la llamada Asia Menor, sino la entonces provincia romana de Asia, situada donde queda hoy Turquía occidental. Esa provincia tenía por capital la gran ciudad de Éfeso.

¿Por qué "siete iglesias" y por qué las siete aquí escogidas, si había muchas otras en la región? Es porque representaban períodos de la historia de la Iglesia, desde su inicio hasta el fin, y porque esas presentaban condiciones espirituales de la Iglesia a través de los siglos.

Pablo pasó por Frigia en su segundo viaje misionero, ciudad que quedaba en la provincia de Asia (Hch 16.6). En Éfeso, que era la capital de esa provincia, Pablo se quedó dos años (Hch 19.10,26), "de manera que todos los que habitaban en Asia, judíos y griegos, oyeron la palabra del Señor Jesús." Demetrio, un conocido incrédulo de Éfeso, declaró: "En casi toda Asia, ha apartado a muchas gentes" (Hch 19.26). En Hechos 20.31, Pablo dice que se quedó tres años en Éfeso, queriendo decir sin duda el tiempo completo que permaneció allí. Eso debe incluir los tres meses de Hechos 19.8. Epafras, uno de los colaboradores de Pablo, trabajó en Laodicea, una de las siete iglesias (Col 2.1; 4.12-16).

"Gracia y paz a vosotros" (v. 4). Gracia y paz de Dios son dos cosas imprescindibles para el cristiano. Un cristiano sin la gracia y sin la paz de Dios estará sin los elementos básicos para

llevar la vida cristiana. ¡Será un fracaso! La paz del cielo es tan importante que Jesús la legó a los suyos antes de volver al cielo (Juan 14.27).

"de los siete espíritus que están delante de su trono" (v. 4). La misma expresión se encuentra en 3.1; 4.5 y 5.6 del mismo libro. Significa el Espíritu Santo en su plenitud de operaciones y ministerios, que comunica sobre todo vida y santidad. (Medítese en sus siete títulos mencionados en Isaías 11.2: "El Espíritu de Jehová; espíritu de sabiduría y de inteligencia; espíritu de consejo y de poder, espíritu de conocimiento y de temor de Jehová.")

"Al que nos amó, y nos lavó de nuestros pecados con su sangre" (1.5). ¿Quién es este que nos ama, aun cuando estamos en nuestros pecados? ¡Esta es una sublime buena nueva! No es ni necesario decir su nombre ¡porque sólo hay uno que nos ama así!

El loor a Jesucristo (1.5). Como profeta es "el testigo fiel"; como sacerdote, es "el primogénito de los muertos". En Hebreos 7.25 está escrito que Él vive siempre para interceder por nosotros. Esto señala su ministerio sacerdotal después de resucitar de los muertos. Como Rey, es "el soberano de los reyes de la tierra".

2. La proclamación del mensaje de la venida de Jesucristo (1.7,8). *"todo ojo le verá"* (v. 7). Los que consideran eso imposible no creen en el Dios todopoderoso que puede hacer todas las cosas. Si actualmente el hombre puede hacer que un determinado acontecimiento sea presenciado por todo el mundo, ¿qué no puede hacer Dios? La aparición del Señor a las naciones de la tierra será precedida de su señal: *"Entonces aparecerá la señal del Hijo del Hombre en el cielo; y entonces lamentarán todas las tribus de la tierra, y verán al Hijo del Hombre viniendo sobre las nubes del cielo, con poder y gran gloria"* (Mt 24.30). Esa señal suya debe de ser una manifestación sobrenatural y aterradora de su gloria, abarcando todo el globo. (Léase Lucas 17.24)

"y los que le traspasaron" (1.7), es decir, sus hermanos según la carne, los judíos.

"Sí, amén" (1.7). La primera palabra es de origen griego ("nai", en el original). La segunda es de origen hebreo ("amen").

Esto indica que Jesucristo vendrá para gentiles y judíos. No hay aquí una palabra denotativa para la Iglesia, porque esta ya estará con el Señor cuando ocurran esas cosas de Apocalipsis. "Amén' es uno de sus títulos (3.14).

"El alfa y la Omega" (1.8). Alfa y Omega son la primera y la última letra del alfabeto griego. La expresión aparece también en 21.6 y 22.13. La explicación de su significado como se emplea aquí está en Apocalipsis 22.13.

3. El profeta proclamador del mensaje de Dios — Juan (1.9,10). El lugar donde estaba el profeta era la isla de Patmos, desolada y rocosa, situada en el mar Egeo, a lo largo de la costa de Turquía. La espiritualidad del profeta se ve en la expresión: "Yo estaba en el Espíritu en el día del Señor" (v. 10). Esta es la situación ideal para que se reciban revelaciones divinas.

"Yo estaba en el Espíritu en el día del Señor" (1.10). El contexto de todo el libro de Apocalipsis deja claro que Juan, por el poder del Espíritu Santo, fue arrebatado a otras regiones terrestres y extraterrestres, donde se le revelaron profundas realidades espirituales, así como acontecimientos futuros. Así él recibió revelaciones divinas que no sería posible recibir estando en circunstancias comunes de la vida diaria.

Cuatro veces Juan declara que se encontró en ese estado: 1.10; 4.2; 17.3; y 21.10. Cada vez que aparece esa expresión el vidente se encuentra en un lugar diferente. En 1.10 él estaba en Patmos: "estaba en la isla llamada Patmos". En el segundo caso (4.2) Juan estaba en el cielo: "un trono establecido en el cielo". En el tercer caso (17.3), él estaba en un desierto en la tierra: "me llevó en el Espíritu al desierto". Por último, en el cuarto caso (21.10), fue llevado a un monte alto desde donde contempló la santa ciudad de la Jerusalén celestial: "Y me llevó en el Espíritu a un monte grande y alto".

"en el día del Señor" (1.10). Juan Crisóstomo (354-407 d.C.) dice que a ese día se le llamaba así porque en él resucitó de los muertos el Señor. Los líderes cristianos de los siglos posteriores distinguen entre el sábado judaico y el día del Señor.

4. La maravillosa visión de Cristo glorificado (1,12-16) Esa visión era necesaria para Juan en esa ocasión por muchas razones. Una de

ellas era debido a la feroz persecución que asolaba entonces a la iglesia, fomentada por los emperadores romanos: Pedro fue crucificado; Pablo, decapitado; y otros millares, martirizados. Otra razón era la situación en que Juan se hallaba: lejos de la familia, de los hermanos y de su iglesia en Éfeso. Esta visión de Cristo mostrando como está Él actualmente en la gloria fue de gran consuelo para Juan. Algo esencial para animar al cristiano y fortalecerlo es la continua visión del Señor Jesucristo. Sin duda Juan quedó reconfortado espiritualmente ante visión tan sublime. Isaías, aun presenciando la destrucción de su pueblo, tuvo tal visión y nunca más fue el mismo.

"Y me volví para ver la voz que hablaba conmigo" (1.12). De espaldas al sol podemos ver nuestra propia sombra. Cuando nos ponemos frente a él, las sombras quedan atrás... ¡Quién sabe lo que había en el alma del anciano apóstol en aquella hora, en circunstancias tan adversas y aun más, tan solitario!

"Vi siete candeleros de oro" (1.12). El versículo 20 explica que estos candeleros representaban las siete iglesias de que trata el capítulo 2. Esos candeleros son para alumbrar. Esta visión nos muestra que todo el mundo está en tinieblas. Se fundó la Iglesia para que fuera la luz del mundo. Los candeleros eran de oro, indicando así su origen y su relación con el cielo. No importa si lo que alumbra aquí es bonito a los ojos de los hombres. Importa si está funcionando bien, emitiendo su luz; importa que Jesucristo está en medio de ellos; *"y en medio de los siete candeleros, a uno semejante al Hijo del Hombre..."* (v. 13).

En el versículo 12 aparece por tercera vez el número siete, que predomina admirablemente en el libro de Apocalipsis: ¡cincuenta y cuatro veces!

"uno semejante al Hijo del Hombre" (Ap 1.13). Así Jesús ascendió al cielo, visto de ese modo por sus discípulos: "Mirad mis manos y mis pies, que yo mismo soy; palpad, y ved; porque un espíritu no tiene carne ni huesos, como veis que yo tengo. Y diciendo esto, les mostró las manos y los pies" (Lc 24.39,40).

Así también lo vio Esteban en el cielo: "Y dijo: He aquí, veo los cielos abiertos, y al Hijo del Hombre que está a la diestra de Dios" (Hch 7.56).

Pablo lo declara así, en la época de las epístolas: "Porque hay un solo Dios, y un solo mediador entre Dios y los hombres, Jesucristo hombre" (1 Tm 2.5).

Y como hombre divino y perfecto Él volverá: "Este mismo Jesús, que ha sido tomado de vosotros al cielo, así vendrá como le habéis visto ir al cielo" (Hch 1.11).

El profeta Daniel lo vio venir de este modo: "Y he aquí con las nubes del cielo venía uno como un hijo de hombre..." (Dn 7.13).

Jesús mismo declaró que vendrá así: "Entonces aparecerá la señal del Hijo del Hombre en el cielo; y entonces lamentarán todas las tribus de la tierra, y verán al Hijo del Hombre viniendo sobre las nubes del cielo, con poder y gran gloria" (Mt 24.30)

Por lo tanto, nuestra felicidad es que tenemos un hombre divino en el cielo, a nuestro favor: "Porque no entró Cristo en el santuario hecho de mano, figura del verdadero, sino en el cielo mismo para presentarse ahora por nosotros ante Dios" (Heb 9.24).

El tipo de ropa y el cinto de oro mencionados en este versículo hablan de Cristo como nuestro sumo sacerdote, actualmente delante del rostro de Dios (Léase Heb 4.14-16.)

En los versículos 14-16 tenemos una descripción de Jesucristo ya no como sacerdote sino como juez: "Su cabeza y sus cabellos eran blancos como blanca lana, como nieve" (v. 14). Eso denota honra y pureza, a la luz de Proverbios 16.31 y Marcos 9.3. "sus ojos como llama de fuego" (v. 14) — escrutinio: introspección; omnisciencia. "sus pies semejantes al bronce pulido" (v. 15). Y bajo esos pies quedarán todos sus enemigos cuando Él venga (1 Co 15.25). Son esos pies, que una vez sangraron bajo los clavos en la cruz; son los mismos que, cuando Él vuelva en gloria, tocarán el monte de los Olivos, y en ese momento el monte se partirá en dos (Zc 14.4). "su voz como estruendo de muchas aguas" (v. 15). Y los que aquí no gustan de las alabanzas de la oración colectiva en voz alta, cuando el pueblo de Dios se reúne, ¿cómo podrán vivir allí? No estamos hablando de ruido sin sentido, sin la vida del

Espíritu y sin mensaje de la Palabra de Dios, ni del modo de cantar y orar que se observa en muchos lugares. "Tenía en su diestra siete estrellas" (v. 16). Aquí tenemos la posición privilegiada de un ministro de Dios, pues se dice en el versículo 20 que las estrellas son los ángeles de las siete iglesias, una alusión sin duda a sus pastores. "de su boca salía una espada aguda de dos filos" (v. 16). Esto está explicado en Hebreos 4.12 armonizado con Juan 12.48. "Su rostro era como el sol cuando resplandece en su fuerza" (v. 16). Esto se refiere a Él en su venida para Israel y las naciones. Para la iglesia Él vendrá como la resplandeciente estrella de la mañana. Vea este título de Cristo relacionado con las iglesias en 22.16.

En resumen, vemos que las iglesias locales son candeleros, los pastores son estrellas, pero sólo Cristo es el sol.

5. *El efecto de la visión de Cristo glorificado* (1.17,18). "Cuando le vi" (v. 17). Juan vio personalmente a Jesús muchos años antes. En aquel día, junto a la cruz, el rostro del Salvador estaba desfigurado por tanta agresión física de sus verdugos, y su cabeza llevaba una corona de escarnio. Su cuerpo estaba lleno de dolores causados por las laceraciones de los azotes romanos. Juan vio aquel día su rostro inerte, sin vida, inclinado en la cruz. Ahora lo vio glorioso, triunfante, reluciente como el sol cuando brilla en su fuerza. ¡Aleluya!

"caí ... a sus pies" (v. 17). Caer a los pies de Jesucristo es levantarse transformado y victorioso. Junto a esos santos pies, que una vez fueron traspasados y sangraron por nosotros, hay poder y gracia para suplir todas nuestras necesidades.

"caí como muerto a sus pies". Si Juan, que era el "discípulo amado" del Señor, que pertenecía a su grupo íntimo, cayó como muerto ante la majestuosa visión de Cristo glorificado, ¿qué diremos de los burladores impíos y atrevidos, cuando lo vean, estando sin posibilidad de escapar de su presencia? ¡Gracias a Dios que nosotros somos de Él!

"Él puso su diestra sobre mí, diciéndome..." (v. 17). Aquí vemos la mano de Cristo y la palabra de Cristo sobre uno de sus

siervos. Ese toque y esas palabras del Señor fueron una manera sublime de decirle a Juan: "¡Estoy contigo, no temas!" Son cosas inestimablemente valiosas para un siervo de Dios: el toque de su mano y la palabra de su boca. Qué riqueza tiene todo eso para el cristiano, un viajero en el desierto espinoso de este mundo, acosado por tantas intemperies, ¡a veces motivadas por los propios consiervos en la fe! Afortunadamente no es siempre, pero a veces aparece un "Pilato" del lado de afuera del rebaño, o un "Judas" del lado de adentro. Pero es entonces cuando sentimos el toque de su mano y la palabra de su boca, ¡y podemos seguir adelante!

"tengo las llaves de la muerte y del Hades" (v. 18). ¡Qué bueno que sólo Él tiene esas llaves! Pero la llave del reino de los cielos Él la entregó a los suyos (Mt 16.19). Las llaves representan dominio, control, autoridad. El término "Hades" en este versículo es la traducción del término griego que significa infierno-prisión de los impíos muertos durante su estado intermedio, es decir, entre su muerte y resurrección.

En resumen, veamos tres resultados que deben ocurrir en nosotros cuando estamos en el Espíritu: 1) cuando estamos en el Espíritu *oímos* algo del cielo: *"oí"*, dice el versículo 10; cuando estamos en el Espíritu vemos algo del cielo: *"vi"*, dice el versículo 12; 3) cuando estamos en el Espíritu nos humillamos: *"caí como muerto a sus pies"*, dice el versículo 17. Allí pasa a ser nuestro lugar preferido, y acaba toda nuestra idea de grandeza.

LA IGLESIA EN EL PASADO Y EN EL PRESENTE

(CAPS. 2 Y 3)

Los capítulos 2 y 3 de Apocalipsis abarcan la segunda parte de la triple división general del libro, bosquejada en 1.19, es decir, *"las cosas ... que son"*, respecto a la Iglesia en su pasado y en su presente, como veremos en el curso del estudio de esos capítulos.

Los capítulos en consideración tienen siete mensajes o cartas a siete iglesias que había entonces en la provincia romana de Asia. Había otras en esa provincia, y aun mayores, pero estas fueron escogidas para recibir los mensajes del Señor Jesús por medio de Juan, mensajes dirigidos a las iglesias por medio de sus ángeles, que eran representantes o pastores.

El hecho de que había otras iglesias en la región y que se hubieran escogido sólo estas siete, indica que eran representativas del ciclo completo de la historia de la Iglesia. Las siete cartas se refieren también a las condiciones espirituales prevalecientes en esas iglesias en el tiempo de Juan y que caracterizan a la Iglesia en todos los tiempos.

Tenemos un cierto paralelismo de eso en Mateo capítulo 13, donde Jesús contó siete parábolas que abarcan el curso de la historia de la iglesia. Son: la del sembrador, la del trigo y la cizaña, la de la semilla de mostaza, la de la levadura, la del tesoro escondido, la de la perla de gran precio y la de la red. Compare la expresión "reino de los cielos" en todas ellas (menos una) con Mateo 25.10, no dejando de observar en el primer versículo la expresión "reino de los cielos".

Las cartas presentan una impresionante uniformidad de estructura, y cada una muestra siete características con relación a la iglesia a que se dirige: 1) atributos de Cristo; 2) elogio a la iglesia; 3) estado espiritual de la iglesia; 4) advertencia; 5) censura; 6) sentencia; 7) promesa al vencedor. El limitado espacio de este libro no nos permite el estudio de cada carta con estas siete características.

1. *Carta a la iglesia de Éfeso* (2.14). "Éfeso" significa *deseable*. Es la iglesia del amor decadente. Representa la iglesia del primer siglo, es decir, la iglesia de la época apostólica.

La iglesia de Éfeso estaba muy bien fundamentada en la doctrina bíblica. Pablo enseñó la Palabra de Dios allí durante tres años. (Véanse Hechos 19.10 y 20 31.) Se presentaron todas las enseñanzas fundamentales: "Porque no he rehuido anunciaros todo el consejo de Dios" (Hch 20.27). "todo el consejo" en ese contexto significa *todo el mensaje de Dios, todo su plan, todo su propósito*.

Por el tenor de la Epístola de Pablo a los Efesios, se observa que esa iglesia era profundamente espiritual. Pero el juicio debe comenzar por la casa de Dios, según está escrito en 1 Pedro 4.17. Éfeso era la iglesia que Juan pastoreaba cuando fue desterrado a la solitaria isla de Patmos, según la tradición cristiana de los primeros siglos.

"conozco tus obras" (2.2). Es solemne el hecho de que Jesucristo sepa lo que hacemos para Él. Éfeso era una iglesia laboriosa. Jesucristo la elogia por eso. Pero lo que Él quiere primeramente de nosotros no es nuestro trabajo, y sí a *nosotros mismos*, es decir, nuestro amor a Él, nuestra consagración total.

Dios mide la vida de un creyente no por lo que el creyente anda haciendo en la iglesia para Él, sino por lo que está siendo para Dios.

Los versículos 2 y 3 muestran que el Señor no olvida lo que hacemos para Él, pero esto no sustituye el amor. *"tu primer amor"* (2.4) es Cristo teniendo la primacía en todo en nuestro ser. Esta frase de Jesús: "has dejado tu primer amor" muestra que Él ve nuestro corazón, nuestro ser interior, así como nuestro ser exterior, según probó en los versículos 2 y 3. De ese primer amor tenemos un perfil en Gálatas 5.22. Recordemos: ¡Dios ve nuestro corazón y no sólo nuestras obras! (Léase 1 Samuel 16.7.)

"Recuerda, por tanto, de dónde has caído" (2.5). Es en el punto donde caímos que Él nos espera. En Lucas 2.46 vemos que a Jesús lo hallaron sus padres exactamente donde lo habían dejado, es decir, en el templo. "¡Arrepiéntete!" El mensaje de arrepentimiento no es sólo para los perdidos, sino también para los hijos de Dios. Feliz y victorioso es el creyente que sabe siempre arrepentirse.

"nicolaítas" (2.6). Era una facción dentro de la iglesia de Éfeso. Pablo, por el Espíritu Santo, advirtió de eso a la iglesia, según Hechos 20.29,30. Eran seguidores de un tal Nicolás, que tenía el propósito de implantar dentro de la iglesia la ley de la sucesión apostólica.

"Al que venciere" (2.7). La vida cristiana está situada en un campo de batalla, pero el cristiano está del lado vencedor.

2. Carta a la iglesia de Esmirna (2.8-11). "Esmirna" significa amargura. El término corresponde a la sustancia mirra, que se convirtió en símbolo de la muerte. (Léanse Marcos 15.23; y Juan 19.39.) Esmirna es la iglesia perseguida. Representa el período de los años 100 a 312. En 312 el emperador Constantino eliminó las persecuciones a los cristianos.

"tendréis tribulación por diez días" (2.10). Diez es el número perfecto, completo, en la numerología bíblica, tal vez indicando aquí el ciclo completo de persecuciones en aquella época. El diezmo bíblico, por ejemplo, es el porcentaje de todo el

ingreso de la persona. A su vez, la palabra "día" en muchos pasajes de la Biblia representa un período de tiempo de extensión variable, como día de Jesús (Juan 8.56); día de Cristo (1 Co 1.8); día del Señor (con mayúsculas — Hch 2.20); día de Dios (2 Pe 3.12); día de la eternidad (2 Pe 3.18). "Diez días" puede referirse, pues, a las diez persecuciones de 64-305, bajo los diez emperadores romanos de esa época, o incluso a los últimos diez años del citado período, que fueron los peores de las persecuciones. Esos diez años fueron bajo Diocleciano.

Las palabras de Jesús "Sé fiel hasta la muerte" no significa ser fiel hasta morir, sino ser fiel aunque para eso tengamos que dar la vida por la fe cristiana.

3. *Carta a la iglesia de Pérgamo* (2.12-17). "Pérgamo" parece significar *matrimonio*. Es la *iglesia mundana* de los años 313 a 600. A partir de 313 se dio la unión de la iglesia con el estado. Dice un antiguo escritor que Pérgamo era la ciudad más idólatra de toda la provincia de Asia. Era también famosa por su escuela de medicina. El dios de la salud — A Esculapio, simbolizado por una serpiente, se le adoraba allí.

"Yo conozco tus obras, y dónde moras" (2.13). El Señor sabe lo que está ocurriendo con nosotros, sea donde fuere: en casa, en el empleo, en viajes, entre amigos, o enemigos, cuando estamos solos, o acompañados, etc.

"donde está el trono de Satanás" (2.13). Esto es sin duda una alusión a la secta pagana babilónica, ocultista, que se trasladó a Pérgamo, procedente de Babilonia (el centro del espiritismo en la época primitiva), cuando los conquistadores persas dominaron el mundo. Vemos así que, cuando el diablo no logra debilitar a la iglesia con la persecución y el sufrimiento (v. 10), procura hacerlo por la corrupción de la fe, adulterando la Palabra de Dios y sembrando falsas doctrinas. Antipas, mencionado por su nombre, por Jesús, indica que Dios conoce a los suyos por el nombre, así como revela cariño y atención personal. "A sus ovejas llama por nombre" (Juan 10.3).

"la doctrina de Balaam" (2.14) es la mezcla espiritual de la iglesia con el mundo, en cuanto a sus prácticas y a su proceder,

perdiendo ella de ese modo su pureza y santidad. Fue eso lo que Balaam le hizo a Israel. Él enseñó a Balac, rey de los moabitas, a ponerles tropiezos a los hijos de Israel para contaminarlos. Así que, por consejo de Balaam, Israel profanó su separación del mal e interrumpió su peregrinación a la Tierra Prometida (Nm 25.1-3). Dice la Palabra de Dios en Números 25.1 que "moraba Israel en Sitim", cuando ya estaban cerca de Canaán, y la causa de eso fue la que acabamos de mostrar. Lo mismo ocurre hoy siempre que la Iglesia se mezcla con el mundo y su práctica: ella se detiene, se inmoviliza. Es la unión de la iglesia con el mundo, como millones están queriendo.

Hay todavía dos males citados en la Biblia, de parte de Balaam: "el camino de Balaam" (2 Pe 2.15), y "el error de Balaam" (Jud v. 11).

"el camino de Balaam" está en Números capítulos 22 al 24. Él quería ganar el premio ofrecido por el rey Balac y al mismo tiempo agradar a Dios. ¡Imposible! Vemos hoy obreros igualmente mercenarios, que abrazan el ministerio evangélico como si este fuera una profesión lucrativa. Es el profesionalismo espiritual, hoy común en las iglesias por todas partes. Creyentes que transforman las prácticas de la vida cristiana, tanto las individuales como las del culto colectivo, en secularismo o profesionalismo puro. (Léase Mateo 6.24.)

"El error de Balaam". Razonando desde el punto de vista natural, humano, Balaam veía la existencia del mal en Israel y pensaba que Dios, siendo santo, debía maldecirlo. Es hoy el mal del racionalismo humano dentro de la iglesia. Es querer interpretar las cosas de Dios — su Palabra, su doctrina, su iglesia, sus caminos — sólo con nuestra mente. Es la dependencia del intelectualismo. En un tiempo como el actual en que toda la iglesia se acultura cada vez más, ahí está el peligro del racionalismo humano en las cosas de Dios.

"la doctrina de los nicolaítas" (2.15) ya se mencionó cuando tratamos del versículo 6. Es interesante notar que la palabra hebrea "Balaam" es equivalente a Nicolás en griego. Debe observarse también el progreso del mal sobre el pueblo de Dios.

Aquello que era "las obras de los nicolaítas" en 2.6, se volvió "doctrina de los nicolaítas" en 2.15.

"una piedrecita blanca" (2.17). La historia antigua de los griegos y romanos menciona esa piedrecita: 1) En los tribunales, los jueces tenían piedrecitas blancas o negras. Si el acusado recibía una piedrecita negra, estaba condenado; si era blanca, estaba perdonado, era libre. 2) En los juegos públicos, los vencedores recibían piedrecitas blancas con sus nombres grabados en ellas. Eso les daba derecho y ayuda del gobierno por el resto de la vida. 3) También se les daba piedrecitas blancas a ciertas personas para libre tránsito en determinadas regiones, situaciones, reuniones. Era el pase, la entrada libre autorizada en esos casos especiales.

4. *Carta a la iglesia de Tiatira* (2.18-29). Tiatira es nombre de difícil traducción. Así se expresan notables eruditos como el doctor Ironside. Son dos palabras que parecen significar quien sacrifica siempre. Es la iglesia profana. A pesar de ser una iglesia caída espiritualmente, disfruta de progreso material. Su decadencia espiritual es evidente en los versículos 20, 22 y 24. Representa la iglesia de los años 600 a 1517. Al final de ese período, la Reforma tomó cuerpo y por fin surgió en 1517.

La falsa profetisa Jezabel (2.20). "Pero tengo unas pocas cosas contra ti: que toleras que esa mujer Jezabel, que se dice profetisa, enseñe y seduzca a mis siervos a fornicar y a comer cosas sacrificadas a los ídolos." Las doctrinas falsas siempre han asolado a la Iglesia a través de los siglos. A veces no son doctrinas totalmente falsas; son aun peores: son adulteradas. Solamente la visión del Espíritu Santo puede dirigir a los fieles en la separación entre "la paja y el trigo". El diablo es peor cuando viene como ángel de luz y ministro de justicia que como lobo devorador. En el primer caso él viene al parecer inofensivo, pero en el segundo, viene rugiendo, lo que facilita que se le detecte (Léase 2 Co 11.14.).

Jezabel es el tercer elemento pernicioso citado en esas cartas a las siete iglesias. Primero fueron los nicolaítas (2.6), después Balaam (2.14), y por último Jezabel. Esta era una falsa profetisa de Tiatira. Muchas doctrinas y credos heréticos han sido creados y fomentados por mujeres, como la ciencia cristiana y la teosofía. *"Con vara de hierro"* (2.27). Eso se entiende mejor a la luz de 1 Corintios 15.24-26: "Luego el fin, cuando entregue el reino al Dios y Padre, cuando haya suprimido todo dominio, toda autoridad y potencia. Porque preciso es que él reine hasta que haya puesto a todos sus enemigos debajo de sus pies. Y el postrer enemigo que será destruido es la muerte."

5. *Carta a la iglesia de Sardis* (3.1-6). "Sardis" significa los que escapan o el remanente. Es la iglesia muerta. Representa la iglesia del período 1517-1750. En 1750 comenzó el intenso período contemporáneo de evangelización y misiones. El final del período vio hombres valerosos en la fe como Adoniran Judson, George Whitefield, Juan Wesley y otros.

"tienes nombre de que vives, y estás muerto" (3.1). La muerte en la iglesia de Sardis se vuelve más evidente cuando al inicio de la carta el Señor Jesús se presenta como "el que tiene los siete espíritus de Dios", denotando así multiplicidad y abundancia de vida para una iglesia decadente y agonizante. La manera de Jesús de dirigirse separadamente a cada iglesia, revela mucho del estado, de la necesidad y de la oportunidad de esa iglesia.

"no he hallado tus obras perfectas delante de Dios" (3.2). El movimiento de la Reforma Protestante fue más de obtención de libertad política que religiosa. Surgieron después de la Reforma disensiones internas entre los reformadores y entre las nuevas denominaciones. Por ejemplo, en Inglaterra, entre los años 1560 y 1700, hubo mucha porfía entre presbiterianos y congregacionales. En realidad, el versículo 2 habla de obras no perfectas, o no completas, y puede referirse a eso.

6. *Carta a la iglesia de Filadelfia* (2.7-13). "Filadelfia" significa "amor fraternal". Es la iglesia avivada y misionera. Representa la iglesia cristiana en ese período, a partir de 1750, especialmente en los siglos XVIII, XIX y principios del siglo veinte.

"la llave de David" (3.7). Eso es una alusión al reino prometido por Dios a David, según 2 Samuel 7.12,13, y que se cumplirá en Jesucristo, el descendiente de David según la carne. (Léase Lucas 1.32,33.)

"he puesto delante de ti una puerta abierta, la cual nadie puede cerrar" (Ap 3.8). Es sin duda una alusión al siempre creciente movimiento misionero de los últimos tiempos, iniciado por Guillermo Carey en 1793, cuando partió rumbo a la India.

"también te guardaré de la hora de la prueba que ha de venir sobre el mundo entero" (3.10). Es una de las referencias que muestra que la Iglesia del Señor nada tiene que ver con la gran tribulación. (Léase también 1 Tesalonicenses 1.10.) El texto muestra asimismo que la gran tribulación tendrá alcance mundial, teniendo su centro en Palestina.

7. Carta a la iglesia de Laodicea (3.14-22). "Laodicea" significa derechos del pueblo, es decir, derecho del pueblo a mandar: derechos humanos. Es la iglesia tibia. Representa la iglesia de los días finales de esta dispensación. Proféticamente, esa iglesia es contemporánea de la anterior, Filadelfia. En la iglesia de Laodicea la opinión del pueblo sustituye la Palabra de Dios. Por la descripción fiel de la iglesia de Laodicea que hace el Señor en los versículos 15-18, vemos que ella es más maldición que bendición para el mundo.

"de ninguna cosa tengo necesidad" (3.17). El creyente fiel nunca está satisfecho en el sentido de que no necesite más poder, más gracia, más humildad, más sabiduría. Siempre quiere más. Más de Dios, de su amor, de su Espíritu, de su Palabra, de su gracia, de su comunión, de su santidad, etc. Es el principio de la caída cuando nos sentimos satisfechos y nos quedamos inactivos en cuanto a la búsqueda del rostro del Señor. El verdadero creyente clama como el salmista: "Como el ciervo brama por las corrientes de las aguas, así clama por ti, oh Dios, el alma mía. Mi alma tiene sed de Dios, del Dios vivo; ¿Cuándo vendré, y me presentaré delante de Dios?" (Sal 42.1,2). Jesús dijo: "Bienaventurados los que tienen hambre y sed de justicia, porque ellos serán saciados" (Mt 5.6). ¿Tiene ahora el lector este tipo de sed y de hambre espiritual? Eso debe ser normal a todo creyente nacido y renovado en el Espíritu. (Léase 1 Pedro 2.2.)

"He aquí, yo estoy a la puerta y llamo..." (3.20). ¡Oh el cuadro más triste del mundo! — ¡Cristo expulsado y deseoso de entrar!

Expulsado de la nación israelita por el rechazo. Expulsado del mundo por la crucifixión. Expulsado de la iglesia por la mundanalidad y el modernismo. Aun así, en todo el versículo 20 vemos su insondable amor por su iglesia. *"cenaré con él, y él conmigo"* (3.20). La cena es la última comida del día. Por lo tanto, a un cristianismo tibio, Jesucristo llama hasta el fin del día de la gracia para que vuelvan a Él. Eso también indica que el período de la iglesia de Laodicea es el último del día de la gracia, antes que venga la mañana de una nueva época para la Iglesia.

La mayor promesa a una iglesia. "Al que venciere, le daré que se siente conmigo en mi trono" (3.21). ¡Gracia maravillosa! La mayor promesa hecha por Jesucristo a las siete iglesias fue a la de Laodicea. Eso quiere decir que la iglesia más decadente y el creyente más indiferente y más frío pueden alcanzar el más alto estado espiritual si se arrepienten y andan con Dios como al principio.

Jesucristo y su trono. "le daré que se siente conmigo en mi trono, así como yo he vencido, y me he sentado con mi Padre en su trono" (v. 21).

La Iglesia
ARREBATADA AL CIELO

(Cap. 4)

Con el capítulo 4 tiene inicio la tercera parte de la división general del libro, según vemos en 1.19, es decir, tienen inicio los acontecimientos "que han de ser después de estas" cosas de los capítulos 2 y 3.

Estas cosas que "han" de ocurrir van del capítulo 4 al 22; en otras palabras, hasta el fin del libro.

Veamos un resumen de eso:

Caps. 4 y 5 — Una visión de Dios y de su trono (cap. 4).

Una visión del Cordero (cap. 5). Este capítulo, en un sentido más lato, describe un culto universal al Cordero.

Estos dos capítulos son una introducción a la parte profética del libro: los capítulos 6 al 22, así como el capítulo 1 (la visión de Cristo glorificado) introdujo la parte epistolar: los capítulos 2 y 3.

Caps. 6 al 18 — La gran tribulación

Los capítulos 6 al 9 abarcan la primera mitad de la gran tribulación (tres años y medio).

Los capítulos 11 al 18 abarcan la segunda mitad de esa tribulación: más tres años y medio, llegando así a los siete años proféticos. Es la "semana" setenta de Daniel 9.27, en que Dios trata con Israel, con el propósito de llevar a su pueblo al arrepentimiento.

Cap. 20 — El milenio
Un período de mil años en que Cristo reinará en este mundo con su iglesia, según las profecías del Antiguo y del Nuevo Testamento.

Caps. 21 y 22 — El estado eterno y perfecto, es decir, de eterna bienaventuranza para los redimidos del Señor.

1. *Los pasajes parentéticos de Apocalipsis.* Nadie, al estudiar el libro de Apocalipsis debe ignorar lo que son pasajes parentéticos en ese libro. Son textos con explicaciones de acontecimientos no incluidos en los sellos, las trompetas y copas de juicios. Esos acontecimientos de los paréntesis ocurren casi todos en el tiempo de los sellos, de las trompetas y de las copas (caps. 5-17), y en el orden y en las ocasiones en que aquellos aparecen.

Es como un escritor que interrumpe el hilo de una narración para destacar o ampliar determinado acontecimiento.

Hay siete pasajes parentéticos principales en Apocalipsis:

1) 7.1-17 — Dos grupos de redimidos: uno de judíos y otro de gentiles. El primero se halla en la tierra; el segundo, en el cielo.

2) 10.1 a 11.13 — Un ángel con un librito
   Los dos testigos.

3) 14.1-20 — Las siete visiones.

4) 15.14 — Siete ángeles con las siete últimas plagas.

5) 16.13-16 — La reunión de los reyes en Armagedón.

6) 17.1-18 — La gran ramera que cabalga sobre una bestia.

7) 19.1-10 — Los cuatro aleluyas en el cielo.
   Las bodas del Cordero.

2. *La visión de Dios y su trono* (4.1-11). La parte epistolar del libro fue precedida de la sublime visión de Cristo glorificado (1.12-18). De igual modo, la parte profética (caps. 6 al 22)

está precedida de una visión deslumbrante de Dios en su trono (cap. 4), y del Cordero (cap. 5). A partir del final del capítulo 3 no vemos más la Iglesia en la tierra. En los capítulos 1 al 3, se le menciona diecinueve veces, pero en los capítulos 4 al 21 no se le menciona por el nombre ni una sola vez; apareciendo sólo en 22.16.

Escenas en el cielo — una puerta abierta y una voz (4.1). Del capítulo 1.20 hasta el final del capítulo 3, el Señor Jesús habla en medio de los candeleros, que simbolizan las iglesias. Pero ahora, en 4.1, ¡Él habla desde el cielo!

"Sube acá" (4.1). El nuevo arrebatamiento de Juan a estas alturas de los hechos tipifica el de la Iglesia, al terminar su peregrinación en la tierra. "Al instante yo estaba en el Espíritu" (v. 2).

"he aquí, un trono establecido en el cielo" (4.2). Un trono indica poder y autoridad. Es de ese trono celestial que emana toda la autoridad. Él es el punto central de todo el universo, de toda la creación. Apocalipsis es el libro del trono, del poder y de la autoridad divina. "Y en el trono, uno sentado." Es Dios, el soberano Señor.

Piedra de jaspe y de cornalina. "Y el aspecto del que estaba sentado [en el trono] era semejante a piedra de jaspe y de cornalina" (4.3). Consultando Éxodo 28.17-20 vemos que el jaspe y la cornalina eran la primera y la última piedra del pectoral de juicio del sumo sacerdote. Eso denota que se trata aquí no de un trono de gracia (como en Hebreos 4.16), sino de un trono de juicio. El arco iris, también aquí en el versículo 3, es la demostración visible de la fidelidad de Dios en su pacto con el hombre. "Semejante en aspecto [el arco iris] a la esmeralda." La esmeralda era la piedra preciosa que en el pectoral de juicio correspondía al nombre de Judá, la tribu real, realzando así una vez más la soberanía de este trono. Se le dio el arco iris a Noé, como señal de su pacto con Dios, en la dispensación del gobierno humano (Gn 9.12-17).

"veinticuatro ancianos" (4.4). No son ángeles, pues cantaban el cántico de redención, como participantes de ella (5.8-10). Eran santos ya coronados, "con coronas de oro en sus cabezas".

Se les promete corona y trono a los salvos; nunca a los ángeles. (Léanse Mateo 19.28; 1 Pedro 5.4; Apocalipsis 3.21) Sin duda son representantes de los santos del Antiguo y del Nuevo Testamento. Israel tuvo doce tribus, y el Cordero tuvo doce apóstoles. En la Jerusalén celestial estarán los nombres de las doce tribus y de los doce apóstoles del Cordero (21.12-14.).

Tempestad inminente. "Del trono salían relámpagos y truenos y voces" (4.5). Eso indica tempestad, que simboliza los juicios de Dios prestos a caer sobre la tierra. (Léanse Isaías 61.2b; Mateo 3.2; Romanos 2.5; 2 Tesalonicenses 1.8.) "siete lámparas de fuego". Eso denota escrutinio, conocimiento total.

Materiales desconocidos. "Delante del trono había como un mar de vidrio" (Ap 4.6). "como un". Vemos aquí la tentativa del vidente de describir los materiales que vio en el cielo, con las palabras insuficientes del vocabulario humano. La dificultad de él es mayor porque son materiales inexistentes aquí. "mar de vidrio". Un mar como de vidrio, que no se agita. La paz del cielo es imperturbable ¡a pesar de los juicios en la tierra! (Léase Isaías 57.20.) ¡Como un mar sin agua! ¡Tampoco hay más necesidad de purificación y limpieza de la Iglesia! (Léanse Efesios 5.26 y Tito 3.5)

Los seres vivientes. "y junto al trono, y alrededor del trono, cuatro seres vivientes llenos de ojos delante y detrás" (4.6). (Léanse también los versículos 7-9.) Seres extraños, porque los desconocen los hombres, pero hermosos. Nos hacen recordar la visión de Ezequiel (Ez 11-14), que posteriormente él llegó a saber que eran querubines (Ez 10.20). Son seres creados por Dios que todavía no conocemos, porque residen en el cielo. (Véase más sobre ellos en 5.6-13; 7.11.) Por su posición aquí "junto al trono, y alrededor del trono" (v. 6), ellos son como ministros del gabinete de Dios, pues sirven junto a su trono. El número cuatro tal vez indique que ellos tienen relación con la restauración de la tierra, cuyo número simbólico es 4.

¡Quedarán fuera los evolucionistas! "Señor, digno eres de recibir la gloria y la honra y el poder; porque tú creaste todas las cosas, y por tu voluntad existen y fueron creadas" (4.11). No

hay un solo evolucionista ni humanista en esta adoración al Creador, pues ella se basa en un Dios trino, implícito en la proclamación "Santo, Santo, Santo" de 4.8, y también en Dios como la causa primaria de todo, creando y formando todas las cosas (v. 11).

CUARTA PARTE 4

LA IGLESIA
GLORIFICADA EN EL CIELO

(CAP. 5)

En este capítulo vemos algo de las altas prerrogativas de Cristo y su investidura oficial para asumir el gobierno de la tierra. (Léanse los versículos 9, 12.)

En el capítulo 4 se adora a Dios como *Creador* de todas las cosas. ¡Los vanagloriosos evolucionistas no tienen voz allí! En el capítulo 5 se adora a Cristo como *Redentor* (vv. 9,10). En el capítulo 4 solamente los veinticuatro ancianos y los cuatro seres vivientes adoran a Dios, pero en el capítulo 5 la adoración es universal: "Y a todo lo creado que está en el cielo, y sobre la tierra, y debajo de la tierra, y en el mar, y a todas las cosas que en ellos hay, oí decir..." (5.13). La Iglesia estará en ese culto universal cuyo tema del cántico de adoración es la redención efectuada por Jesucristo, el Cordero de Dios.

1. El libro sellado con siete sellos (5.1). "sello" en la Biblia, indica *garantía, protección, seguridad, certeza, autenticación, inviolabilidad.* "siete sellos" indican plena certeza de que el

contenido del libro tendrá su fiel cumplimiento. Ese libro no es otro que el libro del juicio en las naciones. No pensemos que un libro como el mencionado aquí en la visión de Juan tiene algo que ver con nuestros libros modernos. Se trata de un rollo de pergamino. En los tiempos bíblicos los libros se hacían de pergamino, es decir, de piel de oveja pulida y preparada para la escritura. Cuando se trataba de documentos, como escritura de propiedad, se ponían los sellos poco a poco, a medida que se enrollaba el libro, se colocaban los sellos en el margen del rollo. Al final se aplicaba un último sello a lo largo del último margen del rollo, sellando todo el libro. Cuando se abría el primer sello, una parte del rollo podía verse y examinarse, y así hasta el último.

El lector puede tener una idea de eso en la Biblia misma, leyendo el relato de la escritura de la propiedad comprada por el profeta Jeremías (Jer 32.6-14). Ahí se ve un ejemplo de la costumbre antigua de comprar terreno entre los hebreos. El rollo de la escritura se hacía en dos copias, una abierta y otra sellada, es decir, lacrada. La copia sellada quedaba con el propietario para identificarlo como el comprador de la propiedad declarada en la copia abierta. En caso de duda, el verdadero propietario tenía la copia sellada, tenía autoridad de abrir el rollo, quitándole sus sellos.

2. *La visión del Cordero* (5.5,6). *"ha vencido"* (v. 5). Jesucristo ya venció para siempre, y así nosotros con Él somos más que vencedores por la fe en Él. *"siete cuernos"* (v. 6). Eso indica la plenitud de poder; de la omnipotencia de Cristo. (Léase Mateo 28.18) "siete ojos" (v. 6). Eso tiene que ver con su omnisciencia y providencia. "Estos siete son los ojos de Jehová, que recorren toda la tierra" (Zc 4.10). *"siete espíritus de Dios"* (v. 6). Una vez más tenemos aquí un símbolo, como lo es el Cordero visto por Juan, en este mismo versículo. La expresión *"siete espíritus"* indica la plenitud de vida divina, pues bien sabemos que el Espíritu Santo es uno y no siete (Ef 4.4).

3. *Las oraciones de los santos preservadas* (5.8). La oración de los santos se compara en la Biblia con el incienso. "Suba mi

oración delante de ti como el incienso..." (Sal 141.2). La continuación de ese tema está en 8.3,4. Mientras no se responden nuestras oraciones, están bajo cuidados especiales. No se olvidan. **4. *El cántico de la redención dirigido al Cordero* (5.9-14).** *"cantaban un nuevo cántico"* (v. 9). Es nuevo porque jamás fue cantado. Es nuevo porque ningún cántico de la iglesia en la tierra, por su sentido relacionado con nuestra peregrinación y nuestras luchas terrenales, se podrá cantar allá.

El versículo 11 muestra que los seres vivientes ya mencionados no son ángeles comunes. "Y miré, y oí la voz de muchos ángeles alrededor del trono, y de los seres vivientes, y de los ancianos..." La misma distinción aparece en 7.11.

"todo lo creado que está en el cielo..." (v. 13). Hay formas creadas en el cielo y fuera de él (por ejemplo, en las profundidades del mar) que desconocemos, pero que existen. Son reales.

Sin duda, en la época de los acontecimientos del capítulo 5, se cumplirán en nosotros, ya con Cristo, las palabras de 2 Tesalonicenses 1.10: "Cuando venga en aquel día para ser glorificado en sus santos y ser admirado en todos los que creyeron (por cuanto nuestro testimonio ha sido creído entre vosotros)."

QUINTA PARTE 5

PRIMER PERÍODO DE LA GRAN TRIBULACIÓN
(CAPS. 6 AL 9)

El capítulo 6 de Apocalipsis, por la naturaleza de sus estupendos acontecimientos sobrenaturales, y por el contexto general de las Escrituras, señala el inicio de la "semana" setenta de Daniel 9.24-27, la cual se extiende hasta el capítulo 18 y aun la parte del 19, cuando se da la venida del Rey de reyes con gran poder y gloria, y ejecutando el juicio sobre los impíos.

"cuando se manifieste el Señor Jesús desde el cielo con los ángeles de su poder, en llama de fuego, para dar retribución a los que no conocieron a Dios, ni obedecen al evangelio de nuestro Señor Jesucristo; los cuales sufrirán pena de eterna perdición, excluidos de la presencia del Señor y de la gloria de su poder" (2 Ts 1.7-9).

Los capítulos 6 al 9 tratan sobre la primera parte de la gran tribulación. Es el "principio de dolores" de que habló el Señor Jesús en Mateo 24.1-14. Este pasaje se refiere a Israel y a las naciones de la tierra, y ocurrirá cuando la Iglesia ya haya sido arrebatada de aquí. Los capítulos 10 al 18 tratan sobre la segunda parte de la gran tribulación. Los últimos tres años y medio son los peores, según la profecía de Daniel 9.27 y de los capítulos 10 al 18, citados. De eso también habló Jesús en el Sermón del monte de los Olivos (Mt 24.15-31). En ese tiempo será tal la aflicción y la angustia que, si duraran más, nadie escaparía con vida: "Y si aquellos días no fuesen acortados, nadie sería salvo..." (Mt 24.22).

EL LIBRO SELLADO Y SU APERTURA

(CAP. 6)

En el capítulo 5, Juan vio en visión un libro sellado con siete sellos, en la mano del Cordero, el único ser que en todo el universo fue hallado digno de tomar el libro, abrirlo y desatar sus siete sellos. En ese libro, como veremos a partir de ahora, están grabados los juicios que Dios enviará a este mundo impenitente y rebelde a su Palabra.

En este capítulo el Cordero abre los primeros seis sellos. Al ser abierto el séptimo, en el capítulo 8, se oyen siete trompetas, también de juicios sobre la tierra. A su vez, al tocarse la séptima trompeta, en el capítulo 11, esta da inicio a los peores juicios de la gran tribulación, que son los de las siete copas de la ira de Dios, anunciadas en el capítulo 15 y ejecutadas a partir del capítulo 16. Por lo tanto, los juicios bajos los sellos, las trompetas y las copas no son paralelos sino sucesivos. Del último sello salen las trompetas, y de la última trompeta salen las copas.

La apertura de los primeros seis sellos. "Vi cuando el Cordero abrió uno de los sellos, y oí a uno de los cuatro seres vivientes decir como con voz de trueno: Ven y mira" (6.1). Una vez más están los seres vivientes al descubierto. Ellos proclaman la santidad de Dios al aparecer la primera vez, en el capítulo 4. Esos seres tienen interés en la restauración de la tierra, y para eso toman parte en la ejecución de sus juicios. Se mencionan diez veces en el libro de Apocalipsis. La primera vez en 4.6, y la última en 19.4, cuando todo en el cielo está listo para el descenso de Cristo con sus santos.

El jinete del versículo 2. "Y miré, y he aquí un caballo blanco; y el que lo montaba tenía un arco; y le fue dada una corona, y salió venciendo, y para vencer." Este jinete no puede ser Cristo, ya que Cristo es quien abre el sello del versículo 1, del que sale el caballo y el jinete del versículo 2. Además de eso, Cristo siempre tiene en su cortejo, en su compañía, mejores agentes que los mencionados en este capítulo: *guerra* (vv. 3,4); *hambre* (vv. 5,6) y *mortandad* (vv. 7,8).

¡La tierra sin paz! "Y salió otro caballo, bermejo; y al que lo montaba le fue dado poder de quitar de la tierra la paz..." (6.4). ¿Quién puede imaginar lo que ocurrirá con toda la tierra sin paz?

Racionamiento severo. "Dos libras de trigo por un denario, y seis libras de cebada por un denario..." (6.6). "Libra" es, en el original, una palabra que corresponde más o menos a la capacidad de un litro. Un denario correspondía al salario de un día de trabajo (Mt 20.2).

Fieras multiplicadas en la tierra (6.8). Eso, además de significar animales bravíos, es posible que también signifique una multiplicación descomunal de microbios y bacterias destructivos, que aparecerán en esa época.

Creyentes dejados en el arrebatamiento de la Iglesia. (Léase Apocalipsis 6.9-11.) Aquí son creyentes dejados en el arrebatamiento de la Iglesia por estar separados de Cristo, y también aquellos que creyeron después del arrebatamiento, y fueron martirizados: sus almas se hallan ahora en la presencia de Dios, bajo su altar. (Léase respecto a ese altar en Apocalipsis 8.3-5; 9.13; 16.7.)

Meteoros y estrellas que caen. "las estrellas del cielo cayeron sobre la tierra" (6.13). Los acontecimientos de los versículos 12,13 se mencionan también en Mateo 24.29 y Hechos 2.19,20. *Cambios en la superficie de la tierra.* "Y todo monte y toda isla se removió de su lugar" (6.14). Más tarde, otro cambio geofísico ocurrirá en el planeta, según leemos en 16.20. En el momento en que Jesucristo aparezca en gloria a las naciones de la tierra, ocurrirán más cambios, como vemos en Zacarías 14.4,10. "Enaltecida" allí viene a significar "elevada"; eso en alusión a las alteraciones topográficas que tendrán lugar entonces. Cambios aun mayores ocurrirán en la implantación del milenio, según se dice en Isaías 2.2 y 35.6. Son hechos literales los mencionados allí.

¡Demasiado tarde! En los versículos 15-17 vemos que los grandes de la tierra, al igual que los pequeños, a la postre reconocerán quién es Jesucristo, pero... ¡demasiado tarde! Vemos en ellos un reconocimiento de Dios (un hecho intelectual), pero no arrepentimiento sincero (un hecho del corazón).

El ejemplo de Israel. Israel, en el Antiguo Testamento, a veces dejaba al Señor por otros dioses, siendo eso una de las causas de su castigo bajo el cautiverio babilónico, pero desde entonces quedó curado de la idolatría. Sólo así llegaron a saber que el Señor es Dios. Desde el cautiverio babilónico hasta hoy a Israel puede acusársele de otros pecados, menos del de idolatría. En el libro de Ezequiel, uno de los profetas que clamó a Israel en vano, sesenta y dos veces encontramos la expresión divina referente a Israel: "Sabrán que yo soy Jehová." Y lo supieron, pero mediante el castigo. Volvieron del cautiverio y buscaron al Señor de corazón, como vemos en los libros de Esdras y Nehemías.

Pero en estos pueblos del capítulo 6 no hay ningún cambio espiritual. Pasó su oportunidad. Este es un asunto de seria meditación, si aplicamos su verdad a los días presentes en cuanto a nuestro vivir.

LOS DOS GRUPOS DE REDIMIDOS

(CAP. 7)

El capítulo 7 de Apocalipsis es el primer pasaje de naturaleza parentética de Apocalipsis. Ese paréntesis se sitúa entre el sexto y el séptimo sellos. El sexto sello aparece al final del capítulo 6, versículos 12 al 17. El séptimo sello aparece en el primer versículo del capítulo 8.

En la escena parentética del capítulo 7, vemos dos grupos de redimidos: uno de judíos, otro de gentiles. El primero se halla en la tierra; el segundo, en el cielo.

1. *Versículo 1.* "cuatro ángulos de la tierra". Son los cuatro puntos cardinales de la rosa de los vientos, indicando las cuatro direcciones de la tierra: Norte, Sur, Este, Oeste. Esta manera de indicar es muy antigua, pues en Isaías 11.12 está escrito: "Y levantará pendón a las naciones, y juntará los desterrados de Israel, y reunirá los esparcidos de Judá de los cuatro confines de la tierra." Eso nada tiene que ver con la noción popular de otros tiempos que, partiendo de esta expresión, de que la tierra era cuadrada.

Ángeles que controlan los vientos. "Vi a cuatro ángeles... que detenían los cuatro vientos de la tierra" (v. 1). Se vislumbra aquí que los ángeles son, entre otras cosas, los ingenieros controladores de las fuerzas vivas del universo. En 14.18 tenemos a otro ángel con poder sobre el fuego. En 16.5 tenemos aun otro: este con poder sobre las aguas, y así sucesivamente.

2. *El sello de Dios y los sellados* (7.2-8). En estos versículos está el primer grupo de redimidos de este capítulo parentético. *"el sello del Dios vivo"* (v. 2). "hasta que hayamos sellado en sus frentes a los siervos de nuestro Dios" (v. 3). Este sello es de protección, como vemos en 9.4: "Y se les mandó que no dañasen a la hierba de la tierra, ni a cosa verde alguna, ni a ningún árbol, sino solamente a los hombres que no tuviesen el sello de Dios en sus frentes." El sello debe de ser la inscripción de los nombres de Cristo y del Padre en la frente de esos redimidos. "Después miré, y he aquí el Cordero estaba en pie sobre el monte de Sion, y con él ciento cuarenta y cuatro mil, que tenían el nombre de él y el de su Padre escrito en la frente" (Ap 14.1).

"ciento cuarenta y cuatro mil sellados" (v. 4). Se trata de un grupo de judíos, salvos y preservados en la tierra durante la gran tribulación para que den testimonio de Cristo en lugar de la Iglesia. El grupo está en la tierra, la cual se menciona en los versículos 1 y 3. Sin duda es el cumplimiento de lo que está profetizado en Isaías 66.19: "Y enviaré de los escapados de ellos a las naciones, a Tarsis, a Fut y Lud que disparan arco, a Tubal y a Javán, a las costas lejanas que no oyeron de mí, ni vieron mi gloria; y publicarán mi gloria entre las naciones."

La omisión de las tribus de Dan y Efraín. Entre las doce tribus mencionadas en 7.5-8 no aparecen Dan y Efraín. Sus nombres aparecen sustituidos por los de José y Leví, al comparar esta lista con otras parecidas, como Génesis 29; 30; 49; Deuteronomio 33, etc. Sin duda se omiten Dan y Efraín por causa de su idolatría e inmoralidad registradas en la Biblia. Dan, por ejemplo, fue la primera tribu que cayó en esos pecados, arrastrando a multitudes. (Léanse Jueces 18.14-20,30,31 y 1 Reyes 12.28-30.) El caso de Jueces 18 es demasiado serio. Los danitas, cuyas proezas se relatan ahí, actúan como auténticos ladrones. Sin motivo alguno roban el ídolo de Micaía y aun sobornan a su joven sacerdote, haciendo así que la idolatría, que era exclusiva de la familia de Micaía, fuera la religión de toda su tribu. Este fue un proceder inicuo. El proceder de Efraín no fue nada mejor. (Léase Os 4.17; 7.8; 11.12; 13.2,12.)

Dan y Efraín, al no ser sellados aquí, pasarán por la gran tribulación sin la protección del sello de Dios. Sin embargo, en la lista de las tribus, durante el milenio de Cristo en la tierra, Dan viene en primer lugar y después también Efraín (Ez 48.2,6). ¿Cómo se explica eso? Desde luego que en la conversión de judíos durante la gran tribulación, Dan y Efraín no creerán al principio, pero creerán después.

El caso de Rubén y Judá. Rubén era el primogénito de Jacob (Gn 35.23) y fue quitado de esta lista de las tribus del capítulo 7, viniendo en segundo lugar. La primacía le correspondió a Judá (v. 5). Sin duda, ese revés de Rubén viene de su abominable pecado, registrado en Génesis 35.22; 49.3,4; 1 Crónicas 5.1, demostrando su incalificable debilidad de carácter. Por otra parte, la razón de que Judá, no siendo el primogénito, sea el primero de la lista del capítulo 7, tal vez venga del hecho de que Cristo sea descendiente de esa tribu (Gn 49.9,10; Heb 7.14; Ap 5.5). Recordemos que Apocalipsis es el libro de la revelación de Jesucristo, siendo Él toda preeminencia.

A pesar de la omisión de Dan y Efraín en la lista del capítulo 7.5-8, el total de doce tribus sigue siendo el mismo. Al parecer Dios quiere decir que, aunque haya cambios por causa del fracaso del hombre, su plan y propósito permanecen firmes.

3. *El segundo grupo de redimidos* (7.9-17). Ese se encuentra en el cielo, y lo constituyen todas las naciones: "Después de esto miré, y he aquí una gran multitud, la cual nadie podía contar, de todas naciones y tribus y pueblos y lenguas, que estaban delante del trono y en la presencia del Cordero, vestidos de ropas blancas, y con palmas en las manos" (v. 9). Ese grupo está constituido por los gentiles salvos durante la gran tribulación. Una vez martirizados, como vemos en el capítulo

6.9,10,11, aparecen ahora delante del trono de Dios. Resucitarán (es decir, sus cuerpos) antes del milenio, como uno de los grupos de resucitados de la primera resurrección. *"Con palmas en las manos"* (v. 9). Las palmas son símbolos de victoria. Vencieron. Juan los vio en el cielo (vv. 5,9). No tenían coronas sino palmas. La corona es galardón por algo hecho para Dios, y estos no tuvieron oportunidades para eso, porque una vez que profesaron su fe en Cristo, se les asesinó. La "gran tribulación" ya asola aquí (7.14). *Dios actúa como una madre.* "Y Dios enjugará toda lágrima de los ojos de ellos" (7.17). ¡Es conmovedor eso para nuestro corazón que se angustia de tantas maneras y tantas veces en esta vida! "Como aquel a quien consuela su madre, así os consolaré yo a vosotros..." (Is 66.13).

LAS CUATRO PRIMERAS TROMPETAS
(CAP. 8)

Al comienzo del capítulo 8, el Cordero abre el último sello (el séptimo) del libro sellado; acto que fue interrumpido en la narración por el paréntesis de la visión de los dos grupos de redimidos del capítulo 7.

El libro queda totalmente abierto con la apertura del séptimo sello, el cual introduce las siete trompetas de juicio que predominarán en el capítulo 8. La última trompeta va a dar lugar a las siete copas, las cuales encierran los peores juicios sobre la tierra.

Recapitulando para conveniencia del lector: el séptimo sello tiene las siete trompetas, y la séptima tiene la siete copas. El séptimo sello se extiende hasta el drama final de la gran tribulación: la destrucción sobrenatural de la bestia y sus ejércitos, en Jerusalén y Armagedón, con la venida de Jesucristo con sus santos.

Hay cuatro principales medios de comunicación y ejecución de parte de Dios en el libro de Apocalipsis. Son ellos cuatro grupos de siete: siete cartas a las iglesias, siete sellos, siete trompetas y siete copas de la ira de Dios.

1. *Media hora de silencio en el cielo.* "Cuando abrió el séptimo sello, se hizo silencio en el cielo como por media hora" (8.1). Esto nada tiene que ver con el momento de la muerte de Jesús, como muchos piensan. Es sin duda la calma que siempre precede a la tormenta. En este caso se trata de la tormenta más terrible que este mundo jamás presenció. Desde el principio del mundo, los fenómenos de la naturaleza han ocurrido dentro de la escala de lo natural. Muchos de ellos son previstos, detectados y hasta controlados por el hombre, pero en aquel tiempo serán sobrenaturales, en una escala nunca vista y totalmente fuera del control humano. Llegamos ahora al drama final de la gran tribulación. No es de extrañar que haya silencio durante media hora en la apertura del sello. Es como si el cielo estuviera aguardando con toda expectativa. Parece hasta que oímos a sus habitantes preguntando entre sí: "¿Cuál será el próximo acto divino en el juicio de este mundo?"

2. *Las trompetas de juicio.* "Y vi a los siete ángeles que estaban en pie ante Dios; y se les dieron siete trompetas" (8.2). De esas siete trompetas, se tocan cuatro en el capítulo 8, dos en el capítulo 9, y la última en el capítulo 11. Debe estudiarse y comprenderse el empleo de trompetas aquí a la luz de su empleo en el Antiguo Testamento, así como son otros hechos bíblicos. Se emplean trompetas en la Biblia para convocar al pueblo, como en Éxodo 19.16-19. Son también usadas para anunciar juicio, como en el caso de la toma y destrucción de Jericó. En esta ciudad también se tocaron siete trompetas. Jericó estaba impidiendo el avance del pueblo de Israel hacia la Tierra Prometida. Los sacerdotes de Israel llevaban las trompetas de juicio y durante siete días marcharon alrededor de la ciudad tocando las trompetas. El séptimo día tocaron siete veces y en la séptima vez cayeron los muros. Jericó cayó al son de las trompetas de juicio y el mundo impío y rebelde también caerá al son de las trompetas de juicio, sólo que en esta ocasión las tocarán los ángeles. (Léase Josué, capítulo 6.)

3. *Ángel-sacerdote.* "Otro ángel vino entonces y se paró ante el altar, con un incensario de oro; y se le dio mucho incienso para añadirlo a las oraciones de todos los santos, sobre el altar de oro que estaba delante del trono" (8.3). Por aquí se ve que el tabernáculo mostrado por Dios a Moisés en el monte Sinaí, y que él construyó para el culto divino, era sólo copia de otro celestial. Otros pasajes de la Biblia también revelan eso. Vemos aquí a un ángel oficiando en el altar de oro, o altar del incienso. Por lo tanto, un ángel-sacerdote. Parece extraño, pero recordemos que en el cielo hay cosas infinitas que no sabemos ni conocemos ahora. Ese ángel debe de ser el ángel de Jehová, con muchas apariciones en el Antiguo Testamento. Él se le apareció a Abraham, se le llamó Señor; guió a los hijos de Israel por el desierto; se encontró con Jacob en el vado de Jaboc; le apareció a Josué para garantizarle la conquista de Canaán.

Sí, de nuevo este ángel-sacerdote aparece en el libro de Apocalipsis, en esta condición, queriendo decir sin duda que, así como él actuó en favor del pueblo de Dios en el Antiguo Testamento, obrará en aquel tiempo en favor del remanente de Israel, los judíos salvos que darán testimonio en la tierra, en lugar de la Iglesia, durante los negros días de la gran tribulación.

Dios nunca quedó sin testimonio en la tierra. Ni siquiera durante la apostasía de Israel, en el tiempo del profeta Elías. Este llegó a decirle a Dios dos veces que sólo él había quedado fiel (1 R 19.10,14). Dios le mostró que estaba equivocado, afirmándole que en Israel aun había siete mil que no habían doblado sus rodillas delante de Baal (1 R 19.18).

4. *Las trompetas y sus flagelos* (8.7-12). Los flagelos citados en estos versículos son plagas tan literales como lo fueron las de Egipto por medio de Moisés. Ellos recorrerán la tierra. "¡Ay, ay, ay, de los que moran en la tierra, a causa de los otros toques de trompeta que están para sonar los tres ángeles!" (8.13). De cada trompeta está escrito que será destruida la tercera parte de las cosas afectadas. (Véase cuántas veces la expresión "tercera parte" se menciona en los versículos 8-12.)

Primera trompeta (v. 7). Granizo, fuego y sangre. Una tercera parte de la vegetación es destruida.

Segunda trompeta (vv. 9, 8). Algo como un meteoro incandescente cae en el mar y lo contamina, y se destruye una tercera parte de la vida marina y una tercera parte de las naves. En ese tiempo las modernas naves de guerra no tendrán ninguna protección para evitar ser destruidos. Sus misiles ultramodernos serán totalmente inútiles.

La Biblia dice que lo que fue lanzado al mar no fue una gran montaña, sino "como una gran montaña". (Cuidado con lo que la Biblia dice, y con lo que ella no dice ...)

Tercera trompeta (vv. 10,11). Corrientes de aguas y fuentes quedan contaminados. Se contaminó una tercera parte de las aguas de los ríos y de las fuentes.

Cuarta trompeta (v. 12). Tinieblas en la tierra. Una tercera parte del sol, de la luna y de las estrellas dejarán de brillar. ¡¿Cómo no han de quedar aterrados los habitantes de la tierra ante esas convulsiones cada vez mayores y peores?!

La destrucción de la tercera parte de las cosas en la tierra, continuará en el capítulo 9.

En el versículo 13, las más fieles y más recientes versiones de la Biblia mencionan un águila que volaba, y no un ángel. El águila es símbolo de juicio y de venganza en acción. "Pon a tu boca trompeta. Como águila viene contra la casa de Jehová, porque traspasaron mi pacto, y se rebelaron contra mi ley" (Os 8.1). (Léase también Deuteronomio 28.49 y Habacuc 1.8.)

QUINTA Y SEXTA TROMPETAS

(CAP. 9)

El capítulo 9 da continuación a las trompetas de juicio, iniciadas en el capítulo 8. Se oyen dos trompetas en el presente capítulo: la quinta y la sexta. Sigue un largo paréntesis: capítulos 10 y 11 hasta el versículo 14, viniendo después la segunda parte de la gran tribulación, los últimos tres años y medio.

1. *La quinta trompeta* (9.1-12). Un enjambre incalculable de gigantes langostas infernales invaden la tierra y durante cinco meses atormentan a los hombres, salvo el grupo que recibió el sello de Dios (v. 4; 7.4; 14.1).

"una estrella que cayó del cielo a la tierra..." (v. 1). Se trata sin duda de Satanás. Los detalles de ese descenso de él a la tierra están en el capítulo 12, donde, en el versículo 4, a los ángeles se les llama "estrellas". En Jueces 5.20 vemos seres angelicales comparados con estrellas: "Desde los cielos pelearon las estrellas; desde sus órbitas pelearon contra Sísara". (Léase también Job 38.7.) Además de eso, una estrella común no puede

manejar la llave, como se declara en el versículo 1: "Y se le dio la llave del pozo del abismo." Esa llave la mantiene segura Jesucristo, pero por algún tiempo Satanás tendrá permiso para usarla.

También puede ser que las palabras "una estrella que cayó del cielo a la tierra" se refieran a Satanás, cuando pecó al principio, según Isaías 14.12 y Lucas 10.18.

"pozo del abismo" (v. 1). Región interna e inferior del Hades. Hay muchos textos bíblicos que acreditan ese hecho.

Langostas gigantes e infernales (v. 3). Es un tipo de seres infernales. Un tipo de demonios, agentes de Satanás. Son hechos literales los que aquí se describen. Basta leer con atención los versículos 4-10. Todo ocurre en la tierra y con los hombres. En cuanto al término "escorpiones", compárese con Lucas 10.19: "He aquí os doy potestad de hollar serpientes y escorpiones, y sobre toda fuerza del enemigo, y nada os dañará."

2. *La sexta trompeta* (Ap 9.13-21). Se trata de un jinete infernal. Seres demoniacos como los de la quinta trompeta. Como consecuencia de su ataque muere una tercera parte más de los hombres (vv. 15,18). El número de seres infernales era de doscientos millones, como dice literalmente el original. Cuatro ángeles infernales dirigirán a esos demonios. Significa que cada ángel comandará cincuenta millones de ellos. Ellos mataron a una tercera parte de los hombres, no en un período de tiempo sino en una hora determinada (vv. 14-16). Será un caso parecido (en miniatura) a la muerte de los primogénitos también en una hora determinada. Las langostas infernales de la quinta trompeta atacarán durante cinco meses, cuando la muerte estará presa. Ya aquí es diferente. El ataque de ese jinete infernal tendrá hora, día, mes y año para matar a la tercera parte de los hombres. Tal vez esos cuatro ángeles infernales estuvieran presos junto al río Éufrates (v. 14), por haber tomado parte en la tragedia de la caída del hombre, en el huerto del Edén, por donde corría el río Éufrates (Gn 2.14).

Preludio del reino del anticristo (9.10,21). En los versículos; 20,21 tenemos una parte de la población de la tierra que, a pesar de los horribles cataclismos y castigos divinos, no se arrepintió de su adoración a ídolos y del culto a los demonios, ni de sus homicidios ni de sus hechicerías.

Esos términos abarcan mucho más de lo que pensamos comprender. En "hechicerías" están incluidas todas las formas y ramificaciones del espiritismo, las prácticas de ocultismo y la magia negra. El término "homicidios" (asesinatos) alude al clima de violencia de aquellos días; pero puede incluir la práctica del aborto, ya hoy ampliamente cometido, y ya oficializado en muchos países. "Hechicerías" incluye drogas, pues el término deriva del original "pharmakéia", que al principio se refería a drogas curativas usadas en prácticas mágicas y encantamientos. Notemos que esos cinco hechos están relacionados entre sí: culto a los demonios, violencia, drogas, inmoralidad sexual y robo. La toxicomanía lleva al robo, a la violencia y a la sexomanía. Hay drogas terriblemente eróticas, otras criminógenas y otras alucinógenas, que en segundos ponen en desorden todo el mundo mental del individuo. Y lo peor es que esos drogados engendran hijos con las mismas tendencias, porque ya nacen con el cerebro lisiado.

No tenemos dudas de que Satanás se aprovecha ahora de drogas de tan terrible poder y efecto a largo plazo, y de igual modo fomenta abiertamente y por todas partes el espiritismo para que de una manera más profunda controle e influya en la formación de los que dentro de poco serán sus súbditos. En resumen, el dominio del anticristo se caracterizará por la hechicería, idolatría, toxicomanía, sexomanía y otras cosas satánicas. Es en realidad el reino de las tinieblas. Los hombres querían tinieblas; entonces ahora tendrán las tinieblas.

SEXTA PARTE

SEGUNDO PERÍODO DE LA GRAN TRIBULACIÓN

(CAPS. 10 AL 16)

El ángel con el librito y los dos testigos.
Tenemos ante nosotros un pasaje parentético más: de 10.1 a 11.13. Se destacan en él dos acontecimientos: un ángel con un librito y los dos testigos.

Así como hubo un paréntesis entre el sexto y el séptimo sellos, hay otro aquí, entre la sexta y la séptima trompetas. La sexta se toca en 9.13 y la séptima sólo en 11.15. Igualmente hay un paréntesis entre el sexto y el séptimo sellos (16.13-16).

En los capítulos 10 y 11 comienza la segunda mitad de la setenta semana de años de Daniel 9.27, es decir, sus últimos tres años y medio. Hay mención de eso por primera vez en Apocalipsis en el capítulo 11.2: "cuarenta y dos meses". Acto seguido se menciona el mismo asunto en:

12.6 — "mil doscientos sesenta días".

12.14 — "un tiempo, y tiempos, y la mitad de un tiempo".

13.5 — "cuarenta y dos meses".

Todo eso corresponde al mismo período citado en Daniel 7.25: "tiempo, y tiempos, y medio tiempo". La referencia de Apocalipsis 11.3: "mil doscientos sesenta días" es un caso diferente. Se trata en ese versículo del tiempo en que los dos testigos profetizarán en la primera mitad de la gran tribulación, que también será de mil doscientos sesenta días. El estudiante debe tener mucho cuidado aquí para no dejarse llevar con facilidad. Las demás referencias antes mencionadas, de tres años y medio, se refieren al reinado manifiesto de la bestia, en la segunda mitad de la gran tribulación, pero la de 11.3 trata de la predicación de los dos testigos. La dificultad (o facilidad) de equivocación se debe a que la duración del tiempo es idéntica: tres años y medio.

1. *Versículo 4*. "Sella las cosas que los siete truenos han dicho, y no las escribas." La única parte de Apocalipsis que fue sellada y quedó en secreto fue lo que estos truenos han dicho. Y no vale la pena que alguien especule...

2. *Versículo 7*. "El misterio de Dios se consumará..." El misterio porque Dios permitió que Satanás causara la caída del hombre, trayendo al mundo el pecado, la miseria y la muerte. El misterio de la tolerancia de Dios con el mal. El misterio de la retribución: el impío persigue y perjudica al justo y, al parecer, todo queda en eso. Un día todo eso tendrá explicación. Quien no tenga paciencia para esperar hasta entonces, pídala a Dios. El reloj divino no anda según el nuestro. En 1 Corintios 4.5 vemos que uno de los propósitos de la venida de Jesucristo es volver claros los misterios que hoy tanto nos intrigan.

3. *El librito*. "La voz que oí del cielo habló otra vez conmigo, y dijo: Ve y toma el librito que está abierto en la mano del ángel que está en pie sobre el mar y sobre la tierra." Ese librito "te amargará el vientre, pero en tu boca será dulce como la miel" (v. 9). Amargo en el estómago debido a los sufrimientos que hay en el libro. Dulce en la boca por causa de las buenas nuevas del establecimiento dentro de poco del reino de Dios en la tierra.

4. *La experiencia de Juan* (10.10,11). La experiencia de Juan, en su visión, comiendo el librito, nos hace recordar una experiencia igual del profeta Ezequiel en otra visión. (Léase Ezequiel 2.8-10; 3.1-3.) El propósito de esa experiencia de Juan fue sin duda el descrito en el versículo 11: "Y él me dijo: Es necesario que profetices otra vez sobre muchos pueblos, naciones, lenguas y reyes." Y esto se le dijo después que comió el libro. Daniel tuvo también una preparación especial, según está descrito en el capítulo 10 de su libro, para recibir su última y gran visión que se extiende desde allí hasta el capítulo 12, sobre el final de los tiempos.

5. *La toma de Jerusalén por el anticristo* (11.1,2). "Entonces me fue dada una caña semejante a una vara de medir, y se me dijo: Levántate, y mide el templo de Dios, y el altar, y a los que adoran en él" (v. 1). Esto es una evidencia de que el templo de los judíos ya estará entonces reconstruido. (Léanse Mateo 24.15 y 2 Tesalonicenses 2.4, que confirman eso.)

El acto de medir, en la Biblia, habla de castigar:

"Jehová determinó destruir el muro de la hija de Sion; extendió el cordel, no retrajo su mano de la destrucción..." (Lm 2.8). "Derrotó también a los de Moab, y los midió con cordel, haciéndolos tender por tierra; y midió dos cordeles para hacerlos morir, y un cordel entero para preservarles la vida; y fueron los moabitas siervos de David, y pagaron tributo" (2 S 8.2). "Dios ha dicho en su santuario: Yo me alegraré; repartiré a Siquem, y mediré el valle de Sucot" (Sal 60.6).

6. *Los dos testigos* (11.3-13). Serán dos hombres, tal vez Enoc y Elías. Ninguno de los dos murió (Gn 5.24; 2 R 2.12), y está ordenado a los hombres que mueran una sola vez (Heb 9.27). El caso no es muy importante para nosotros, la Iglesia del Señor, porque cuando los dos testigos actúen aquí, la Iglesia ya estará con Cristo en la gloria. Nuestro consejo a los salvos, teniendo en cuenta a los dos testigos, es lo que está en Hebreos 2.1: "Por tanto, es necesario que con más diligencia atendamos a las cosas que hemos oído, no sea que nos deslicemos." Es decir, las verdades bíblicas a partir de la salvación (Heb 2.3).

Los dos testigos ministrarán en la tierra en la primera mitad de la gran tribulación. El versículo 3 declara: "Y daré a mis dos testigos que profeticen por mil doscientos sesenta días..." Esto equivale, como hemos mostrado, a tres años y medio.

7. La ciudad y el terremoto (11.13). "En aquella hora hubo un gran terremoto, y la décima parte de la ciudad se derrumbó, y por el terremoto murieron en número de siete mil hombres; y los demás se aterrorizaron, y dieron gloria al Dios del cielo." La ciudad es Jerusalén, donde está el templo citado en el versículo 1. El terremoto ha sido una forma de expresión de juicio divino. En el libro de Apocalipsis, cuando los juicios de Dios se derraman sobre la tierra, no podían faltar los terremotos. Hay cinco de ellos mencionados, y algunos en plural (6.12; 8.5; 11.13; 11.19; 16.18 — Concordancia Analítica de Young). La historia de los terremotos suministrada por los grandes observatorios muestra que de un siglo al siguiente aumenta terriblemente la cifra de ellos. Por ejemplo: el siglo dieciocho tuvo doscientos sesenta y dos terremotos más que el siglo diecisiete. A su vez, el siglo diecinueve tuvo mil cuatrocientos setenta y nueve más que el siglo dieciocho.

LA SÉPTIMA TROMPETA, LA MUJER Y EL DRAGÓN (CAPS. 11.15-19; 12)

Prosigue aquí el capítulo 11. El paréntesis que comenzó en 10.1 va hasta 11.14, terminando con el anuncio del segundo ay. El primer ay ocurre en 8.13. El tercero en 12.12, en el tiempo de la séptima trompeta, que tiene inicio en 11.15. Terminada la misión de los "dos testigos" siguen:

1. La séptima trompeta (11.15-19). Esta trompeta resuena al inicio de la segunda mitad de la gran tribulación. Ella corresponde, en parte, a Mateo 24.15-31, en el sermón profético del monte de los Olivos.

Algunos estudiosos piensan que esta séptima trompeta es equivalente a la "última trompeta" de 1 Corintios 15.52. Esta de que estamos tratando es la última de una serie de siete vinculadas con los gentiles y judíos, mientras que la "última" de 1 Corintios 15.52 tiene que ver exclusivamente con la Iglesia, cuando ocurra su arrebatamiento, mucho antes de la gran tribulación.

Además, esta trompeta de 11.15 es la última de esta serie de acontecimientos de Apocalipsis, pero habrá otra trompeta después de esta, destinada exclusivamente a Israel. (Véase Mateo 24.31, observando con atención la ocasión en que se toca ella.) Malaquías es también un último libro; pero de una serie de treinta y nueve libros del Antiguo Testamento, el de Juan es el último de una serie de cuatro Evangelios.

Volviendo a la séptima trompeta, vemos, en el versículo 18, las naciones amotinadas, el milenio hasta su final, la resurrección de los muertos impíos y el juicio del gran trono blanco. (Léanse los versículos 17,18.)

El versículo 19 no pertenece propiamente al capítulo 11, sino al 12. Sin embargo, vamos a tratarlo aquí por no causar eso ningún inconveniente: "Y el templo de Dios fue abierto en el cielo, y el arca de su pacto se veía en el templo. Y hubo relámpagos, voces, truenos, un terremoto y grande granizo."

"El templo de Dios fue abierto en el cielo" (11.19). Muchos estudiantes descuidados y apresurados, cuando comparan estas palabras con el capítulo 21.22, donde se dice que Juan no vio ningún templo en su visión celestial, olvidan, o no tratan de ver que aquí en 11.19 se trata del *cielo*, mientras que en 21.22 se trata de la Jerusalén celestial, la cual Juan vio que descendía del cielo, en 21.2. Ella es la ciudad de los santos, preparada por el Señor. Es el hogar de los redimidos. En ella no hay templo, pero en el cielo, la morada de Dios, sí, como vemos aquí en el versículo 19.

"el arca de su pacto se veía en el templo" (11.19). Hay quienes piensan que el arca que fue puesta en el lugar santísimo del tabernáculo y en el templo de Jerusalén, y que desempeñó un papel religioso muy importante en la historia del pueblo escogido, fue milagrosamente trasladada al cielo y que allí la vio Juan. Están muy equivocados los que así piensan, porque las piezas del tabernáculo eran sólo una especie de copia de sus originales existentes en el cielo. (Léase Hebreos 9.23)

2. La mujer vestida del sol y el dragón devorador (12.1-17)

"*Apareció en el cielo una gran señal*" (v. 1). Se trata de señal, es decir, símbolo, no realidad. La mujer es símbolo de Israel. Miguel es el ángel que lucha por Israel. El gran dragón escarlata es el diablo. *El conflicto de los siglos*. (12.24). Es la lucha del diablo, haciendo todo lo posible para que el Mesías no viniera al mundo. Ese conflicto lo vemos desde Génesis hasta los Evangelios. Hubo momentos en que parecía que el enemigo había ganado la batalla. Las cinco peores ocasiones en la historia de Israel fueron: 1) en la apostasía del becerro de oro, cuando sólo una tribu quedó leal a Dios (la de Leví); 2) en el caso de la corrupción moral de Israel, en Sitim, durante la peregrinación en el desierto, por consejo de Balaam; 3) en el caso del pecado de David, con el cual Dios hiciera pacto en cuanto al nacimiento del futuro Mesías; 4) en el caso del libro de Ester, cuando hubo un plan para exterminar a todos los judíos; 5) en el caso de Belén, cuando el rey Herodes decretó la matanza de los inocentes, para que Jesús muriera. En todos esos momentos críticos el enemigo perdió la batalla. Al fin, una noche, los ángeles anunciaron el nacimiento del Salvador, que caminó resuelto en dirección al Calvario, donde al fin clamó agonizante, pero triunfalmente: "¡Consumado es!" ¡Aleluya!

Versículo 3. El dragón con siete cabezas. Eso indica su plenitud de astucia. Los siete cuernos representan su inmenso poderío. Siete diademas, su dominio. El dragón era escarlata, que es el color de la sangre y del fuego. Eso indica, como sabemos, que él es el provocador de muertes, guerras, intrigas, contiendas y tensiones individuales y colectivas, calientes como el fuego y que terminan explotando. (Léase Génesis 4.5,8, comparándolo con 1 Juan 3.12)

Versículo 4. "la tercera parte de las estrellas del cielo". Esto se refiere a los ángeles que cayeron con Lucifer, según Isaías 14.12 y Ezequiel 28.16. Muchas referencias en la Biblia mencionan a los ángeles como estrellas. Ejemplo: Jueces

5.20; Job 38.7; 25.5; Isaías 14.13, etc. "Su cola arrastraba…" Es conocida la gran fuerza que la serpiente y otros reptiles, como el cocodrilo, tienen en la cola. Los animales prehistóricos del tipo reptil tenían fuerza gigantesca en sus colas para ataque y defensa. El término dragón significa animal monstruoso; serpiente gigantesca. El dragón en el versículo 3 figura el diablo, y se le llama serpiente en 12.9. El término en el original se deriva de un verbo que significa ver de modo penetrante.

Versículo 6. "La mujer huyó al desierto, donde tiene lugar preparado por Dios, para que allí la sustenten por mil doscientos sesenta días." Al compararse el final del versículo 5 con el versículo 6 se nota que en la narración no hay ningún intervalo de tiempo entre la ascensión de Jesús al cielo y la fuga de Israel al desierto. Es que con la ascensión de Jesús al cielo (v. 5), tuvo inicio el intervalo de la Iglesia, entre las semanas sesenta y nueve y setenta de Daniel, según mostramos en nuestro comentario sobre el asunto. En Apocalipsis 12 la Biblia está tratando solamente de Israel. El tiempo de la Iglesia terminó a partir del momento en que ella fue arrebatada. Por esta razón nada se dice aquí sobre el intervalo de la Iglesia.

De igual modo, cuando la Biblia trata acerca de Israel en las setenta semanas no menciona a la Iglesia, pues sabemos que hay un largo intervalo entre las semanas sesenta y nueve y setenta. La única tenue indicación que tenemos en el período de la Iglesia allí, es la expresión "hasta el fin", período ese que ya va para casi dos mil años. Es que en las setenta semanas Dios está tratando con Israel y no con la Iglesia.

"Y la mujer huyó al desierto." Esto se reafirma en el versículo 14. La duración del tiempo se reafirma también allí: tres años y medio. En Daniel 12.1, al tratar sobre la gran tribulación, dice: "En aquel tiempo será libertado tu pueblo". Esto es una alusión al mismo tema tratado aquí en el capítulo 12 de Apocalipsis sobre la huida de Israel al

desierto bajo la persecución destructora del diablo. También en Daniel 11.41 está escrito que, cuando el ataque del rey del norte, en el "tiempo del fin", escaparán Edom, Moab y Amón, regiones que actualmente integran el territorio de Jordania. Se salvarán milagrosamente para que allí se refugien los fugitivos de Israel. Jesús habló de esa fuga de Israel al desierto en Mateo 24.16-22, y en el versículo 15 Él dio la señal indicadora para la huida: "Cuando veáis en el lugar santo la abominación desoladora de que habló el profeta Daniel (el que lee, entienda), entonces los que estén en Judea, huyan a los montes." Esta "abominación desoladora" debe de ser la imagen del anticristo colocada por él mismo en el lugar santo del templo (ya reconstruido) para ser adorada por los judíos. El anticristo será entonces una personificación del diablo. Un falso mesías y salvador, imitando así al Señor Jesucristo.

Versículo 7. Se menciona una vez más a Miguel como el ángel guardián de Israel. Se le cita directamente cinco veces en la Biblia y siempre en conexión con Israel (Daniel 10.13,21; 12.1; Judas v.9; Apocalipsis 12.7). Hay una mención de "voz de arcángel" en 1 Tesalonicenses 4.16, en el momento del arrebatamiento de la Iglesia, pero eso puede no ser una mención de él porque tanto "voz" como "arcángel" son en el original sustantivos sin el artículo. En Gálatas 3.16 se dice que las promesas divinas no se hicieron "a los" descendientes de Abraham, sino "al" descendiente, que es Cristo. Entonces es necesario mucho cuidado con esas partículas originales.

Versículo 9. Sobre Satanás se revela mucho aquí. Sus principales títulos aparecen en este versículo, y en el 10: 1) "dragón"; que indica truculencia, brutalidad, violencia, crueldad; 2) "serpiente antigua", palabra que nos lleva a las tramas e intrigas de los orígenes de la raza humana, cuando Adán y Eva todavía estaban en el huerto del Edén, según se ve en Génesis 3.14; 3) "diablo", término que significa acusador, calumniador, y viene de un verbo que quiere decir ir de un lado a otro fomentando intrigas, tentar, provocar; 4) "Satanás", que significa adversario, aquel que siempre se opone; es término hebreo, mientras que diablo es griego, y tal vez indique que para judíos y gentiles está llegando el tiempo del confinamiento del príncipe de las tinieblas; 5) "engañador", por ser una de sus actividades principales engañar, ilusionar, amañar, falsificar (presentar lo falso como verdadero), imitar, mistificar. Eso es lo que él hace en todos los aspectos y en todas las esferas, tanto individualmente como en grupos; hace aun que nos engañemos a nosotros mismos (1 Juan 1.8), pues su primera actividad registrada entre los hombres fue la de engañar a nuestros primeros padres, afirmándoles que serían como Dios (Gn 3.5), y su última actividad registrada en la Biblia es engañando a las naciones después del milenio para que sean destruidas (Ap 20.7,8); 6) "acusador" (v. 10); él acusa a Dios delante de los hombres, a los hombres delante de Dios, y a los hombres delante los unos de los otros. A veces él nos acusa a través de nuestra conciencia, de nuestra mente, de nuestra memoria. Por la fe en la sangre expiatoria del Cordero de Dios y apoyados en las promesas de la Palabra, podemos resistirle y vencerlo (v. 11; Stg 4.7; 1 Pe 5.8,9).

Versículo 15. "Y la serpiente arrojó de su boca, tras la mujer, agua como un río, para que fuese arrastrada por el río." Eso representa una gran y destructora persecución. Agua aquí tiene que ver con hombres, con ejército, sin dudas. (Léanse los Salmos 18.4 y 93.3,4 donde vemos eso. Tiene el mismo sentido la palabra "inundación" en Daniel 9.26.)

Versículo 16. "Pero la tierra ayudó a la mujer, pues la tierra abrió su boca y tragó el río que el dragón había echado de su boca." Eso ya ocurrió en el pasado cuando la tierra se abrió y se tragó vivos a los rebeldes que se levantaron contra Moisés (Nm 16.31-33).

Versículo 17. — ¿Quiénes son el "resto" mencionado en este versículo? — Son judíos, el "resto de la descendencia de ella", que creyeron por el testimonio de los ciento cuarenta y cuatro mil, y que estarán en la tierra de Israel.

LAS DOS BESTIAS

(CAP. 13)

El anticristo y su falso profeta.
Tanto el anticristo como su profeta aparecen aquí en el capítulo 13, bajo la figura de dos bestias. El anticristo es la bestia que sube del mar en 13.1. El falso profeta es la bestia que sube de la tierra en 13.11. Al anticristo se le llama así por dos razones. Él se opone a Cristo en el sentido de resistir y hostilizar. Pero también se llama así porque trata de imitar a Cristo en su papel de redentor.

Satanás ya estará en la tierra durante la primera mitad de la semana setenta, pero no se revelará como el anticristo hasta la mitad de la semana, cuando anulará su pacto con Israel. Los dos testigos profetizarán la primera mitad de la semana, cuando él los perseguirá y los matará. Es probable que en ese tiempo la bestia ponga su imagen en el templo, ya reconstruido en Jerusalén y exija adoración a su persona.

La segunda bestia o el falso profeta procura imitar al Espíritu Santo, como veremos al estudiar acerca de ella en este mismo capítulo.

1. *La bestia que subió del mar* — el anticristo (13.1-10).
Versículo 1. *"una bestia".* La palabra empleada en el original indica animal salvaje. Eso muestra el carácter bestial, animalesco, bajo y vil del anticristo, cuando se manifieste públicamente. "Diez cuernos; y en sus cuernos, diez diademas", lo que indica su procedencia satánica, pues el dragón aparece en 12.3 con siete cabezas y diez cuernos. Pero hay una diferencia entre los dos. Las diademas del dragón estaban en las cabezas (12.3), y las de la bestia en los cuernos (13.1). De este modo, las diademas del dragón eran siete, y las de la bestia diez. El profeta Daniel vio ese animal desde otro ángulo, pero tenía también siete cabezas y diez cuernos (Dn 7.23,24).

Versículo 2. Aquí tenemos lo que podemos llamar un retrato de la bestia: Parecía un leopardo, con patas de oso y boca de león. Eso nos lleva al capítulo 7 de Daniel. Allí el leopardo es Grecia; el oso es Persia y el león es Babilonia. El leopardo indica rapidez; el oso, fuerza; y el león, soberbia. Sin duda eso también significa que el dominio de la bestia se caracterizará por principios que predominaron en Babilonia, en Persia y en Grecia y también en el Imperio Romano, porque los diez cuernos, como veremos dentro de poco, figuran una expresión última de aquel imperio. *"Y el dragon le dio su poder."* Así que tenemos en el inicio del capítulo la revelación de una trinidad satánica obrando en ese tiempo: el dragón, que procura imitar a Dios; la bestia, que imita al Señor Jesús; y el falso profeta (la segunda bestia), que imita al Espíritu Santo. ¡Cuán tenebrosos serán esos días!

Versículo 5. El dominio de la bestia será de tres años y medio. "Cuarenta y dos meses", dice el versículo. "Se le dio boca que..." La bestia tendrá la inigualable habilidad de llevar a las multitudes a la acción con sus discursos enardecidos. Con los modernos medios de comunicación por satélite, llegará a todo el mundo con su demagogia saturada de poder maligno.

Versículo 7. Los "santos" aquí son los que creerán durante la gran tribulación: judíos y gentiles. Ellos morirán como mártires. La superiglesia mundial encabezada por el falso profeta matará en ese tiempo a muchos de los santos. Apocalipsis 17.6: "Vi a la mujer ebria de la sangre de los santos, y de la sangre de los mártires de Jesús..."

Versículo 8. "del Cordero que fue inmolado desde el principio del mundo". Significa que cada cordero que se inmolaba como sacrificio en el Antiguo Testamento, desde el primero que inmoló Abel (Gn 4.4), era una prefiguración del Cordero de Dios que quita el pecado del mundo (Juan 1.29). Por lo tanto, Cristo y su obra redentora es el tema central de las Escrituras. En 1 Pedro 1.20 confirma esto: "ya destinado desde antes de la fundación del mundo, pero manifestado en los postreros tiempos por amor de vosotros".

2. *La bestia que subía de la tierra: el falso profeta* (13.11-18). Se le llama por ese nombre en tres lugares de Apocalipsis: 16.13; 19.20; 20.10.

Versículo 11. "tenía dos cuernos". El cuerno es símbolo de poder en cualquier sentido. Pueden indicar su poder político y religioso, pues se dice en el versículo 12 que ella ejerce la autoridad de la primera bestia y obliga a todos a la adoración de la primera bestia, "semejantes a los de un cordero, pero hablaba como dragón". Se describe a la segunda bestia como cordero, lo que indica su carácter religioso, que se confirma por su título "falso profeta". ¿Profeta de qué? Sólo puede ser una falsa religión.

Versículos 12,13. La lectura de esos versículos muestra que habrá mucha religiosidad en aquellos días. El versículo 13 indica que será un período de muchos milagros. Pero en 2 Tesalonicenses 2.9, el Espíritu Santo, hablando por medio de Pablo, dice: "Inicuo cuyo advenimiento es por obra de Satanás, con gran poder y señales y prodigios mentirosos." Por lo tanto, serán como siempre, milagros falsos, como ocurre hoy día en el espiritismo. Cuando, mediante el espiritismo, el demonio sale de una persona, muchos otros quedan enfermos. Lo que ocurre no es cura ni liberación, sino un acuerdo entre los demonios, pero siempre en perjuicio del ser humano esclavizado.

Es el poder del engaño para que crean en la mentira, como está escrito en 2 Tesalonicenses 2.11.

El falso profeta será, pues, un superlíder religioso. Por los versículos 12 y 15 se ve que él fomentará una religión universal en torno de la primera bestia. Ahí está el movimiento religioso del ecumenismo, ya bien configurado por todas partes, con el propósito de unir todas las iglesias, y aceptando a personas de todas las procedencias religiosas (bastando con que "crean" en Dios). El escenario ya está armado; sólo faltan los actores para el drama...

Versículo 15. La imagen de la bestia hablará. Sí, hablará como actualmente los demonios hablan a través de los médiums espiritistas.

Versículos 16-18. El nombre y el número de la bestia. Será fácil saber esto por los que estén aquí cuando aparezca la bestia en el escenario mundial. Nosotros, los salvos, aguardamos el arrebatamiento de la Iglesia, mucho antes de la manifestación de ese anticristo. "Número de hombre" (v. 18). La bestia no será el diablo, ni un hombre resucitado, sino un hombre que personifica al diablo. Se dicen de ella tres cosas en el versículo 17: su marca, su nombre y su número.

El número "seiscientos sesenta y seis" es número de hombre o ser humano (v. 18). El hombre fue creado en el sexto día. Se determinó que el hombre trabajara seis días a la semana. El esclavo hebreo servía durante seis años cada vez. El hombre cultivaba la tierra por seis años cada vez. Encontramos el número "seiscientos sesenta y seis" en el Antiguo Testamento, pero sin relación alguna con el de la bestia (1 R 10.14; 2 Cr 9.13). Muchos, a través de los tiempos, han encontrado el número "seiscientos sesenta y seis" en los nombres de muchos personajes de la historia, pero todo no pasa de ser especulación.

Conclusión sobre las dos bestias. Estos dos hombres de quienes acabamos de tratar representan dos grandes movimientos mundiales en los últimos días de los tiempos de los gentiles: una confederación de naciones para fines políticos, y una confederación (también mundial) de iglesias para fines religiosos.

Observando con atención la profecía, vemos que los tiempos de los gentiles comenzaron con la adoración obligatoria de una imagen idolátrica (Dn 3), y terminarán, como acabamos de ver, con la adoración, también obligatoria, de una imagen, en esta ocasión, de la bestia, el último gobernante mundial de los tiempos de los gentiles.

LOS SIETE ACONTECIMIENTOS

(CAP. 14)

El capítulo 14 de Apocalipsis es todo parentético. Son afirmaciones del triunfo final de Cristo y del juicio de los impíos. De los siete acontecimientos que hay en él, seis son visiones. El acontecimiento restante es un mensaje celestial oído por Juan (v. 13). La primera visión es la de un grupo de redimidos felices, sobre el monte Sion (vv. 1-5). Las cinco visiones restantes son de acontecimientos ejecutados por ángeles. En todo el libro de Apocalipsis es intensa la actividad de los ángeles como mensajeros, interventores y ejecutores de las disposiciones divinas.

- En resumen, los siete acontecimientos son:
- Un grupo de redimidos victoriosos en el monte Sion (vv. 1-5).
- Un ángel que proclama un evangelio eterno (vv.6,7).
- Un ángel que anuncia la caída de Babilonia (v. 8).
- El juicio de los adoradores de la bestia (9-12).
- Mensaje de la bienaventuranza de los muertos en el Señor (v. 13).
- La siega de los gentiles (vv. 14-16).

• La siega de Israel (vv. 17-20).

1. *Los redimidos victoriosos en el monte Sion* (14.1-5). "Después miré, y he aquí el Cordero estaba en pie sobre el monte de Sion, y con él ciento cuarenta y cuatro mil, que tenían el nombre de él y el de su Padre escrito en la frente." *Sion* es uno de los nombres simbólicos del cielo. (Léase Hebreos 12.22,23.) Casi siempre que Dios menciona a *Sion* en la Biblia, Él muestra gran amor y afecto. Eso es muy significativo en esta visión, donde ocurre la única mención de *Sion* en Apocalipsis. Esos santos de la visión ya están libres de tribulación. Ellos están en el cielo, "delante del trono, y delante de los cuatro seres vivientes, y de los ancianos" (v. 3). Los seres vivientes de que ya tratamos en el capítulo 4, permanecen junto al trono, y alrededor del trono de Dios, en el cielo. Esos ciento cuarenta y cuatro mil son "primicias" de Israel para Dios y para el Cordero (v. 4). Se trata, pues, del mismo grupo de ciento cuarenta y cuatro mil judíos sellados, visto en la tierra, en el capítulo 7. Una de las evidencias de eso es que en el capítulo 7 la historia de ellos está incompleta, y se completa aquí.

"no se contaminaron con mujeres" significa que no practicaron religiones falsas; no formaron parte de la iglesia falsa, "pues son vírgenes". Eso tiene el sentido espiritual. Tanto en el Antiguo como en el Nuevo Testamento a la práctica de religiones falsas, así como a la unión de una iglesia con el mundo, se le llama infidelidad espiritual o fornicación. En Mateo 25.1,2 tenemos al cristianismo representado bajo la forma de diez vírgenes, cinco prudentes y cinco insensatas. (Léase también Santiago 4.4.)

2. *Un ángel que proclama un evangelio eterno* (14.6,7). (Léanse los versículos.) Se trata de un ángel, mensajero de la misericordia de Dios, aun en medio de los juicios de aquellos días. Dios llama por última vez al arrepentimiento a los habitantes de la tierra, que en aquella época no serán tantos como se piensa, por haber sido diezmados por los juicios anteriores. Hemos dicho que Dios nunca quedó sin testimonio, y en aquellos últimos días el testimonio angelical se oirá en la tierra, teniendo

como púlpito los cielos: "Vi volar por en medio del cielo a otro ángel..." (v. 6). Por la lectura del versículo 7 se ve que el ángel anuncia las buenas nuevas (el significado de la palabra "evangelio") del establecimiento, por fin, del reino de Dios entre los hombres. Llegó la hora del juicio para que se inaugure el reino del Hijo de Dios. En el remoto pasado, antes del juicio del diluvio, el gran predicador Noé anunció la salvación mediante el arca (1 Pe 3.20; 2 Pe 2.5). Nadie se volvió a Dios con la predicación de Noé. Tal vez aquí en Apocalipsis 14.6,7 ocurra lo mismo, aunque prediquen los ángeles.

El mensaje del ángel, como se observa, no es el del evangelio de la gracia de Dios que predicara la Iglesia. Es la buena nueva milenaria anunciada por los patriarcas y profetas de que el mal tendría un día su fin y que se establecería el reino literal de Dios en la tierra. Es el "evangelio del reino" anunciado por Juan el Bautista (Mt 3.2), y después por Jesús (Mt 4.23). Será predicado en la tierra durante la gran tribulación (Mt 24.15). Por revelación divina, ya el salmista hablaba de esto en su época. (Léase el Salmo 96.9-13.)

3. *Un ángel que anuncia la caída de Babilonia* (14.8). "Otro ángel le siguió, diciendo: Ha caído, ha caído Babilonia, la gran ciudad, porque ha hecho beber a todas las naciones del vino del furor de su fornicación." Aquí la alusión es a la futura ciudad de Babilonia. (Léase Apocalipsis 18.2,9.). De eso trataremos al estudiar el capítulo 18. El "vino del furor de su fornicación" son las falsas enseñanzas religiosas a partir de allí.

4. *El juicio de los adoradores de la bestia* (14.9-12). Aquí un ángel anuncia el juicio más severo posible que está para caer sobre cada uno de los seguidores de la bestia, "será atormentado con fuego y azufre" (v. 10). Fuego y azufre son símbolos de tormento insoportable. El Señor ya hizo eso una vez sobre Sodoma y Gomorra y las demás ciudades de la campiña del Jordán (Gn 19.24.25).

5. *Mensaje de la bienaventuranza de los muertos en el Señor* (14.13). Las verdades de este versículo muestran que en las terribles circunstancias de aquellos días, incluso las densas

tinieblas espirituales, será mejor morir que vivir. Los creyentes que por ventura escapen con vida durante la gran tribulación entrarán en el reino terrenal de Cristo. Los que mueran por su fe irán a estar con el Señor. Serán, por lo tanto, bienaventurados.

6. *La siega de los gentiles* (14.14-16). A estas alturas de los acontecimientos, la reunión de las naciones en Armagedón está a las puertas. (Véase 16.16 armonizado con 19.19) ¡Aquí tenemos una visión anticipada de aquella escena indescriptible! El segador es justo, pues se le ve sentado en una nube blanca, color que indica pureza y justicia. El juicio o enjuiciamiento es también justo porque el Juez juzga con serenidad. Él está sentado sobre la nube (v. 14). Esta siega que aquí se le muestra a Juan es la de las naciones gentiles.

Jesús habló de eso cuando dijo: "De manera que como se arranca la cizaña, y se quema en el fuego, así será en el fin de este siglo. Enviará el Hijo del Hombre a sus ángeles, y recogerán de su reino a todos los que sirven de tropiezo, y a los que hacen iniquidad, y los echarán en el horno de fuego; allí será el lloro y el crujir de dientes" (Mt 13.39-42).

"lloro" tiene que ver con el padecimiento de los perdidos; "crujir de dientes" tiene que ver con la ira de ellos, que arderá por dentro.

En Mateo 13.49 Jesús volvió a hablar sobre esa ocasión, diciendo: "Así será al fin del siglo: saldrán los ángeles, y apartarán a los malos de entre los justos."

7. *La siega de Israel* (Ap 14.17-20). La siega anterior fue general; fue de las naciones, pero esta aquí es la *vendimia* (como se expresa en 14.18). Se trata de la siega sólo de la vid, de las uvas. En el Antiguo Testamento se menciona la nación de Israel muchas veces como la viña del Señor. (Léanse Oseas 10.1; Salmo 80.8-15; Jeremías 2.21; Joel 1.7.) Esta vid o viña es el Israel apóstata en la época de estos juicios. (Véase lo que dice el Señor en Jeremías 2.21: "Te planté de vid escogida, simiente verdadera toda ella; ¿cómo, pues, te me has vuelto sarmiento de vid extraña?" Lo mismo dice el Señor por medio del profeta Isaías 5.1-7. Moisés, en el último cántico, tuvo la misma revelación

del futuro juicio de Israel. Léase también Deuteronomio 32.32-35.)
Aquí, en Apocalipsis 14.18,19, el ángel que salió del altar ya no llama a esa viña la viña de Dios sino viña de la tierra, dos veces. En la parábola de los labradores malvados (Mt 21.33-40), Jesús le advirtió a la nación de Israel sobre su decadente situación espiritual.

Versículo 18. "sus uvas están maduras". Literalmente eso significa uvas secas, en el original. Es el principio del colmo para juicio, visto en Génesis 15.16; Mateo 23.32; 1 Tesalonicenses 2.16. Sobre eso dice Dios en Joel 3.13: "Echad la hoz, porque la mies está ya madura. Venid, descended, porque el lagar está lleno, rebosan las cubas; porque mucha es la maldad de ellos."

Versículo 20. "Y fue pisado el lagar fuera de la ciudad, y del lagar salió sangre hasta los frenos de los caballos, por mil seiscientos estadios." Es lenguaje simbólico, porque ahí lagar no es lagar literal, como está claro en el contexto. Y la "sangre" es del lagar, es decir, de las uvas. Esto se explica en otras partes de la Biblia, como Génesis 49.11: *"Lavó en el vino su vestido, y en la sangre de uvas su manto."* También en Deuteronomio 32.14: "Y de la sangre de la uva bebiste vino."

Conclusión sobre las dos siegas (14.14-16 y 17-20):

a. En la siega propiamente dicha (vv. 14-16) los productos se separan unos de los otros, pero en la vendimia (vv. 17-20), solamente se trata de las uvas. En la Biblia, siempre se cuenta a Israel aparte como nación. "He aquí un pueblo que habitará confiado, y no será contado entre las naciones" (Nm 23.9). "Yo Jehová vuestro Dios, que os he apartado de los pueblos" (Lv 20.24).

b. Estas dos siegas — la de los gentiles y la de Israel — no son siegas de santos para el cielo, sino de impíos para el justo juicio, como acabamos de mostrar bíblicamente.

c. Siete veces en los versículos 14-19 se menciona la palabra *hoz,* lo que destaca la magnitud de esa siega final. Hay ahí una prueba de que el día de Dios llegará. En los Salmos y en los profetas encontramos repetidas veces la pregunta del pueblo de Dios: "¿Hasta cuándo, oh Señor?", lo que quiere decir: "¿Cuándo intervendrás en ese estado de cosas? ¿Cuándo reprenderás el mal? ¿Cuándo castigarás al impío?" (Léase Salmo 10.1; 4.2; 13.2; 94.3,4.) ¡Llegó al fin el día de la respuesta divina!

LOS ÚLTIMOS SIETE JUICIOS
(CAP. 15,16)

Los capítulos 15 y 16 de Apocalipsis describen los últimos siete juicios divinos sobre un mundo que durante los muchos milenios de su historia siempre acumuló pecado sobre pecado contra Dios hasta colmar la medida de la ira divina contra el mal.

Habrá convulsiones en toda la naturaleza. Las fuerzas resultantes de las leyes que gobiernan los cielos entrarán en desorden. "E inmediatamente después de la tribulación de aquellos días, el sol se oscurecerá, y la luna no dará su resplandor, y las estrellas caerán del cielo, y las potencias de los cielos serán conmovidas" (Mt 24.29). Será el cumplimiento de Hageo 2.6 y Hebreos 12.26. Es interesante notar las muchas veces en que los cielos se mencionan como escenario de tremendos acontecimientos en los capítulos 16 al 18 de Apocalipsis.

CAPÍTULO 15 — LOS SIETE ÁNGELES
CON LAS SIETE ÚLTIMAS PLAGAS

Versículos 1-4 — Estos versículos constituyen un pasaje parentético. Presentan a los siete ángeles con las siete últimas plagas o flagelos para lanzarlo todo sobre la tierra: "Vi en el cielo otra señal, grande y admirable: siete ángeles que tenían las siete plagas postreras; porque en ellas se consumaba la ira de Dios" (v. 1). Se cumplirán entonces las muchas profecías de las Escrituras sobre el día del castigo de los malos, "porque es justo delante de Dios pagar con tribulación a los que os atribulan" (2 Ts 1.6). Si esto puede decirse respecto a la Iglesia, ¿qué se dirá de Israel? Son hechos tan ciertos que el versículo 1 emplea el verbo consumar en el tiempo pasado: "consumaba". Sólo Dios puede expresarse así.

2. *Versículo 2*. Vemos aquí una multitud de salvos, en el cielo, que han salido de la gran tribulación. Sellarán su fe con su sangre, como mártires.

3. *Versículo 3*. "El cántico de Moisés", y el "cántico del Cordero". El cántico de Moisés, según Éxodo 15, es el cántico de la victoria sobre el enemigo. Esos aquí son vencedores de la bestia (v. 2). "El cántico del Cordero" es el cántico de la redención, pues se trata del Cordero de Dios que quita el pecado del mundo.

4. *Versículo 5*. "Después de estas cosas". Aquí se cierra el paréntesis y se reanuda la marcha de los acontecimientos de los sellos y de las trompetas, interrumpida en 11.19. "Templo", en este versículo es una palabra que en el original corresponde al compartimiento más adentro del tabernáculo, denominado lugar santísimo (en griego, naós). Creemos que se trata de la morada literal de Dios y de los ángeles. Dos palabras predominantes en Apocalipsis son templo y trono. Aparecen a cada paso del libro. Ahí está el origen y la seguridad de nuestra salvación y el gobierno del universo. Ese trono es hoy para la Iglesia un "trono de la gracia" (Heb 4.16), por la mediación de nuestro sumo sacerdote, el Señor Jesús, pero en ese tiempo será un trono de juicio para los impíos.

5. *Versículo 7*. Vemos en este versículo que los "seres vivientes" no sólo proclaman la santidad de Dios, como está

probado en 4.8, sino que también son ejecutores de la justicia divina. Aquí ellos entregan a los siete ángeles las siete últimas plagas que han de derramarse sobre la tierra.

6. *Versículo 8.* "Nadie podía entrar en el templo hasta que se hubiesen cumplido las siete plagas de los siete ángeles." Llegó el momento en que ya no se podía hacer intercesión por los transgresores. ¡Gloria a Dios, que Él, por su gracia y misericordia, nos ha salvado! Permanezcamos firmes en Él, porque está escrito que "Los malos serán trasladados al Seol, todas las gentes que se olvidan de Dios" (Sal 9.17).

CAPÍTULO 16 — LAS SIETE ÚLTIMAS PLAGAS

Los juicios de las trompetas, que precederán a los de las siete copas que contienen las siete últimas plagas, fueron, hasta cierto punto, de alcance limitado. De ellos está escrito que alcanzaron la tercera parte de la tierra, del mar, de las fuentes, de los ríos, del sol, de la luna y de las estrellas. Pero estos juicios de las siete copas alcanzan toda la tierra. "Oí una gran voz que decía desde el templo a los siete ángeles: Id y derramad sobre la tierra las siete copas de la ira de Dios."

La primera plaga (16.2). Úlceras malignas sobre todos los adoradores de la bestia.

La segunda plaga (16.3). El mar se convierte en sangre, causando la muerte de toda vida marina.

La tercera plaga (16.4-7). Fuentes y ríos se convierten en sangre. Ese juicio lo causa el milenario derramamiento de sangre por parte del hombre (v. 6). El ángel que ejecutó esta plaga es el que tiene autoridad sobre el agua (v. 5). En 7.1 vemos ángeles que controlan el viento; en 14.18, que controlan el fuego; y aquí en 16.3, otro que controla las aguas.

La cuarta plaga (16.8,9). El sol quema a los hombres por su calor multiplicado. A pesar de tan gran padecimiento, los hombres no llegan por eso al arrepentimiento. Blasfeman contra Dios. Están, pues, equivocados los que enseñan que el castigo siempre produce mejora y regeneración.

La quinta plaga (16.10,11). Tinieblas en el trono y en el reino de la bestia.

La sexta plaga (16.12). El río Éufrates se seca, dejando libre el movimiento de los ejércitos que avanzarán desde el Oriente hacia Israel, para la batalla del Armagedón, que se avecina. Ya una vez Dios dividió las aguas del mar Rojo, de modo que Israel lo atravesó a pie. Más adelante Él hace secar por completo el Jordán en época de inundación. En otra ocasión Él dividió las aguas del mismo río, en el tiempo de Eliseo. Es significativo que el Éufrates aparezca en este contexto, ya que él será uno de los límites del futuro Israel durante el milenio, según la promesa hecha por Dios a Abraham, pero que aun no ha tenido cumplimiento (Gn 15.18). Él está relacionado con el principio de la raza humana, pues es uno de los ríos que bañaban el Edén, y ahora, en el final de la misma raza, se le menciona también. Salomón, cuando era rey de Israel, llegó a dominar hasta el Éufrates (2 Cr 9.26). El término "río" en esta referencia es una alusión al Éufrates. Isaías 11.15 parece explicar cómo se secará ese río. (Otra vez, el "río" que se menciona es el Éufrates.)

Versículo 12. "el camino a los reyes del oriente". Debe de ser una alusión a los países clave del Oriente, como Japón, China, India y otros menores, pero en desarrollo en aquella parte del mundo del sol naciente, como dice el original: "anatoles heliou".

SECCIÓN PARENTÉTICA (16.13-16)

Hemos visto que hubo una sección parentética entre el sexto y el séptimo sellos. Hubo otra también entre la sexta y la séptima trompetas. Ahora tenemos esta, entre la sexta y la séptima plagas. Ella contiene materia explicativa relacionada con la sexta plaga. Es una visión anticipada de la destrucción de las naciones en el Armagedón (19.17-21). -

Versículo 13. Se ve aquí la trinidad satánica: el dragón, la bestia y el falso profeta, que aparece primeramente en el capítulo 13. Ellos incitan a las potencias del Oriente a que unan sus fuerzas y a que avancen hacia el oeste para destruir a Israel.

Versículo 16. Armagedón. La palabra significa monte de Meguido, por causa de la primitiva fortaleza situada en la altura de Meguido, la que dominaba el valle del mismo nombre. Ha sido un famoso e histórico campo de batalla donde ejércitos de muchas naciones resolvieron sus disputas. Queda cerca del monte Carmelo, en el suroeste de Galilea. Allí se concentrará el grueso de las fuerzas al llegar a Israel.

LA SÉPTIMA PLAGA (16.17-21).

Versículo 17. "El séptimo ángel derramó su copa por el aire." Tal vez para terminar la acción del arcángel Miguel, ejecutada en 12.7,8. Satanás ocupa actualmente la posición de "príncipe de la potestad del aire" (Ef 2.2; 6.12). El ángel concluyó su clamor diciendo: "Hecho está". Lo mismo que "Consumado es". Es el fin de los juicios terrenales sobre los impíos.

Versículo 18. "un terremoto tan grande, cual no lo hubo jamás". Será pavoroso, más de lo que pueda suponerse. Cuando la Biblia dice algo, lo dice como debe ser. No hay mejor térmi-

VISTA ACTUAL DE LA PLANICIE DE ARMAGEDÓN
Aquí los reyes de la tierra, instigados por demonios, concentrarán sus ejércitos y sus pertrechos para destruir a Israel y luchar contra Dios durante la gran tribulación. Serán destruidos sobrenaturalmente por el poder de Cristo, en su venida con gloria y majestad.

no como suele ocurrir en el lenguaje humano. Es el mayor terremoto de los cinco de Apocalipsis (6.12; 8.5; 11.13; 11.19; 16.18). Sólo en esos terremotos la mortandad debe de ser incalculable.

Versículo 19. "La gran ciudad" es Jerusalén, más bien identificada con ese título en 11.8. "Las ciudades de las naciones cayeron." Eso incluirá Nueva York, Tokio, París, Río de Janeiro,

Buenos Aires, Londres, Moscú, Pekín, Lisboa, Roma, São Paulo, Nueva Delhi, etc. ¿Cuántos morirán allí?

Versículo 20. "Y toda isla huyó, y los montes no fueron hallados". El terremoto del versículo 18 hará que se tambalee toda la tierra, provocando grandes cambios en su superficie, arrasando islas y allanando montes. Habrá incluso cambios en el relieve del suelo en el momento de la venida de Jesucristo y durante el milenio. (Léanse Isaías 35.6b; Zacarías 14.4, 10.)

Versículo 21. "Y cayó del cielo sobre los hombres un enorme granizo como del peso de un talento". (Un talento es el peso de más o menos cuarenta y cinco kilogramos.)

Por lo tanto, ¡no vale la pena luchar contra Dios! Resistir a Dios es perder la batalla. Él vencerá de cualquier manera, y el hombre tendrá que enfrentarse a Él. Lo mejor es que hagamos su voluntad, le obedezcamos y le sirvamos con todo amor. ¡Él es digno! Un creyente obstinado y recalcitrante para hacer la voluntad de Dios también sufrirá mucho ¡hasta que aprenda que Dios es el vencedor eterno!

S É P T I M A   P A R T E

La venida de Jesucristo y los acontecimientos precedentes

(Caps. 17 al 19)

El acontecimiento que sigue a la séptima y última plaga, en el capítulo 16, es la venida de Cristo en gloria y poder para juzgar a las naciones, en el capítulo 19; pero antes de eso tenemos dos extensos pasajes parentéticos tratando de dos grandes hechos: la falsa iglesia mundial (la Babilonia del capítulo 17), y la capital del anticristo antes de que ocupe Jerusalén (la Babilonia del capítulo 18).

En este punto del estudio de Apocalipsis, el tema de Babilonia no es nuevo. En 14.8 está escrito: "Otro ángel le siguió, diciendo: Ha caído, ha caído Babilonia, la gran ciudad, porque ha hecho beber a todas las naciones del vino del furor de su fornicación." Este anuncio está relacionado con la ejecución de los juicios divinos mencionados en el versículo 7 del mismo capítulo.

En 16.19 está escrito: "Y la gran Babilonia vino en memoria delante de Dios, para darle el cáliz del vino del ardor de su ira." Ahora Juan recibe la visión minuciosa de la caída de Babilonia.

Vemos en el término *Babilonia*, en el libro de Apocalipsis, dos aspectos diferentes: la Babilonia religiosa o eclesiástica, simbolizada por la mujer del capítulo 17. Esta es destruida en 17.16. La otra es la Babilonia comercial (teniendo, es evidente, su aspecto político), vista en la ciudad del capítulo 18, el cual se ocupa del relato de su destrucción.

LA BABILONIA RELIGIOSA

(CAP. 17)

El capítulo 17 de Apocalipsis trata del movimiento religioso mundial que habrá en aquellos últimos días. Será una falsa iglesia mundial apoyada inicialmente por la bestia.

Versículo 1. "La gran ramera". En la Biblia, a las religiones falsas se les llama fornicaciones, porque son una forma de infidelidad a Dios. (Léanse Isaías 23.17; Nahúm 3.4.) "Sentada sobre muchas aguas." Esto se explica en el versículo 15.

Versículo 2. "Con la cual han fornicado los reyes de la tierra." Eso indica que ese falso movimiento religioso se extenderá por todo el mundo. "Los moradores de la tierra." No solamente los reyes, los grandes, sino los demás habitantes de la tierra.

Versículo 3. "Vi una mujer." Al ser la mujer, en la visión, una ramera, eso indica un falso sistema religioso. "Sentada sobre una bestia", un falso sistema político. Se trata de la confederación de naciones bajo el gobierno del anticristo. En ese tiempo la iglesia falsa conduce a la bestia, pero después ésta se virará contra aquella y la destruirá, como vemos en el versículo 16. Esto hará la bestia para que pueda implantar una nueva religión — su propia adoración, en la segunda mitad de la gran tribulación. El falso profeta se ocupará de eso, haciendo obligatorio ese culto. *Versículo 5.* "En su frente un nombre escrito, un misterio." La palabra "misterio", asociada a la mujer, la identifica con religiosos, misterios de las falsas religiones, como magia, ocultismo, iniciaciones, etc. Indica también que se trata aquí de algo místico, no literal, equivalente a señal. "BABILONIA, LA GRANDE, LA MADRE DE LAS RAMERAS Y DE LAS ABOMINACIONES DE LA TIERRA." El nombre Babilonia asociado con la mujer indica que la religión predominante durante la gran tribulación será el espiritismo bajo las más diversas formas. Hoy ya se ven indicios de eso por todas partes. Dice Jeremías 51.7: "Copa de oro fue Babilonia en la mano de Jehová, que embriagó a toda la tierra; de su vino bebieron los pueblos; se aturdieron, por tanto, las naciones." Aquí se ve que Babilonia ha sido la madre de los falsos sistemas religiosos. La historia nos cuenta que las religiones falsas (que siempre incluyen la idolatría) tuvieron su origen con Nimrod y su mujer Semíramis, en el primitivo reino de Babel (de donde viene Babilonia), en Génesis 10.8-10. Él fue el primer imperialista de la historia (Gn 10.10,11). Él también dirigió al pueblo en el primer acto religioso (falso), que fue la construcción de la torre de Babel, cuyo único objetivo (como los demás semejantes) era el culto idólatra (Halley, Manual Bíblico, 84). Hoy esas falsas religiones están en su apogeo, y son el camino del reinado del anticristo, ocupándose de prácticas ocultistas, como magia negra, sesiones espiritistas, contactos con demonios, milagros, hechicería, astrología, etc.

Versículo 9. Las siete cabezas de la bestia. Esto también se menciona en los versículos 3,7. Figuran siete montes y también siete reyes o reinos, según está explicado aquí por el ángel que condujo a Juan para mostrarle la visión. Muchos comentaristas de la Biblia consideran que los siete montes son una alusión a

Roma, que originalmente fue edificada sobre siete montes, y también por el hecho de haber absorbido en gran parte el culto idólatra babilónico, que aun hoy se ve disimuladamente en la liturgia de la Iglesia Romana. La creación del Mercado Común Europeo, en Roma, en 1957, es también sintomático. Puede ser. No podemos afirmarlo categóricamente.

Versículo 10. Los diez reyes o reinos son los diez cuernos de la bestia. Véanse también los versículos 3,7. "Son siete reyes. Cinco de ellos han caído; uno es, y el otro aún no ha venido; y cuando venga, es necesario que dure breve tiempo." De esos siete reinos, seis ya han pasado: Egipto, Asiria, Babilonia, Medopersia, Grecia, Roma. El séptimo es aun futuro. Será una forma del antiguo Imperio Romano, formado por diez reinos confederados, equivalentes a los diez dedos y a las dos piernas de ese antiguo Imperio Romano (Dn 2.42-44).

Daniel 7.24 dice: "de aquel reino se levantarán diez reyes." Es, pues, una forma de aquel antiguo imperio. Es claro que no podrá ser el mismo porque aquél era regido por un único soberano, y el futuro lo será por diez reyes con sus diez capitales. Ellos formarán una confederación de naciones durante la gran tribulación. Decimos confederación porque en un pie los dedos están unidos (Dn 2.42). Con la formación de esos diez Estados estará dispuesto el escenario para la formación del reino del anticristo — el octavo rey (v. 11). La región geográfica de esos diez reinos es la misma del antiguo Imperio Romano, es decir, parte de Europa, parte de Asia y parte de África. (Véase un mapa del antiguo Imperio Romano.)

Versículo 11. La bestia — el octavo rey. La bestia, es decir, el anticristo, es el octavo rey o reino mundial. Ese reino surgirá del anterior, dice este versículo en otras palabras: "cuando el anticristo asuma el dominio de los diez países, eso será el octavo reino". Revelación idéntica le dio Dios a Daniel en 7.24 de su libro.

El anticristo asumirá el dominio de los diez países existentes mediante: 1) guerra contra esos países (Dn 7.24b); 2) consentimiento de esas naciones. "Estos tienen un mismo propósito, y entregarán su poder y su autoridad a la bestia" (17.13). Tal vez inicialmente haga pactos de no agresión con esos países. Los "muchos" de la alianza citada por Daniel (9.27) pueden referirse a eso, además de a Israel. Tal vez la diferencia entre los reinos séptimo y octavo sea la siguiente: el séptimo está constituido por países independientes, pero confederados (así como el Mercado Común Europeo); y el octavo está compuesto de los mismos países, pero bajo el gobierno del anticristo.

Versículo 16. La mujer, como hemos mostrado, es la falsa iglesia mundial, con su religión liberal, atrayente y sincrética, que elevará al anticristo al poder sobre los diez países, en los primeros tres años y medio. Cuando los diez países pasen al dominio del anticristo, formando su reino, al principio de los últimos tres años y medio, ellos junto con la bestia destruirán la iglesia falsa para que la nueva forma de culto tenga lugar, el de la bestia. Es eso lo que vemos en el versículo 16.

El ecumenismo hoy tan defendido y deseado por quienes gustan del camino ancho, porque lo permite todo, es una señal certera de la futura religión de la bestia.

Versículo 18. Hay dos cosas implícitas en el símbolo de la mujer: 1) un sistema religioso (17.1 6); 2) una ciudad donde tendrá su sede el falso sistema religioso (v. 18).

LA BABILONIA COMERCIAL
(CAP. 18)

Este capítulo trata de una ciudad que será la capital del anticristo antes que ocupe Jerusalén. Se trata de una ciudad literal, pues en 16.19 se le cita en conjunto con otras ciudades literales. Tal vez sea reconstruida en el sitio de la antigua ciudad de Babilonia, a orillas del Éufrates. No sé. Todo indica que será una ciudad importantísima, un notable centro político, comercial y religioso en los últimos días. Es lo que revela este capítulo.

En 1971 estaba el autor de este libro en los Estados Unidos cuando leyó con gran interés en los periódicos la noticia de que la ciudad de Babilonia iba a ser reconstruida por el gobierno de Iraq. Se trataba de un plan a largo plazo, que incluía hoteles, restaurantes, museos, carreteras, terminales y otras instalaciones requeridas en un proyecto así. La finalidad principal de eso era aumentar el turismo en la región, pero bien puede ser el inicio de la reconstrucción de la ciudad del capítulo 18 de Apocalipsis.

Hay una gran diferencia entre esta Babilonia del capítulo 18 y la del capítulo 17. Esta es destruida por hombres: "Y los diez cuernos que viste en la bestia, éstos aborrecerán a la ramera, y la dejarán desolada y desnuda; y devorarán sus carnes, y la quemarán con fuego" (17.16). Ya la Babilonia del capítulo 18 es destruida por Dios, mediante terremoto y fuego (Ap 16.18,19; 18.8).

Versículo 2. El texto muestra la ciudad como un centro de demonismo. "Ave inmunda" es sin duda una referencia más a demonios. (Léase aquí Mateo 13.4,19.) Así que la ciudad será un macrocentro demoniaco, espiritista.

Versículos 11-18. Esos versículos describen la ciudad de Babilonia reconstruida como un colosal centro comercial y financiero. Actualmente las cosas, hasta cierto punto, se encaminan en ese rumbo. Los pueblos árabes del Oriente Medio, de la noche a la mañana se volvieron los principales banqueros del mundo. Esos bancos tienen en la actualidad la mayor reserva de oro de la tierra. Y van adelante con sus proyectos. Esa región posee más petróleo que cualquier otra región del globo.

Versículo 19. Aquí vemos que esa ciudad con todo su emporio sucumbirá repentinamente.

Versículo 23. Una vez más la Biblia menciona la hechicería de Babilonia. Una vez más queda bien claro que la capital del anticristo estará impregnada de espiritismo. Por todas partes la escalada preparatoria de demonismo está ocurriendo delante de nuestros ojos.

EL ARMAGEDÓN
(CAP. 19)

Antes que Jesucristo aparezca en gloria y poder, se nos permite ver a la Iglesia a su lado, en la gloria.

Versículos 1-9. Una enorme multitud se regocija en el cielo, junto con los veinticuatro ancianos y los seres vivientes. Es un coro gigantesco. Ellos intercalan cuatro grandes aleluyas en su cántico (vv. 1,3,4,6).

"bodas del Cordero" (v. 7). Ese glorioso acontecimiento tiene lugar en el cielo después del arrebatamiento de la iglesia. Es el encuentro que durará para siempre, de la Iglesia con su Señor, que la redimió con su preciosa sangre y la condujo a salvo al hogar celestial, a pesar de las tempestades de la vida. Es el encuentro que jamás tendrá separación.

El "lino fino" del vestido de la Iglesia (vv. 7,8) es las "acciones justas de los santos", indicando por lo tanto resultado del juicio del tribunal de Cristo. Para que eso ocurra aquí, la iglesia habrá subido antes.

"cena de las bodas del Cordero" (v. 9). Debe de ser la participación de la Iglesia en la destrucción del poder gentil mundial bajo la bestia, a partir del instante en que Jesucristo toque la tierra. Las bodas del Cordero tienen lugar en el cielo, mientras que "la gran cena de Dios" (v. 17) tiene lugar en la tierra, siendo, pues, dos hechos totalmente distintos en cuanto a su naturaleza.

La venida del Rey (vv. 11-21). "Vi el cielo abierto" (v. 11). ¡Ha llegado el momento que todo el universo aguarda! (Léase Mateo 24.30,31.) Antes que Él aparezca, todo el planeta verá la señal de su venida. Debe de ser una aparición del brillo de su gloria, como un relámpago mundial, de larga duración y sobrenatural. "De su boca sale una espada aguda" (v. 15). (Léanse Hebreos 4.12 y Oseas 6.3, para ver qué espada es esta.) Carne multiplicada (v. 18). Aquí hay cinco veces la palabra "carne". Vivieron para la carne. Ahora vemos el fin de eso — El Armagedón (v. 19). Una visión anticipada de él está en 16.19. Aquí es un hecho real. Millones morirán de plaga aquí. (Léase Zacarías 14.12.) Otros millones morirán porque se atacarán los unos a los otros (Zc 14.13).

Los primeros ocupantes del infierno (v. 20). Son el anticristo y el falso profeta. Ellos son hombres, pues se les trata aquí como hombres.

Así vendrá con poder y gran gloria el Hijo de Dios y también hijo de David, según la carne, por ser María y José de la descendencia de David. Es el cumplimiento de las promesas divinas, como vemos en 2 Samuel 7.16 y Lucas 1.31,32. De David se dijo en el pasado: "¿Por qué, pues, estáis callados respecto de hacer volver al rey?" (2 S 19.10). Y en los versículos 14,15: "Vuelve tú, y todos tus siervos. Volvió, pues, el rey..."

¡¿Qué estamos haciendo para apresurar la venida de nuestro Rey?!

El milenio y el juicio final

(CAP. 20)

El milenio es el esplendoroso reinado de Cristo en la tierra por mil años. Es un período de preparación de la tierra para el estado perfecto y eterno que seguirá al milenio. El término milenio viene del latín y significa literalmente mil años. (Tratamos del milenio con pormenores en nuestro otro libro "El calendario de la profecía".)

1. *El milenio* (20.1-6). Seis veces aparece la expresión "mil años" en los versículos 1-7. El milenio es objeto de muchas profecías a través de la Biblia, como mostramos en nuestro libro citado.

Versículo 2. "Y prendió al dragón, la serpiente antigua, que es el diablo y Satanás, y lo ató por mil años." Satanás ausente de la tierra durante el milenio será una manera de que el mundo sepa que el pecado es más que una influencia, más que un producto diabólico. Eso va a probarle al hombre que él pecará hasta con el diablo ausente, y aun más: bajo el gobierno y la influencia del Príncipe de paz. Hay personas que culpan a Satanás de toda su mala situación y de sus problemas personales, o culpan a Dios por permitir que Satanás exista. El diablo, preso durante el milenio, es una de las maneras de Dios de responder la pregunta, que muchos hacen hoy: — "¿Por qué no destruye Dios al diablo?" — En primer lugar, Dios no lo destruye, porque sería acusado de prepotente. En segundo lugar, no lo destruye porque el hombre necesita primeramente un cambio de corazón, es decir, regeneración espiritual.

Versículo 3. "Después de esto debe ser desatado por un poco de tiempo." Esto se dice de Satanás respecto al milenio. — ¿Por qué es necesario? — Es que durante el milenio nacerán multitudes que no creerán para salvación, y en su corazón siguieron siendo enemigos de Dios. Una vez inducidos por el diablo, ellos pronto revelarán el estado de su corazón. Ellos se doblegaban al gobierno de Cristo por causa de la vara de hierro, según las profecías, pero a un llamado del diablo, pronto acudieron, probando así que su obediencia a Cristo era fingida. Obedecían y vivían rectamente porque los obligaban a eso, pero eran farisaicos.

Pero también a Satanás se le soltará por un poco de tiempo para que quede probado que es incorregible. Después de mil años inactivo entre la humanidad, en nada él cambió. De inmediato fomenta una rebelión de grandes proporciones. Es bueno que piensen en eso aquellos que entre nosotros gustan de revueltas y de agitar los ánimos. Están haciendo el papel de Satanás.

Versículos 4,5. "primera resurrección". Esta expresión mencionada aquí no significa que ella está comenzando ahora, sino que está terminando. El último grupo de salvos de la primera resurrección son los mártires de la gran tribulación, mencionados en el versículo 4. Ellos resucitaron antes del milenio, como los últimos integrantes de la primera resurrección. Son las primicias de la cosecha general. La expresión "primera resurrección" ocurre en la Biblia la primera vez aquí, porque ella no estará completa sin estos mártires de la gran tribulación.

Versículo 8. "A Gog y a Magog". Aquí son pueblos del milenio, rebelados contra Dios, que lanzan un furioso ataque contra los santos de aquel tiempo. La expresión nada tiene que ver con el Gog y Magog de Ezequiel capítulos 38,39. (Véase nuestro libro ya mencionado.) 2. *El juicio del gran trono blanco* (20.11- 15). Se le llama así debido a las palabras del versículo 11: "un gran trono blanco". La Biblia se refiere a muchos juicios, y una manera de identificar este que estamos tratando es mediante las palabras del versículo 11. Es el juicio de los impíos muertos desde el tiempo de Adán. Parece que los justos de la época milenaria no morirán, porque en este juicio, al terminar el milenio, solamente los muertos (resucitados), comparecerán. La vida será extensamente prolongada durante el milenio, como al principio de la historia humana, cuando el pecado estaba apenas comenzando su maldito curso. A medida que el pecado se multiplicó, la vida se fue acortando, los alimentos fueron perdiendo su contenido nutritivo y el medio ambiente se fue contaminando. Todo eso combinado redujo la vida humana. En el milenio será diferente. Las condiciones en todos los sentidos serán maravillosas.

Versículo 12. "Vi a los muertos, grandes y pequeños..." grandes y pequeños tiene aquí que ver con importancia, posición, prestigio, y no con tamaño o edad, a la luz del original. "Por las cosas que estaban escritas en los libros." Son los libros de los hechos de los hombres. Nada que ocurre deja de registrarse allí. Sin duda esto es parte del ministerio de los ángeles. "Vi a los muertos." Estarán allí resucitados, con el mismo cuerpo que tenían cuando murieron. Esto es una prueba más de que la muerte no es el fin de todo. Es sólo el fin de la vida del cuerpo en la tierra, pero la vida continúa en el Hades, donde estaban estos muertos.

Versículo 13. "Y el mar entregó los muertos que había en él". Hay muchísimos cementerios en la tierra, donde los muertos tienen tumbas de tierra. El mar ha sido un inmenso cementerio a través de los milenios. Esos tienen tumbas líquidas. ¿Cómo entregará él sus muertos? Tal vez secándose a una orden de

Dios, pues en el capítulo siguiente el mar ya no existe (21.1). Lo cierto es que ningún muerto faltará al llamado del Rey. "La muerte y el Hades entregaron los muertos que había en ellos". La muerte dio los cuerpos que llevara, y el Hades, los espíritus. Esto significa que la parte material y la espiritual del hombre se reunirán para el juicio. La muerte y el Hades llegaron a existir y a funcionar por causa de la obra de Satanás. Ahora, terminado su papel macabro, irán a formar parte del infierno definitivo: el lago de fuego y azufre (v. 14). Jesucristo puede hacer eso con ellos porque Él tiene las llaves de ambos (Ap 1.18).

"Fueron juzgados cada uno según sus obras" (v. 13). Este juicio no es colectivo sino individual. No habrá injusticia; en primer lugar, porque el Juez es perfecto en justicia; en segundo lugar, porque el juicio será según las obras de cada uno. Siendo así, el grado de castigo de cada uno variará.

EL ESTADO ETERNO Y PERFECTO

(CAPS. 21 Y 22)

Ahora habrá un nuevo comienzo. Un nuevo orden universal. Con el estudio de los capítulos 21 y 22 llegamos al fin del tiempo y al comienzo de la eternidad. Esto es para los hombres, ya que Dios es eterno en cuanto al pasado y al futuro. Esto es también lenguaje humano porque para Dios sólo existe el eterno presente. Él es el eterno "Yo soy".

Nuestro tiempo es una partícula de la eternidad, y, como ciclo de la historia humana, acabó ahora, y al mismo tiempo comenzó la feliz eternidad para los hijos de Dios. El pecado ha sido juzgado. Satanás y todos sus seguidores han ido a su lugar definitivo. Ahora Dios establecerá un nuevo cielo, una nueva tierra y una nueva ciudad: la nueva Jerusalén. "He aquí, yo hago nuevas todas las cosas" (21.5).

Capítulo 21.

Versículo 1. "Vi un cielo nuevo y una tierra nueva; porque el primer cielo y la primera tierra pasaron, y el mar ya no existía más." No se trata ahí del cielo como la morada de Dios, sino como el espacio sideral entre el cielo y la tierra. Satanás actuaba en ese espacio y lo mancilló. El hombre también ha contaminado ese espacio con gases, productos químicos, residuos de combustibles, satélites y vehículos espaciales. Cada vez más el hombre se lanzará al espacio de aquí en adelante. "Pasaron" es en el original "parechomai", y significa pasar de un estado a otro. No quiere decir aniquilación. El mismo término original el Espíritu Santo lo emplea en 2 Pedro 3.10-13, donde está explicado cómo se dará eso. La tierra volverá al estado de perfección original, como era antes de la entrada del pecado.

Versículos 9,10. "Ven acá, yo te mostraré la desposada, la esposa del Cordero." Aquí la desposada es la santa ciudad de Jerusalén (v. 10). El sentido es que los salvos van a morar en la nueva Jerusalén. El versículo 2 dice de la ciudad que estaba ataviada como esposa adornada para su esposo.

"Y me mostró la gran ciudad santa de Jerusalén, que descendía del cielo, de Dios" (v. 10). Esto también se dice en el versículo 2. La ciudad no será el cielo. El texto bíblico afirma que ella "descendía del cielo". El cielo, la morada de Dios y de los ángeles, se queda donde está. La ciudad preparada es la que desciende a la tierra, la nueva tierra. Ella será la capital de Dios en la tierra para siempre. La expresión "trono de Dios y del Cordero" se menciona dos veces en conexión con esta ciudad (22.1,3). Trono indica regencia, gobierno. En el milenio esta ciudad flotará en las alturas, por arriba de la Jerusalén terrenal, pero ahora en el perfecto estado provisto por Dios, ella descenderá hasta la tierra.

Versículo 22. "Y no vi en ella templo; porque el Señor Dios Todopoderoso es el templo de ella, y el Cordero". En la ciudad no habrá templo, pero en el cielo sí (11.19; 16.17).

Capítulo 22.

El capítulo 22 da continuación a la descripción del estado eterno y perfecto de la nueva tierra y de sus dichosos habitantes. En el hogar de los redimidos no habrá ninguna de las aflicciones que atormentan a los moradores actuales de la tierra.

Allá no habrá tristeza, hambre, sed, enfermedad, dolor, muerte, llanto, pecado, ignorancia, guerras, problemas sociales, carestía, preocupación, miedo, angustia, asaltos, robo, malos vecinos, malos colegas, falsedad, corrupción, perversidad, abusos de cualquier naturaleza, depravación, mundanalidad y cosas semejantes. ¡¿Qué gloria no será?!

Versículo 11. ¿Habrá salvación después de la muerte? ¡No! Es lo que muestra este versículo. No habrá cambio en la condición de la persona después de la muerte. El versículo muestra que la injusticia y la inmundicia serán eternas en el infierno. De igual modo, la santidad también será eterna en el cielo.

Versículo 15. Esta lista, junto con la de 21.8, es de personas que no entrarán en la santa ciudad de Dios. Es evidente que no se trata de una lista completa. Tanto aquí como en 9.21; 18.23; 21.8 hay una gran advertencia para hechiceros y espiritistas de toda clase para que abandonen el espiritismo y acudan a Jesucristo, el Salvador. "Estarán fuera" — ¡advierte la Palabra de Dios!

En la tierra la justicia humana aísla de la sociedad el individuo culpado de crímenes y otros delitos. En la cárcel él sufre la culpa de sus crímenes, además del aislamiento de la sociedad. ¿Hemos de creer o de esperar que la justicia divina sea inferior? Sin embargo, el diablo pone en la mente de mucha gente la firme convicción de que Dios es padre de todos, un padre amoroso, que no lanzará a nadie al infierno, y que al final Dios los aceptará a todos, si usted cree en eso, está equivocado: "estarán fuera", declara a Palabra. Llegó al fin el momento de la separación.

Versículo 16. "Yo Jesús he enviado mi ángel para daros testimonio de estas cosas en las iglesias." El libro de Apocalipsis comienza y termina con el nombre humano y terrenal del Redentor: Jesucristo. Ese maravilloso nombre está relacionado con su encarnación y unión con la humanidad para efectuar nuestra redención y proporcionarnos la felicidad eterna en las mansiones celestiales.

beneath these

CHAINS

MEGHAN MARCH

Visit my website at www.meghanmarch.com

UNAPOLOGETICALLY SEXY ROMANCE

about this book

I was raised on the streets, so I know things are rarely as simple as they appear—especially this rich girl showing up at my pawnshop demanding a job.

She's the most tempting thing I've ever seen, and I'll be damned if I can make her leave.

Shit just got complicated … but when it comes to her, I *want* complicated.

We're both fighting our own demons, and our only chance at a future is to let go of the past.

But will we be strong enough to break free from *beneath these chains*?

Beneath These Chains is the third book in the Beneath series, but may be read as a standalone. However, if you prefer, it may be best enjoyed following *Beneath This Mask* (Beneath #1) and *Beneath This Ink* (Beneath #2).

Beneath This Mask and *Beneath This Ink* are available at all major retailers.

acknowledgements

I have so many things to be thankful for and one of them is the amazing team I have working with me. This book would not be what it is without them. My editors, Angela Marshall Smith and Madison Seidler—I'm so grateful to you both for helping me shape and polish my stories. The world's most fabulous publicist, Chasity Jenkins—You rock my world. Enough said. My fabulous beta readers, Angela, Natasha, and Carmen—I appreciate your time and willingness to read whatever I throw at you. Once again, Sarah Hansen of Okay Creations knocked it out of the park on the cover, and Sara Eirew shot the perfect pic. The Runaway Readers—you ladies amaze me with your passion, and I am humbled by how shamelessly you spread the word about my books. My family—your support means everything to me. A huge thank you to all of the book bloggers who read, review, and share my books. Not only do you make the indie book world turn, you do it graciously, with excitement, and for the love of books. Last, but certainly not least—my most sincere gratitude to the readers who spent their hard earned dollars to buy this book. As long as you keep reading, I'll keep writing.

I FUCKING HATED people who stole from me. Which was ironic, considering the only thing that had kept me from starving as a kid had been picking pockets and snatching purses. I dropped my elbows to the desk and rubbed a hand over my buzzed head.

"Goddamn, karma's a bitch."

"She the bitch you fucked last night, bro?" The leather of my office couch creaked as Mathieu sank his tall, lanky frame into it.

"How many times do I have to tell you not to call women 'bitches,' boy?"

My words were met with a long sigh from Mathieu. Ever since he'd walked into Chains and tried to grab a guitar and run back out the door—only to be tackled to the ground by yours truly—he'd been a fixture in my life. To be fair, his choices had been to work off the price of what he'd attempted to steal, or go directly to the nearest cop shop. The entire situation had been such a blast from the past, I'd caught myself smiling when I should've been glaring and scaring the piss out of the kid. But apparently I'd done an okay job of it because he'd decided starting a rap sheet at seventeen wasn't a good plan. *Thank fuck.* Almost two years later, the kid was my right hand.

And now that Chains was mine, someone was stealing from me—but not just someone. An employee. Someone I should've been able to trust. The cameras I had installed on her day off had already paid for themselves.

I rolled my head from side to side, cracking my neck. I hated firing people. It never got easier. And this time? This time it was going to be even worse … because there would be tears. And quite possibly claws.

Pushing up from the chair, I strode to the door without looking at Mathieu. Over my shoulder, I tossed, "You might want to stay here; Brianna's ass is about to get canned."

"For real?" His words followed me out, but I didn't bother to reply.

Every time I stepped foot onto the shop floor, a feeling of pride surged through me—pride that I'd helped build this business into one that was not only honest, but profitable. At least, it was profitable when one of my employees wasn't skimming off the till and messing with my bank deposits.

Finger twirling in her long, dark extensions and gum snapping between her teeth, Brianna flipped the pages of a magazine with a giant black Sharpie in one hand, circling shit. Probably shit she wanted to buy with the money she'd been stealing from me. The store was empty, which made what I was about to do a little easier.

"Bree, need a few minutes."

Her head popped up, lips pursing as she took me in. "You can have all the time you need, boss." Her gaudy fake eyelashes batted at me in what I assumed was supposed to be a sexy move. I stowed the urge to tell her to save it for someone whose dick got hard at the sight of her ... but since I was about to fire her, why add insult to injury? The woman had been unsuccessfully trying to add her notch to my bedpost since I'd hired her. Bringing her on had been a mistake, and I'd known it from the minute she'd walked in the door, but a friend had called in a favor.

"Boss? You had something to say?" she prompted.

I watched her, not speaking.

She stopped the hair twirling and capped the Sharpie, resituating herself on the stool and folding her hands in her lap.

"Lord?"

"You're done."

Bree's dark eyes flew wide. "Done? You mean done for the day?"

"Done. For good. Get your shit and get out."

Bree lost the innocent pose as she crossed her arms and stared me down. "Not until you tell me why."

In two long strides, I closed the distance between

the register and me and pressed my hands to the counter.

"I gave you a job. Gave you a paycheck you didn't have to suck a dick to get. But that wasn't enough for you. You had to have more, and instead of coming to me and asking for a raise, you decided to make it happen yourself."

The color faded from her face, leaving her mocha-colored skin sallow. "Wh-what?"

"Get your shit."

"I swear, I didn't—"

"Don't fucking lie to me. I can show you the tape if you want to see what I saw."

Her lower lip started to wobble. It wasn't going to work. I'd given her the benefit of the doubt, hoped I was wrong or it was just a one-time thing. But she'd gotten too bold.

"But I need this—"

I cut her off. She wasn't even going to deny it. Not that she could. We both knew she'd done it, and I wasn't in the mood to listen to her beg or justify her actions. Even though she didn't know it, I'd already given her a second chance. And all that had done was cost me even more than I could afford to lose. "I needed someone to work the shop—someone who wasn't going to fuck me over and steal from me. You weren't capable of that, so you're out. Now get your shit."

"But—"

"Save your breath, Bree. I ain't listening unless

you're here to tell me you've got all the money you've taken, and you're putting it right back where it belongs."

Her face twisted into an angry glare even as the tears started falling. "You ... you don't understand."

"No, I really don't understand." I crossed my arms and waited her out. When she realized the water works weren't changing my decision, she spun off the stool, grabbed her giant purple purse from behind the counter, and stalked toward the door.

"You get all self-righteous with me about a little cash while you basically steal from people? Giving 'em twenty dollars for their shit? Like you're one to judge."

A little cash? She'd skimmed enough to buy a nice used car, and I'd been too trusting to even realize it until the numbers hadn't added up in a *big* way.

She slowed near the guitars at the front of the store and malicious glee lit her eyes.

She wouldn't.

Oh, but she did.

Bree grabbed a guitar and swung it toward the rack as the chimes above the front door jangled. Wood crashed against wood, and two female screeches erupted.

Shit ... if she injured a customer...

I charged Bree and ripped the guitar from her hands before she could swing again. A swirl of red hair caught my attention as the other woman dodged out of the strike zone.

Bree struggled against my hold, and I wondered if I was going to end up with a face full of the acrylic claws tearing at my arms. "Let go of me, you asshole!"

"Whoa, boss. Getting the door for ya." Mathieu bolted across the shop and yanked the door open again. I hustled Bree out and set her free on the sidewalk.

She spun to face Mathieu and me. "You're gonna regret this," she hissed. "I swear, you will."

A soft laugh came from the open door. "From what I've seen, I highly doubt it."

Bree opened her mouth to spew something else, but I shut her down. "Get gone. I don't ever wanna see you near my shop again."

Bree's flinty eyes narrowed as she shouldered her purse. "Fuck you, Lord. You think you're better than me? Not a chance. You're just thievin' street scum. Fuck you."

"And now she's getting repetitious," the husky female voice commented from behind me.

Lip curling in disgust, Bree turned and marched toward the corner, never looking back.

"Her exit could totally use some work, but all-in-all, that was one hell of a welcome."

I turned to survey the woman standing in the doorway of Chains. Even without a photographic memory, I didn't think I'd ever forget this particular pose: one arm braced on the doorframe and the other propped on her hip, a green dress hugging curves that had my entire body sitting up and taking notice.

Matched with her long, curling red hair, she was a goddamn knockout. *What the hell is* she *doing here?*

"You lost, sweet thing?"

She stepped onto the sidewalk and tore the HELP WANTED sign off the bottom corner of the front window. Holding it between two fingers, she smiled. "Nope. I'm exactly where I'm supposed to be. I'm your newest employee."

The sign had been there since long before my brother bought Chains over two years ago, and it was faded to the point where you could barely make out the words. But still, I had to admit her move was slick.

"You're in the wrong neighborhood to be looking for a job. I suggest you take your cute little ass over to Magazine and apply at one of those fancy shops. I've got nothing for you here."

She flicked her wrist a few times, snapping the sign.

"It says 'help wanted.' I'm help, therefore I'm wanted."

I opened my mouth to tell her *no way in hell*, but she spun on her blood-red, four-inch heels, grabbed the door handle, and let herself back inside.

Well, hell.

"She for real, boss?" Mathieu asked.

Through the barred windows, I watched as she studied the interior of the store, running her hand over the rack of guitars before stepping to the row of glass cases where the expensive shit lay—except the most expensive thing in the whole place was wearing a hot-as-fuck green dress and miles away from where she belonged.

Elle Snyder. Best friend to my brother's girlfriend and born with a gold-plated spoon in her mouth—because silver probably wasn't rich enough for her blood. Skip gold-plated, and make that *solid* gold. Some of us weren't even born with a spoon. We'd had to claw our way to a meal and grab onto it with both hands before it could be ripped away.

There was no way she was actually here for a job. She had to be fucking with me. Might as well go in there, figure out what she wanted, and escort her fine ass right back out the door—all while keeping my hands to myself. I wasn't about to go there, regardless of how sexy she was. She was in the no-go zone. You didn't screw around with a girl who your family considered family.

"Boss?" Mathieu prompted.

"I don't know what the hell she's doing here, but I'm about to find out." And that conversation didn't need an audience. I pulled out my wallet and flipped off a couple bills. "How about you go grab us some food while I sort this out?"

"You just want to be alone with the rich bitch." Mathieu winked and reached out to grab the money, but I yanked it back.

"What did I say about calling women—?"

He held up both hands in surrender. "I know, I know. Sorry. Chill out, man."

I held out the cash again. "Just go get us some damn food."

Snatching the bills and pocketing them, Mathieu asked, "How long do you want me to take? You going for a quickie or a long ride?"

"Go," I growled.

Mathieu turned and strode off down the sidewalk, whistling as he went. "Little punk," I muttered under my breath as I pulled open the door.

My annoyance bled away at the sight that greeted me: Elle leaned over the countertop, her dress clinging to her perfect peach of an ass. My cock twitched in my jeans, but I forced the reaction down. *No. Ain't happenin', buddy.*

"We both know you're not here for a job. So if you're lookin' to pawn or buy something, you might as well get to it." Even the thought of her pawning something was ridiculous, because, from what I'd heard, the woman was flush with cash.

She turned to face me, and the chain handles on her big, white purse jangled when she moved. "Do I look like I'm here to pawn something?"

My eyes dropped to her red-polished toes and skimmed up long, tan legs, the green dress, her ripe tits, and finally her face. She was sexy as fuck and screamed *high class* from every angle. *And off limits*, I reminded myself. Wasn't that a shame?

"Sweet thing, you look like you're here for a whole hell of a lot more than a job." My natural instinct to flirt slipped out, and I beat it back.

The smile that spread across her face and curled up the edges of her lips was pure temptation. "You're lucky I'm not the kind of employee who has problems with sexual harassment from my new boss."

She couldn't be serious. Whatever wild hair she was on needed to end right now.

"I'm not hiring you. I don't care who you are."

Her eyebrow lifted. "So you *do* know who I am."

"You're hard to miss, Elle."

I'd seen her first at a boxing tourney about a month ago. She'd sat next to Vanessa—my brother's girl-friend—and cheered for the boys Con and I trained at the gym with the help of an old boxing legend. It was nearly impossible not to notice Elle, even from my position as a cornerman. Con had laughed at the way the women had cheered enthusiastically, but I'd fo-cused my attention on the bouts and our boys. I didn't need the distraction then … or now.

"Then you know I should get the friends and fami-ly hiring perks."

"I don't think so. That's bad business," I replied, shaking my head.

Elle stepped toward me, all swinging hips and sassy smirk. "Come on, Lord. I'm out of a job. Help a friend out."

I thought of Bree and the shitstorm she'd just wit-nessed. "You saw the she-monster I just fired? She was my last favor for a friend."

Elle's lips turned down into a frown that would probably qualify as a pout. "Come on … at least you know I'm not going to steal from you. I'm going out on a limb here, but that is why you fired her, right? Or do you toss all your employees out on the sidewalk on their last day?"

I had no interest in talking about how badly Bree had fucked with Chains. "You're a rich girl looking for some kind of weird kick by taking a trip to the pawn-shop on the rough side of town. You don't need a job any more than I need another bullet hole in my body. So how about we cut through the bullshit, and you tell me why you're really here."

She crossed her arms, and my eyes dropped to the cleavage bared by the neckline of her dress. When I finally dragged my attention back up to her face, her mouth was set in a straight line—the most serious expression I'd seen on Elle yet.

"I want a job, and you're going to give me one. That's it. End of story."

"The answer is still no. Now take your hot little ass out to your car and head back to your side of town."

The *tap-tap-tap* of her sandal on the industrial lino-leum floor was the only sound in the room.

"You standing there looking fine as hell isn't going to change my mind."

"I—" she started.

"Anything else you say is gonna be a waste of breath."

"Would you just let me say one damn thing?"

"Fine. But I'm telling you it ain't gonna change my mind."

"I'm not leaving without the job."

"Why?"

She didn't reply; her expression only turned more determined.

I scrubbed my hand over my face. It'd been a long, shit day, and I was ready for it to be over. "You don't want to tell me? That's fine. Because there's no earthly reason why you'd want this job, and I'm not up for humoring your rich girl rebellion today. Fresh out of patience."

"You're underpricing several of the items in the case behind me. Do you know which ones? Because I do."

"Then why don't you share. Tell me what I'm missing." The idea that my prices were too low bugged the shit out of me.

She pursed her lips. "Just for starters—there's a Jaeger-LeCoultre diving watch in there that's worth at least three grand more than you've got it listed. Oh, and the enameled flower brooch? It's antique Tiffany. You're leaving at least a thousand bucks on the table with your price. Not to mention the Swarovski figurines—" she gestured to the shelf behind the case, "—and the Waterford decanters, oh, and that silver pitcher? It looks a lot like a Gorham, and if I'm right, it's worth a hell of a lot more than you're selling it for." Elle propped her hands on her hips. "If you're a smart businessman, you'll recognize that I've got a skill set you obviously don't, and I'm here to let you take advantage of it."

Her words carried a thread of innuendo, and my body responded instantly. *Bad idea.* But … if she was right—even about just one piece in the list she'd just rattled off—then maybe it wasn't such a bad idea… My bottom line was looking pretty damn ugly right now. I was dangerously close to running in the red after Bree's bullshit. But would a few bucks really be worth the trouble? My gut said anything was worth the trouble to make sure I didn't let Chains fail only a few months after I'd signed the papers to make it mine.

She had to have a motive though. There was no way she'd just waltz in here and ask for a job without one. And I didn't like anyone walking around in my territory without knowing what the hell had brought them to my door. "There's got to be more to it than that."

She shrugged. "Like you said—rich girl rebellion. Looking for a new way to piss off my mom and step-daddy."

I sized her up. "Aren't you a little old for rebellion at this point?"

Elle's eyes narrowed, and I realized I'd stepped onto some dangerous ground. "Don't you know how to accept help when it's offered and call it a day?"

"There's no way I can pay you enough to even put gas in your fancy car. *That* would put me in the red for sure."

Elle dropped her arms and cocked a hip. "Then I guess it's lucky I didn't drive."

"How the hell did you get here?" I snapped. Just the idea of this woman walking through the rough neighborhoods and pockets of gang activity had my protective instincts roaring to the forefront.

"Took the streetcar, walked the rest of the way."

I stalked closer to her. "Are you an idiot?"

She lifted her chin and reached into her bag. "No. What I am is well-armed." The small silver pistol she produced did not give me any comfort.

Staring up at the ceiling, I muttered, "You've got to be kidding me. Woman, put it away."

By the time I dropped my gaze back to her, the gun had disappeared into her purse.

"You even know how to use that thing?"

Her cocky posture turned defensive. "I may not have been a soldier, but I can damn sure use a gun."

The front door chimed as Mathieu retuned with a bag of takeout. His eyes widened, presumably because he didn't expect Elle to still be here. I lifted my chin.

"You good to hold down the fort for a piece? I gotta make a run."

Mathieu looked at Elle, and an approving smile curved his lips. "Whatever you need to do, man. Whatever you need to do."

I'd set him straight *again* later, but for now, I needed to get this girl out of Chains before I did exactly what he thought I was about to do: take her somewhere without an audience and wrinkle the hell out of that pretty green dress while I fucked her senseless. My dick jerked at the thought, but I ignored it. It didn't matter how fine her tits and ass looked in that dress—she was not on the Lord Robichaux menu. I'd spent too much of my life watching out for Con to step into something that might fuck up his new relationship with Vanessa. I could just imagine the holy terror she'd rain down if I screwed around with her best friend and things went south.

I turned and headed for the back door. "Come on, sweet thing, I ain't got all day."

I didn't wait to hear her heels clicking and following me down the hall, but within a few paces, I knew she was behind me. How? Because she was spittin' fire. "Sweet thing? Really? Did you already forget my name?"

I stopped abruptly and turned. She ran smack into my chest. I lowered a hand to her hip to steady her. "I didn't forget your name, *Elle*."

"Then the nickname is unnecessary, isn't it? I don't know what it is with you and your brother and nicknames, anyway. I mean, Lord? What kind of nickname is that?"

It wasn't the first time I'd gotten the question, and I was sure it wouldn't be the last. "Not a nickname … you can check my birth certificate if you want."

Her mouth dropped open just the slightest bit, and

I fought to keep my mind from going to all the things I could do with and to that mouth.

"No way."

"I'll give you the rundown on the ride. Let's move." I dropped my hand from her hip and headed for the back door. The clicking followed immediately this time. Outside, evening was descending, and a pink and orange sunset blazed over the rooftops of the rundown buildings across the alley. I cringed to think of her walking alone through this neighborhood in even a hint of darkness. *Not fucking happening again.*

I crossed to the service entrance of the big brick building covered in graffiti. Reaching into my pocket, I pulled out my ring of keys and flipped through until I found the one I wanted and unlocked the bars shielding the door and then the double dead bolt.

"Jeez, what are you hiding in there? Fort Knox's gold?" I glanced over my shoulder to see Elle watching closely. Instead of answering, I pushed open the door, entered the alarm code on the panel on the wall, and flipped the light switch. Elle followed as the old sodium tube lights came to life. Slowly, the darkness revealed the other piece of the equation that had Chains running so close to the red. A few big purchases, and then Bree's stealing, and I was dangerously close to having to sell off what I'd just bought, and not nearly at the profit I knew I could make.

"Whoa. Not what I expected in the creepy, graffiti warehouse."

I shut the doors before doing up all the deadbolts, but Elle wasted no time closing in on the gleaming black Hemi 'Cuda, skimming her hand along the hood.

"Now *that* is a sexy car."

The fact that she went to the 'Cuda first—restored over the last two years by my own hands—boosted my ego. Out of the four classic cars parked in this garage—and the half dozen bikes and choppers—that was the only one it would absolutely gut me to sell. I grabbed the metal box hanging from a ceiling cable and pressed the red button to lift the door as Elle strode to the next car. *Eleanor*. A 1967 Shelby Mustang GT500.

"Damn, I didn't know cars could be so mean and pretty at the same time." She was right, but I snapped myself out of enjoying watching her excitement. *Off limits*, I repeated to myself.

"Come on, let's go." I pulled open the passenger side door of the 'Cuda before returning to the driver's side and climbing in. I waited for damn near an entire minute before Elle slid into the black leather bucket seat. The flash of her thighs where her dress rode up—and the slow and sexy way she smoothed it back down—was *not* helping. I'd get her home and out of my car. End of story.

I fired up the engine and let the rumble run through me. Never failed to calm me down. You want to soothe a big, tatted-up motherfucker like me? Put his hands on the wheel of a muscle car with 425 horses under the hood. Worked every time.

"Buckle up," I said, my eyes cutting to Elle. But she was already belted in. Shifting into first, I pulled out of the garage, reaching up to hit the remote to lower the overhead door. I slowed in the alley to make sure it closed all the way before punching the gas again.

"So, you were going to tell me how the hell you ended up with a name like Lord?" Elle asked.

I kept my eyes on the road, sliding into the flow of traffic.

"You tell me where you live first."

"The Quarter. You ever heard of a vintage clothing store called Dirty Dog?"

"Yeah."

"I live right above it."

Like most any real estate in the Quarter, it wasn't cheap. I slowed to a stop at the light.

"So … Lord? Not a nickname?"

She was like a dog with a bone. It wasn't a story I particularly liked telling, but then again, I didn't particularly like sharing anything about my past or myself. But on the scale of shit I didn't want to share, this fell on the mostly harmless side.

"My mom was a junkie; she ran off when Con and I were kids. I was six, and he was three. Con doesn't remember her at all, but I do. Pop told me a few months later she OD'd in a gutter." At six, it was the stuff of nightmares—and I still vividly remembered mine about walking home from school and finding my ma's bones in a gutter.

"Oh." The sound was more of an exhale than an actual word.

I accelerated when the light turned green and headed for the Quarter. Even though it was only a couple miles away, it was a completely different world from the one I'd made my home. I continued, "And if that's the truth, then she OD'd just like her idol—Janis Joplin."

"Janis Joplin?"

"Yeah, Ma came from Texas, and Janis was the girl who'd made it big. To hear her tell it, she'd listened to that song 'Mercedes Benz' over and over while she was pregnant. She named me Lord because she wanted me to grow up and buy her one someday." I huffed out a humorless chuckle. "Just one reason you'll never see me drive or buy anything but American muscle."

"You made that story up, right?" Elle asked. "That can't be true."

I changed lanes and glanced over at her. "You really think I'd go to the trouble of making that up? I could just as easily have given you some bullshit excuse about her thinking I was going to be a prophet. Probably would've sounded better."

I slowed to dodge the people already clogging the streets near the Quarter.

"It's not a bad story … just surprising, is all."

We finished the rest of the ride in silence, and I parked in front of Dirty Dog. A few mannequins—one with jeans and a ripped T-shirt and one with a funky dress—stood in the front window. "Charlie used to work here, didn't she?" I asked, remembering the tatted-up badass of a girl who'd worked for Con at Voodoo Ink.

"Yeah, but not anymore. So, I'll see you Monday?" Elle said as she pushed open the door.

"What the hell are you talking about?"

She climbed out of the car and ducked her head back in. "For my first shift. At Chains. I told you I wasn't leaving without a job—and you're giving me one."

"We're not open Monday." It wasn't an invite, but apparently she didn't get that.

"See you Tuesday, then." Elle shut the door without waiting for an answer, and I was left staring after the sway of her hips and that goddamn green dress.

Shit.

I thought about jumping out of the car and chasing her down to make her understand—in no uncertain terms—that she did *not* have a job. But something kept me in my seat. *She won't show,* I told myself. *Don't even waste the headspace thinking about it.*

I checked my mirrors and pulled away.

What the hell would I do if she did show up?

2

lord

ON TUESDAY MORNING, I got called out to look at a bike someone wanted to sell and completely lost track of time. I'd put the odds of Elle actually showing up at Chains between slim and none. Which was why, when I walked in the back door of the shop, I didn't expect to hear Adele pumping on the sound system, and I sure didn't expect to see a *fine as hell* ass bent over and wiping down one of the glass display cases.

I stopped in the middle of the shop because—first, I had to appreciate the view, and second, I needed to decide how I was going to handle this.

"You do realize you can't just decide you work somewhere and show up, right?"

Dark red hair swung as she looked over her shoulder.

"You do realize that's how I got my last three jobs? I don't exactly go through the whole interview and offer process."

"You're not normal, you know that?"

Her bright smile hit me in the gut … and lower. "At least you didn't call me an entitled rich bitch, so I'll take *not normal* as a win."

I looked at the coffee filter in her hand. "I don't know many entitled rich chicks who'd come in and start cleaning my display cases with coffee filters. Did we run out of paper towel?"

"They were spotty. I couldn't see the sparkle, and if I couldn't see it, customers couldn't see it. You've got beautiful stuff, but it's all about presentation. Besides, my mother's housekeeper always told me cleaning with coffee filters would leave fewer streaks than paper towel. For the record—she was always right."

I was pretty sure I'd entered an alternate reality. "You're really gonna keep showing up, regardless of how many times I haul your ass home?" A thought struck me. "You drove today, right? You didn't walk again."

"Yes, I'm going to keep showing up, so you're just going to be wasting your gas by taking me home every time and expecting me to stay there. Besides, I thought we covered the part where I actually have something to offer you in the way of skills. I mean, I was good at the Bennett Foundation because I had connections and excelled at playing on people's philanthropic sensibilities, but I think I'm going to be even better at this whole pawn business thing. I've already sold two watches this morning for twenty-five percent more than you had them priced. If you think my case cleaning skills are good, then you should see me haggle."

I strode closer, because Elle had conveniently—and noticeably—avoided answering my second question.

"Did you drive?"

Her chin lifted. "I took the streetcar and walked."

"I told you—"

"And I told you—"

I backed her into the case and pressed a hand to the glass on either side of her hips. "You want to work here? You don't walk. That's my rule. You can't handle that, then you don't work here. End of story."

Her lips pressed into a thin, disapproving line. "You realize you just put handprints on my clean glass, right?"

I squeezed my eyes shut for a second before opening them and fixing my gaze on her face. From the challenge in her golden brown eyes to the determined set of her tempting mouth, she was absolutely stunning. But I would *not* let that distract me from the point at hand.

"Are we on the same page, Elle? Or am I taking you home for the last time?"

Her eyes dropped from mine. "I don't drive," she admitted. "So that's kind of a problem."

My confusion mounted. I lifted a hand and tilted her chin back up. I liked her eyes on me—probably too much.

"What do you mean you don't drive?"

Her forehead creased. "I mean I don't drive. It's a

pretty simple concept, and I'm not really sure how else to explain it."

Just because it was a simple concept didn't mean it made any damn sense. "You don't have a license?"

Her teeth closed over her bottom lip, and it took everything in me to not sweep my thumb over it and tug it free.

"I have a license. I just choose not to use it."

She still wasn't making any sense.

"So you don't drive at all?" I asked.

"Right. Good, glad you've finally grasped the concept."

Something just didn't add up here. This wasn't New York or Chicago where you could easily get away without having a car. "How do you get around then?"

"I walk, or I take the streetcar, or I get rides with friends. If I really need to get somewhere and don't have any other alternative, then I call my mother's driver or get a cab."

God save me from rich chicks and their weird ways. "Your ma doesn't drive either? Is this a family thing?"

She shrugged. "Can we move on to the part where I say I'll probably keep walking because I'm not planning on calling her driver or a cab on a regular basis to get here, and the walk from the streetcar really isn't bad? No one is going to bother me."

And that was where we were going to have a problem. I dropped my hand from her chin and stepped back. "You don't know this neighborhood—I do. And you stand out way too much to be walking these streets and stay in one piece. No fucking way, Elle. I'd say you're fired, but since I never actually hired you, let's just call it a day, and I'll thank you for cleaning my cases and making a few sales."

She crossed her arms, her expression turning mulish. "I don't think you understand how stubborn I am. I'll literally just keep showing up every day until you lock me out."

I released a long breath and laughed. This was getting ridiculous. "Why? Why the hell do you want to work here so bad? It makes no goddamn sense."

I wasn't sure what I was expecting in the way of an answer, but it wasn't her quiet, "I've got my reasons, and it's just icing on the cake that everyone I know will think I'm being ridiculous again and wasting my time."

My momentary humor fled. "And that's supposed to convince me to let you stay? You insulting my shop?"

"I'm not insulting it; I'm just saying what they'll say to me. It's nothing against you. And quite frankly, I'm already hooked on the idea of working here, so if you really try to make me leave, we're going to have issues."

It was official: I would never get women. Arguing with Elle was absolutely pointless. I didn't understand her reasoning, her logic, or any other damn thing about her—except that she'd impressed the hell out of me on Saturday when she'd rattled off all the items I'd been underpricing. I'd spent a few hours combing the internet, and she'd been right. I couldn't help but wonder what else I was missing. I'd accumulated a lot of knowledge in the last two years about the stuff that came in and out of this place, but I couldn't know it all, and I didn't always have time to research every single piece. She was right about one thing, though; she had skills, and they'd be welcome. So I did something I rarely ever did, and I gave in.

"We open at ten, which means I'll be by to pick you up at nine-thirty. It's out of my way, but if that doesn't work for you, you'll need to adjust your schedule. We're open Tuesday through Saturday, and I'll run you home after we close at seven. Mathieu covers the store when I'm out on calls to take a look at bigger stuff people want to sell, so you'll need to make sure you get along with him. If you've got suggestions for price increases or anything else, we discuss them first. I don't gouge customers—I make the fair deal."

Elle's red lips curved into a smile. If that was the look of victory on her face, something told me I'd give in more than once just to see it again. The thought flashed through my brain before I could shut it down. This was dangerous. This whole fucking thing was dangerous.

Elle straightened her shoulders, all business. She slipped around to the back of the display case and unlocked it—with keys she must have gotten from Mathieu. He and I were gonna have to have a chat.

"Perfect. Then let's talk now. I'd re-price almost all of this entire case…" She slid open the mirrored back and pulled out watches and jewelry and went over point-by-point why each was priced too low, how to increase the margin, how she would respond to customer inquiries about the higher prices. She didn't stop for at least twenty minutes. I stood, watching and listening. And trying to control my growing fascination with this woman. She didn't belong here. Didn't belong in my world at all. But damned if I didn't like the way her cut-through-the-bullshit attitude livened up the place already.

She's not for you.

I waited until she was done with her spiel before speaking. "Do it. All of it. And make sure you fill out your paperwork before we leave today. You're not getting paid under the table."

I couldn't believe I was saying the words. She was going to complicate the shit out of everything.

I turned and headed for my office, just to get a break from the intensity that was Elle. Mathieu was in my chair, tapping away at some computer game.

I lowered myself onto the couch, dropped my head back, and closed my eyes. "You gonna work today, kid?"

Mathieu burst out laughing. "I'll work, but I didn't want to interrupt your one-on-one session out there. Can't believe we're adding a rich girl to the family."

I snapped open my eyes. "Adding her to the payroll. That's it."

"Whatever you say, man. Whatever you say. I recognize a keeper when I see one."

I refused to acknowledge that keeping Elle might be the only way I could have her without causing a shitstorm. If I wasn't just looking for a quick fuck … if I was looking to start something with her for real, Vanessa might not freak out. But to Mathieu, all I said was, "You're nineteen. You recognize tits and ass and call it a day."

"Well, someone's gotta recognize. You've been going through a dry spell lately. You need to get some—"

"My personal life is not up for debate."

"Well, shit, man. How long's it been? A few months? Don't think I haven't noticed that the parade of cars parked in front of your house stopped and hasn't started again. I keep an eye out from my side of the street, you know."

For fuck's sake. Why did I help the kid get an apartment across the street from me? Oh yeah, because I wanted to keep an eye on *him*. I just hadn't considered he'd be keeping an eye on *me*.

Mathieu kept at it. "You know I'm just watchin' out for you. I think if you maybe got some—"

A noise in the hallway caught my attention, along with a flash of red hair. I held up a hand to silence Mathieu and called, "Might as well come in, sweet thing, since you're eavesdropping anyway."

"I wasn't eavesdropping. I was going to ask you a

question about that Cartier bracelet."

"Yes, it's real. Yes, it's been vetted to see if it was stolen. Everything we buy that's high end is vetted for that purpose."

"Oh, good. Do I get an employee discount?"

Mathieu's quick laughter filled the office. "She's a chick, man, what did you expect?"

IN GENERAL, I'M easily amused, so I expected to be entertained by the pawnshop—at least for a while. But I hadn't expected to be completely fascinated. I'd been a shopkeeper part-time at Dirty Dog, but this was an altogether different kind of commerce. There was an utterly unique slice of life walking through these doors, and the stories I heard would never leave me. A drumhead signed by Dave Grohl that a sixteen-year-old was selling to help buy his first car. A Bronze Star Medal from World War II that a man had found when his great uncle passed away. A wedding band a woman wanted to pawn in order to buy a prescription for a sick baby—except I wouldn't let her and instead slipped her some of my own money while Lord wasn't looking. And then the people who came in to buy—they expected to haggle, and they loved it. The thrill of the bargain and feeling like we'd both won something was energizing. One guy came back several times to go head-to-head with me. After almost five days, I was feeling like I'd finally found a place that fit me—at least for now.

And Lord. *Lord oh Lord.* It had become my go-to internal chant. The man could melt the panties off damn near any woman. Me included. I realized now that the speech he'd given me the day he'd 'hired' me was probably the longest set of words he'd ever strung together. He didn't use two words when one would do. Which meant I got a lot of—"Yes," "No," and "Good"—in response to my comments and questions. The men who ran in my circle were usually entirely too happy to talk about themselves. Ask one question and a guy could go on and on about his hobbies or job for an hour. After four and a half days, I still knew almost nothing about Lord that had come from the man himself. I picked up bits and pieces from Mathieu, but what I learned through that avenue only made me more curious. I also knew a little from Vanessa, but again, that just added to my growing list of questions.

For example, I knew that Lord and Con had been separated as kids and hadn't been reunited until they'd enlisted in the Army. He was three years older than Con, which put him at thirty-four. Vanessa had told me that Con's early life in foster care hadn't been the best, and something made me think that Lord's had been even less of a fairy tale. I wanted answers, but it wasn't like these were questions I could come out and ask, no matter how badly I wanted to. So I took a page out of Lord's book and listened and watched and waited. It was a process that required patience, which wasn't something I could generally claim as a strength. But every time I danced back to the office to crow over a big sale and he'd crack a smile at my excitement, I felt like I'd won a minor victory—even though my attempts to flirt had gone completely unnoticed.

I wasn't giving up though. All I had to do was look at the guy, and I had a hundred ideas of how we could break in the couch in his office. He was at least six foot six, with shoulders like a linebacker. I'd caught him changing his T-shirt in the office after he'd come back from tinkering with the cars out in the warehouse. His abs? Holy motherfucking hell. Eight pack, ladies. *Eight pack.* And that V that disappeared into his worn jeans? I wanted to drop to my knees and trace it with my tongue. I had to back away before I mauled the man. And don't get me started on the ink... I'd understood Vanessa's fascination with her boyfriend's tattoos on a surface level. They were edgy and dangerous and definitely sexy. But on Lord? Cue wet panties and sleepless nights. Every time his arms flexed I wanted to tell him to hold still so I could study the designs and maybe pet them. If one was even allowed to pet the sexy, blue-eyed man beast. I shivered just thinking about him. And to cap off his insane body and artwork, he had this hot, blond buzz cut that I wanted to scrape my nails through and an elusive smile I'd made it my mission to see as often as possible.

The front chime sounded, and I shook off the

thoughts of my too-hot-for-his-own-good boss.

But apparently today was *Tempt Elle with Drop Dead Sexy Men* day.

A big man, with light caramel-colored skin, a shadow of dark hair, and piercing silver eyes stepped into the shop. I did a double take because the guy was a dead ringer for Shemar Moore from *Criminal Minds*— one of my all-time favorite TV shows.

Hello, hot stuff.

He stood just inside the doorway, and his presence filled the room. He exuded power—a lot like the intensity that hovered around Lord, but darker. More menacing. My *hot stuff* thought morphed into *dangerously hot.* The kind of hot you wouldn't go out of your way to tangle with because who knew if you'd survive it. And, working in this part of town, my survival instincts were improving rapidly.

Those unusual silver eyes pinned me where I stood. I wanted to glance back toward the office in hopes that Mathieu would have heard the chime and would be poking his head out right now, but I couldn't look away, and Mathieu didn't magically appear beside me.

He lifted his chin at me, and a devastating smile spread across his face. "So now I see what my boys are all talking about."

Say what now?

"Excuse me?" I asked, careful to keep my voice steady.

"You might be a little thing, but you've made a big

impression on my boys. I had to come see the sexy-as-hell redhead they're all talking about."

I frowned. First, I wasn't little. I was five foot seven with kickin' curves. *Tits and ass, thy name is Elle.* It just seemed that all the guys who came in here were freaking giants. Second—and more importantly—I didn't know who this guy was or why he had *boys*, but I knew I didn't like the fact that I was being talked about.

He held out a hand. "I'm Rix. Nice to finally meet you, Elle."

A ripple of unease slid through me. He knew my name. And apparently I had some kind of reputation. Nope. I didn't like this at all. Red flags waved in my brain wildly.

But his eyes were mesmerizing, and I couldn't stop myself from reaching out to shake his hand.

"So, you're Lord's new girl."

"Ummm … I'm his new employee," I replied.

Rix tilted his head to the left a fraction of an inch and studied me. "So you're not his girl." The man didn't ask questions; he made statements. I was also pretty sure I was screwing something up here.

I was saved from answering by the squeak of the back door hinges and heavy booted footsteps walking toward us.

Lord's presence filled the shop just as effectively as Rix's, and a battle for dominance waged in the air. I tugged my hand out of Rix's grip.

"Are you here to see Lord?" I asked, attempting

nonchalance, and becoming bolder now that I knew I had back up coming my way.

Rix never took his eyes off me. "No. I came here to see you, Elle."

That ripple of unease? It was growing exponentially.

Lord dropped a takeout bag on the far end of the counter as he came around to stand behind me. The heat of his body radiated through the thin cotton of my dress.

"Rix," Lord said, finally drawing the man's attention off my face. I almost sagged into him with relief.

"Lord," the other man replied.

"You need something?" Lord's tone sharpened with an unmistakable edge of challenge.

Rix shook his head. "Just came to see what all the fuss was over this new woman you got. I expected another like Bree—wasn't expecting high class. Your taste is improving."

Okay. Now, I really didn't appreciate being discussed as though I wasn't present. Not a damn bit.

"I'm—"

"She's too busy working and keeping me satisfied to have any time to chat with you, Rix," Lord interrupted. "If you're not here to buy or pawn something, I suggest you move along."

"You sure about that, Lord?" Rix did that head-tilting thing again, and his eyes raked us both. "You're looking a little tense, man. A woman this fine should have you relaxed and taken care of."

Lord's big hand wrapped around my hip and drew me flush against him.

What the—? My internal question cut off as I realized what was happening here: He was marking his territory. Which was crazy, considering Mr. One-Word-Wonder had practically avoided me all week. Besides, I was nobody's *territory*. I didn't get a chance to think about it for too long, because Lord's chest vibrated behind me. *Did he just growl?*

"Don't you worry about my woman taking care of me. As a matter of fact, don't you worry about a goddamn thing when it comes to my woman."

His woman?

Apparently Lord *was* a mortal man. A little competition, and I was back in the game. But we'd be talking about this *his woman* thing later.

4 lord

ELLE STIFFENED, AND I tightened my grip on her hip and kept her pinned to me. A few seconds passed before she relaxed into my chest. *Good.* She'd have to be completely clueless to not pick up the vibes Rix was throwing down. He was here to scope her out and decide whether or not he wanted her for himself. And the look on his face said he absolutely wanted her. I couldn't blame the guy. I'd been fighting it for days, and it was a losing battle. Those dresses, that hair, those tits, that ass. Not to mention her crazy, peppy personality. She was constantly upbeat, bringing life into the shop that had never been there as long as I'd been running the place. I constantly found myself fighting the urge to go hang out on the sales floor—which I generally did several hours a day—but with Elle there, I didn't think I could handle the temptation. She was cutting through my restraint one thread at a time. I'd been holding firm to my *do not touch* decision, even as my willpower faded more every day. But that was before.

Watching Rix study her curves with an eye toward ownership flipped every possessive switch I had. There was no way in fuck I'd let him swoop in and take her because I'd never fucking see her again. Not because Rix would break her or kill her, but because the motherfucker barely let another man near the women he claimed. He *owned* them. There was no way in hell I was letting him add Elle to his numbers.

"You sure she's your woman? She didn't sound so sure, Lord. In fact, she looked pretty fucking surprised."

I had no doubt she did. There wasn't a damn thing I could do about that. Fuck, I'd probably give the girl whiplash if she knew what was happening right now. "If there's any surprise on her face, it's because she can feel the giant hard-on she's giving me just being pressed up against her."

My words might have been crude, but they were also true. My dick had sprung a life of its own the second her body had come into contact with mine.

"Is that so?" Rix was laying down the challenge, and there was nothing I wanted to do more than put his interest to rest once and for all. He wasn't buying the act, and I couldn't let him leave while he had any doubt about Elle being unavailable to him. My brain kicked into gear, but Elle was quicker. She turned her head, and her body followed. She wrapped around me like a vine, hand trailing up my chest and shoulder until it curved around my neck. Her brown eyes were sparkling with amusement as she pulled my head down to her level. She was going for it.

Well fuck, if we were going to do this, we were gonna sell it. And I was going to get the taste of her I'd been denying myself since the first time I'd seen her. I reached down and cupped her ass with both hands and lifted her onto the countertop next to the cash register.

Her sharp little inhale was one of the sexiest sounds I'd ever heard, and she didn't miss a beat. She gripped my shoulder with her other hand and held on while I lowered my head to take that luscious mouth. The moment my lips touched hers, I knew I'd made a big fucking mistake: one taste would never be enough.

Her fingernails dug into the muscles of my shoulder as she opened for me, and my tongue dove inside. Cinnamon and woman. That was Elle. Spicy and sweet. I slid one hand up her back, burying it in her hair so I could tilt her head for better access. My dick, which had already been hard, pulsed against my zipper.

I'd never been so turned on by a fucking kiss.

Never.

I was so goddamn screwed.

But I didn't stop. *Couldn't* stop.

Elle gripped me tighter, and neither of us did anything but breathe in the other until the sound of the door chime pierced our bubble.

My head jerked up, not sure who else was catching our show. But I saw no one. Just an empty shop, and out the window, Rix climbed into a blacked-out Caddy. I dropped my eyes to Elle; her pupils were huge, her chest rising and falling on each breath.

"Is he gone—" she started to ask.

But fuck it, I needed another taste of her. I lowered my lips to hers again and devoured.

elle

WHO THE HELL was this guy kissing the living daylights out of me? Was this Lord—the silent, brooding guy who'd basically avoided me? I mean, I knew I was the one who decided to make this a real show for that guy, Rix, but now he was gone.

And yet Lord was still kissing me.

And it was the best kiss of my life. Hands down. Bar none. Without a doubt.

It went on and on … until someone cleared a throat.

"Umm … you two might need to get a room."

Mathieu.

Lord lifted his face again, and it was everything I could do not to drag his lips back down to mine for a third round. With the kid as an audience. Yep. I was officially shameless. I unlocked my hands from around his neck and slid off the counter.

Which meant I slid along the front of Lord's rock hard chest, chiseled abs, *and* the huge bulge in his jeans. I forced myself to squeeze out from between him and the counter.

It was either get away from him or grab on tight and beg him to take me for a ride right out in the open in front of God and everyone.

I was making my subtle escape when Lord reached out and grabbed my hand. I froze when his callused fingers wrapped around mine.

"You need something, Mathieu?"

The kid choked out a laugh. "Just came to grab my dinner."

"No one's stopping you. In fact, eat it out here. Elle and I need to have a chat in the office."

That choking laugh from Mathieu? It turned into an all-out chuckle. "Is that what the old folks are calling it these days?"

"Zip it, kid." Lord grabbed one of the takeout bags as we walked by, and I glued my eyes to the floor. I didn't need to see Mathieu's grin to know that my hair was a mess and my cheeks were probably bright red. Nope, I could picture exactly how I looked. Instead, I focused on the heels of the black motorcycle boots leading me toward the office.

Lord tugged me inside and shut the door before setting our dinner on the desk. He nodded at the couch, and I took that as my cue to sit down.

"You have any idea what the hell just happened out there?"

"I kissed you."

One side of his mouth quirked up before it dropped back in to a flat line. "It was a hell of a lot more than that. I just marked you as mine."

My hand lifted of its own accord to my mouth, wondering if he'd given me a hickey.

Lord's smile broke free again. "Not like that. I marked you in a way that sent a very clear message to Rix that you belong to me, and if he knows what's good for him, and his continued ability to breathe, he'll stay the fuck away from you."

Ummm … okay. I knew there'd been some male posturing going on out there but…

"What does that even mean?" I asked.

"Men like Rix don't operate in any kind of P.C. way. They see women as something to be taken and owned. If someone doesn't own you, then you're available. I just told him you're not available." Lord rubbed a hand over his face. "And if he sees you do something that contradicts what I just said—like you with another guy—you're gonna be fucking us both over."

"Guess it's a good thing I don't date then," I said.

Lord's eyes narrowed on me. "What the hell do you mean you don't date? You've been flirting your ass off for days. If that ain't the move of a woman looking for a date, then I don't understand a goddamn thing about women."

I guess my flirting hadn't gone unnoticed.

My lips tugged in a smile. "I'm sure you understand women just fine … but I wasn't looking for a date."

That narrowed gaze? It turned to ice.

"Just looking for a quick fuck with the boss?"

His judgmental tone had me instantly on the defensive. I shot up from my seat on the couch and paced the room as I unloaded my tirade. "Like you haven't been in my shoes before? So what if I'm just looking to take care of myself? Because I'm female I have to want a relationship with my sex? I can't just have fun and call it a night? Since we're going with full-blown stereotypes, shouldn't you be thrilled that I want that and nothing more? Isn't that every guy's dream?"

I paused, spun, and headed the other direction, but a big body stepped into my path. I threw my hands up to avoid having my face connect with his throat. Even so, I was still close enough to catch a hint of his soap and shaving cream.

Hell. Now I wanted to lick him—and then he spoke and all thoughts of licking fell away.

"You think I should be glad you want a quick fuck? Have you even thought about the kind of shit you'd be throwing down between my brother and me? You're his girl's best friend, and I ain't about to go there for a one-night stand. You might not care, but I've got too much respect for them to do that."

He was so emphatic, it was clear this decision was not made on the spur of the moment.

So much for checking him off my to-do list. I wasn't playing coy when I said I didn't date. And let any man own a piece of me? Hell no. I thought of my mother and my tyrant of a stepfather. She couldn't make a move without his approval, and there was no way in hell I'd ever put myself on the path to ending up like that.

lord

THE MUSCLE IN my jaw ticked. I swore this woman knew exactly how to push all my buttons and was doing it on purpose.

She wanted me—and God knew I fucking wanted her. I'd meant what I'd said—I didn't want to fuck things up for Con over a one-night stand. He'd fought hard to get where he was with Vanessa, and they'd both been through too much shit for me to want to cause problems there. And apparently Elle was shutting down any other option—which was bullshit as far as I was concerned. The idea of her moving on to another guy to get what she wanted for one night was unacceptable. She was the kind of woman a man was meant to savor, not rush through. Whatever reservations she had about dating could be overcome.

Wait—was I really considering this?

I thought of her spicy sweet flavor and the way she'd wrapped herself around me without a care for who was watching.

She was wild—uninhibited—and I wanted that wildness and lack of inhibition in my bed. One night wouldn't be enough.

If I was actually up for trying something real with Elle and not just fucking and ducking, I didn't think Con and Vanessa would be pissed. Yeah, if things went sideways, it might be weird for a while, but we were adults.

I needed to make up my mind and construct my tactical plan. But first, recon.

"You want me. Deny it."

Elle's eyes widened, as if she wasn't expecting me to take the direct route. *Good.* But she recovered from her shock just as quickly.

"I think I made that pretty clear."

"And if I told you I was open to exploring shit between us—not just one night, but something real—even though I knew it was a bad idea, you'd shoot me down cold?"

"Why do I feel like this is a fucked up reenactment of a scene from *Pride and Prejudice*? It's like Darcy telling Elizabeth he likes her against his better judgment. And guess what? She didn't go for it, and neither am I."

"What the hell are you talking about, woman?"

Elle's expression took on the same stubborn quality I'd seen when I'd told her I wouldn't hire her. "I'm sure you can figure it out yourself. Watch the damn movie if you don't want to read the book. If we're done with this conversation, I think I'll be going."

Elle took off toward the door, her heels clicking on my linoleum floor in that sexy way that never failed to get my blood pumping south. Like Pavlov's fucking dog. But she wasn't going anywhere.

I took two steps and blocked her. "You forget, you've got no wheels, sweet thing."

"Did you forget I've got two working legs, pawn star?"

"And you're not walking out of this shop on them."

Elle crossed her arms, and, for a moment, her tits distracted me from what I was about to say.

"Because some scary guy decided he thinks I'm hot? What is he going to do? Kidnap me? I don't think so. And you know what else?" She dropped her arms and poked her finger into my chest. "I'm really not impressed with the fact that you only decided you wanted me because some random guy showed interest."

I glanced down to the finger jammed between my pecs and back up at her face. Elle's golden brown eyes practically shot fire with the annoyance burning there. The feisty redhead temper was alive and well in her.

"You are so far off base with the shit you're spouting right now, I barely know where to start. So how about this? First, Rix is not just a random guy. He's the top dog of one of the most ruthless gangs in this city—and he eats women like you for breakfast. You might be classier than his normal piece, but it was pretty fucking clear he was digging the class even more than his normal. If you think you can handle tangling with that, then you've lost your mind. I'll take you back to the Quarter and make sure you never set foot on this side of town again before I'll let him have a shot at you."

"And second?" she snapped.

Fuck, I was going to kiss that sassy mouth as soon as I finished getting out what I needed to say.

"And second, I didn't keep kissing you after he walked out of this shop for any reason other than you're the sweetest fucking thing I've tasted in as long as I can remember. He ain't getting his hands on you because it would mean I don't have my hands on you—and that won't work for me."

Elle's chin lifted. "I just told you how you could put your hands on me. One night. None of this dating bullshit."

A harsh noise came out of my throat, because the woman could be infuriating. I'd never thrown out an offer like this and having it pitched back in my face sucked ass. "Tell me why. What's your hang up, woman? I get that I'm fucked up in a helluva lot of ways, but I'm not a bad guy. I don't even deserve a shot?"

The ice in her expression melted a degree. "It's not you—"

My laugh was gravelly. "Let me guess, it's you?"

That ice? It was back, in spades. She pivoted for the door, but I moved faster. I trapped her against it, a hand pressed to the wood on either side of her fiery red hair.

"You're going to tell me why before you leave this room."

"You're not a bad guy? Just the kind that traps women against their will in a room they want to leave?"

I smiled. "Not women—just you."

This time it was Elle who growled. She shoved against my chest, but I was an immovable rock where she was concerned. I didn't budge. "You're a caveman too, just like your brother, aren't you? I've heard the stories. Is this a genetic issue?"

I didn't respond to her taunt. I was waiting her out. "Got all day. Take your time."

"Fine! Because there's no way in hell I'd ever answer to a guy. Therefore, relationships are out. And since I don't want anything serious, why date? Most guys are happy to have no-strings sex. It's a bonus. You're the only whack job who won't take the bait."

"I don't like hearing about you and other guys."

"Get over it, pawn star, since I'll be getting under one now that you're out of the question."

My temper flared. "No fucking way. Shit just changed. You want to get under someone, you're getting under *me*." My words were emphatic, and not just because I wasn't going to let Rix see her with another guy. She wanted me. That was fucking clear, so there was no way she was going elsewhere to get what she needed. Con and Vanessa would just have to understand.

"Umm, that's not your call. I can do whatever and

whoever I want. And this is a prime example of why I won't be doing *you*. No one tells me what I can or can't do. I don't check in. I don't ask for permission. I don't—"

"Have any common courtesy," I interrupted her. "Because that's what this is about, right? You doing whatever you wanna do without considering anyone else in the process?"

Her mouth snapped shut, and her eyes squeezed closed. "It's not about that," she said quietly. "And don't make me sound like a bitch just because I don't want someone telling me what to do every second of every day."

That's when the light bulb turned on. Whatever issue Elle had with relationships wasn't something simple. "What does that have to do with dating?" My mind immediately went to some bastard who'd tried to control her in the past. I fought the urge to demand a name.

"I'm done with this conversation. If you'll get out of my way, I'll call a ride."

I didn't move. "You quittin' on me, Elle?"

Her lips pressed into a flat line. "No. I'm not quitting. I'll be back tomorrow."

I didn't know what kept bringing her back, but there was something in this shop she wanted more than she wanted me—that was for damn sure. So I decided to lay down an ultimatum. "You leave right now, and you're fired."

Elle's mouth dropped open. "What! Because I won't *date* you? You're a piece of work."

"It's called quid pro quo. Not to mention I'm protecting your ass by standing between you and Rix."

"You're insane. Seriously crazy. I don't get you."

"You don't have to. You aren't from this world, you don't understand the consequences, and I'm not about to let you learn the hard way when I can prevent it. On top of that—you've been trying to get my attention all week. So now you've got it. You just happened to get it *my* way."

Elle looked to the side, as though bored with the entire conversation, but I recognized embarrassment when I saw it. She tried to cover it, but it still came through loud and clear in the pink blush staining her cheeks.

"And now that we've finished stroking your ego, I think we're done here," she said. Her words were quiet, and I didn't like seeing her bold sassiness muted.

I decided to throw myself out there too. Fuck, I hoped I knew what I was doing. "I didn't say I didn't like you trying to get my attention. Do you have any idea how hard I've been fighting to stay away from you? Jesus, woman, you're the sexiest fucking thing to set foot in this place. My dick has become way too well-acquainted with my zipper—and a fuck ton more acquainted with my hand since you started."

elle

I WAS GLAD I couldn't see a mirror, because I was pretty sure my eyes were bugging out of my head. Which was a great look when paired with my burning cheeks.

But his bold declaration—and the thought of Lord getting himself off while thinking about me—stripped away my embarrassment.

My nipples puckered against my thin bra, and I bet if I were to look down, I'd see both headlights on high beams. My eyes dropped unintentionally. And so did Lord's.

That sexy smirk … it got sexier, if that were even possible.

"Seems that even if that sassy mouth of yours has a problem with me, that hot-as-hell body doesn't."

I glared. Or tried to. Who knew if I was actually successful, considering how distracted I was by the heat of his body. I found my voice.

"Unfortunately the sassy mouth and hot-as-hell body come in the same package, and that package doesn't date. And you can't make me." I sounded like a little kid who didn't want to eat her peas, and I wondered how long I was going to be able to hold out against him. *Good Lord*—pun totally intended—the man's intensity was searing. This was a prime reason why he was the absolute *worst* person to break the dating rule with. He wouldn't just be demanding— he'd want *everything*. And I didn't have it in me to give. So we were at an impasse.

"I'm taking you out. You'll get over it."

I opened my mouth to deliver a resounding *no way in hell*, but banging on the other side of the door had me snapping it shut.

"What, Mathieu?" Lord called.

"You nekkid?" Mathieu asked.

"Fucking kid," Lord breathed, sidestepping us both away from the door and releasing me. "Come on in."

Mathieu pushed it open, and in one hand he was holding a bottle of wine and, in the other, a small, square piece of paper.

Lord grabbed both the bottle and the paper.

"Mother. Fucker," Lord growled, reading whatever it said.

I got a look at the label. Dom Perignon. A shiver of disgust worked through me. That was what I'd drunk one night over eight years ago and gotten so obliterated I could've killed someone and not even remembered it. The last night I'd had a drop of alcohol.

Keep it away. Keep it far, far away.

Lord walked over to me and held out the bottle. I made no move to take it. Mathieu must have sensed the impending explosion because he backed out of the room and closed the door.

"You see this? *This* is not how Rix usually operates. *This* is what he breaks out for a classy broad. Not even fifteen minutes, and he's trying to stake his claim. It's an insult to me, because he's saying loud and clear either he doesn't believe you're really taken, or he thinks you're worth going head-to-head with me to win."

"It—it's not like I asked for it," I stuttered. "I don't—"

"Doesn't matter. He's thrown down. He's watching. Waiting. And that's just too fucking bad."

I'd lost complete control of the situation—that was clear. I'd just wanted to work at Chains to find something precious to me on the long shot that someone might pawn or sell it here. That's it. That's all. The sexy scenery provided by Lord's presence—and the potential for a wild night with him—had been a bonus. I certainly wasn't looking to become the prize in some street throw down that I couldn't even begin to understand. This was bad. Very bad. My eyes darted to the bottle of Dom. I didn't use booze to calm the shitstorms in my life anymore, and I wasn't about to start again over something I didn't even truly understand.

"I'm really going home now," I said, reaching for the door handle.

Lord studied me. "You looking to run away, Elle? I can't promise I'm not gonna chase."

"Seriously? Who are you? Did you have a personality transplant?" I turned my back on him and began rambling to myself. "The man barely speaks to me and now he's saying he's going to chase me? Oh, and he wants to *date me*? Seriously? And now some gangster is sending Dom? I need to go home. I need a weekend and a do-over." I closed my fingers over the doorknob and twisted, but a big hand on my elbow stopped me from pulling it open.

It took every ounce of my willpower to not look over my shoulder or down at the hand on my arm.

Lord's voice was low. "This isn't me having a personality transplant. This is about me protecting you from someone you don't even have the good sense to be afraid of and going after what I want. If you weren't so fucking sexy and sweet and quirky, maybe both Rix and I would have a shot at resisting you."

I felt my resolve start to crumble. I was going to be in so much trouble. I had my rules for a reason. And it was clear that if I gave in to Lord, I'd lose the independence I was so fiercely protective of. I couldn't sacrifice that piece of myself. I didn't trust him—or anyone—enough to give them that kind of chance. But how was I supposed to fight this? I wanted him.

"I'm calling a time out," I said.

"This is the game of life, sweet thing. No time outs until you're done breathin'." And with that, he spun me and tugged my body against his. My hands pressed flat against rock hard slabs of muscle. "And besides, a time out means I don't get to kiss you, and I haven't done nearly enough of that yet."

Lord slowly slid his hand up my arm, as if waiting for me to bolt, but instead I stood mesmerized by him. His words. His touch. His blazingly blue eyes. He skimmed his thumb up my throat, and tilted my chin even higher as he bent toward me. I closed my eyes just as his lips brushed mine. Light, lazy touches. And then, in an instant, he cradled my jaw and … took. There was no other word for it. His tongue delved inside my mouth, dueling with mine, drawing me into the kiss against my better judgment. I knew I should be backing away, but I was rushing forward. I didn't remember moving them, but my hands were gripping his shirt, clutching at him to keep him close.

This is bad, I told myself. *But it's* so *damn good.*

Lord finally pulled away, steadying me, his hand lowering to my hip as I fell forward into him.

"Whoa. You okay?"

I didn't know what I was, but I strongly suspected I wasn't okay. In fact, I strongly suspected I might have just left okay behind and headed straight into *this man is more dangerous than the one he's set on protecting me from* territory.

I nodded anyway. "I'm fine." Because I was *always* fine. Even when I wasn't.

"We'll eat our supper, and then I'll run you home.

You can take your weekend and figure out whether you can handle what's going on here."

"And if I decide I can't? Then what? It's done?"

Lord's dark gaze grew sharp. "Then I get to change your mind. Clothes optional."

I shoved at his chest. "You're such a guy."

He grabbed his crotch. "And thank God for that."

"Classy, Lord. Real classy."

His smile was wide and the most open I'd ever seen it. "You're the classy one here. We both know that. Now sit. I'll get your food." I had no idea how we'd gone from stand-off to laughing, but here we were. I'd been wound up, ready to run, and now I was sitting down and reaching for my po' boy. It was like the man had defused a bomb and lived to tell about it.

What the hell was I going to do now?

That was a question for which I had no answer, so I just sat, and we ate in surprisingly companionable silence while I ignored the Dom on the desk.

When we'd finished, we headed back out into the shop … smack dab into the cops.

IT'D BEEN A lot of years since I'd been in handcuffs, and the way Hennessy was studying me told me I was narrowly avoiding being in them right now.

"When? And how?" I demanded.

"Two rounds to the back. Brianna Sanchez's time of death is estimated to be approximately one o'clock this morning. Her body was found by sanitation department workers two blocks off Bourbon around seven A.M."

"Holy shit. Bree?" Mathieu breathed. "No fucking way. She was just here on Saturday."

Hennessy glanced to Mathieu and looked back to me. "And I understand from her mother that you fired her on Saturday. Accused her of stealing?"

That look he was giving me? That was the '*did you fucking kill her, you motherfucker*' look. Except because Hennessy was a good detective, he didn't actually have to say it out loud to let me know he was thinking it.

"You here to take me in?" I asked. I wasn't beating

around the bush on this one. If he wanted me to come to the station to be questioned, then he could take me in. "Because if you are, I'll be calling my lawyer."

"You got something to hide, Lord? Is that why you need a lawyer?"

Typical cop. Always assuming that someone who wanted a lawyer was guilty instead of smart. "Just protecting myself."

"The crazy girl with the bad extensions? The one who used to work here? She's dead?" All the color had drained out of Elle's face.

Hennessy's attention cut to her. "Yes. And you are?"

"Elle Snyder."

"Are you a customer or an employee?" he asked.

"Umm … I started this week."

Hennessy's eyebrow went up as he looked at me. "And you knew Ms. Sanchez?"

"I didn't know her … I just … saw her that one day when she decided to pretend she was a rock star and smash a guitar."

I cut in. "Back off, Hennessy. Elle didn't even know her. They barely crossed paths while I was firing Bree."

He held up both hands. "I'm just trying to get all the facts, Lord. No need to get defensive."

"Where off Bourbon did they find her? Like which end?" Elle asked, drawing the attention back to her.

Hennessy told her, and she reached a hand out to

steady herself on the glass case behind her.

I could've muzzled her when she said, "*Oh*. Wow. That's only a couple blocks from my place."

Hennessy's interest in Elle jumped about twenty notches. "Where were you at one o'clock this morning?"

Oh fuck no. "Elle, don't say a damn thing. If Hennessy wants answers out of you, he'll get them through your lawyer."

"I don't have a lawyer anymore."

It was the *anymore* part that caught my attention—and Hennessy's. "Did you need a lawyer before, Ms. Snyder?"

Elle's face grew even paler, and she lifted a hand to smooth her hair. It was a nervous tell if I'd ever seen one. "No—I mean… No." Finally, she shook her head and seemed to snap out of it. "I just never really thought of where I live as being that dangerous. Sure, pickpockets and purse-snatchers. Maybe a drunken fistfight occasionally. But murder? What the hell?"

Considering I'd been a pickpocket, a purse-snatcher, and a drunken fist-fighter, I tried not to wince. But going from that to murder was big leap.

"You find the murder weapon?" That's the reason Hennessy usually stopped in here—not to question me, but to see if we'd gotten any guns in that might match cold cases or ongoing investigations. My range in the basement was set up for basic firearms identification. Nothing like what the cops had, but I gave it my amateur best. It was the whole reason Con had bought Chains in the first place and asked me to run it—to try to find the gun that had been used in the murder of his adoptive parents. We'd found it—against all odds. So what were the odds that we'd find the one that had killed Bree? My heart squeezed at the thought. Why the fuck did death keep touching us? Couldn't it keep its dark and destructive fingers out of our fucking lives until we were all old and gray? We didn't survive a war and expect to come home to more violence.

"No murder weapon was found at the scene. No casings either. So it was either a revolver or someone policed their brass."

"Caliber? What do I need to be looking for?"

Hennessy didn't answer right away, and it hit me that this time he might not share any information.

"Look, if I had killed her, would I offer to help you find the fucking gun?"

The tilt of Hennessy's head pissed me off even more. "Wouldn't you, though? You've helped with every other case when I've asked. If you refused to help on this one, wouldn't that just look suspicious as all hell, Lord?"

"Fuck you, Hennessy. I didn't have jack shit to do with it, and if you were any kind of detective at all, you'd already know that."

He shrugged. "How about you just keep turning over rounds from every gun you get in the door."

"Fine. Whatever you want. You've got everything

we had up until today. I took one more in on pawn this afternoon. I'll test fire it in the morning and you can pick up the bullet and casing whenever you get around to it. I know NOLA's finest are keeping busy schedules these days."

"You do that. I'll be back tomorrow." He tipped his head to Elle. "A pleasure, Ms. Snyder."

Elle's muttered *I'm sure it was all yours* under her breath was the only thing that could have possibly made me smile.

I LED ELLE across the alley to the warehouse where the 'Cuda was parked, my protective instincts rising and my brain spinning.

Fuck.

What the hell had Bree gotten herself into?

Yes, she'd stolen from me, but I sure hadn't wanted her dead. And two shots in the back? Jesus.

No one deserved that. I couldn't help but wonder if she'd still be breathing if I hadn't fired her. Had she been in the Quarter at a new job? Why hadn't I asked for more details?

Oh yeah, that's right—because he was looking at me like a suspect and not a guy who'd helped him close more than a few cases because of the guns I'd bought and tested. No, I hadn't been doing it out of the goodness of my heart before, but I could've stopped any time after we'd closed out Con's case. And it looked like my assistance might be drawing to a close if Hennessy really thought I had jack shit to do with this. Yeah, I had a watered-down motive, but there was no way in hell I'd ever go after a woman.

I unlocked the door and deactivated the alarm, and Elle followed me inside. It was a routine we'd established over the last week; I'd gotten used to seeing her in the front seat of my 'Cuda. And now that I'd had a taste of her spicy sweetness, I should've been thinking about how I was going to convince her to take a chance with me and how I was going to make sure I had Con and Vanessa's blessing.

But everything was now overshadowed by the ugliness of death. I didn't like where my thoughts were going, so I revved the engine and peeled out. Elle scrambled for her seatbelt, but I kept my eyes on the road. She wasn't going to like what I had to say, but I would do whatever was necessary to protect her.

I bided my time, the entire ride passing in silence before I parked in front of Dirty Dog. I gripped the steering wheel with both hands, and she tentatively reached for the door handle.

"Well, I guess I'll see you—"

"You're fired, Elle."

She swiveled around to face me. "What? Are you serious?"

I cut my eyes to her. "Yes. You're done. Don't come back. It was a bad idea to begin with, and it's an even worse idea now."

She crossed her arms, and lifted her chin. "Because of the date or Rix or Bree?"

I squeezed the steering wheel with my left hand until my knuckles turned white.

"Take a guess."

"And if I keep showing up?"

I released my grip and turned toward her. "What is your goddamn obsession with working there?"

Her lips flattened and a deep V formed between her brows.

"I've got my reasons."

"Then how about you share them with me so I understand what they are?"

"You wouldn't understand."

"There's a whole lot of shit I don't understand, but if you don't tell me, I can't even try."

Elle shoved open the door to the 'Cuda, grabbed her purse from the floor, and climbed out. Instead of a response, I got a slammed door.

"Oh hell no," I said to my empty car. "She is not walking away like that. No goddamn way."

Within seconds, I was following her through a door on the side of the building housing Dirty Dog.

When I got inside the small lobby space, she was unlocking a metal gate that led to a set of stairs.

"Wouldn't have expected someone as determined as you are to run."

She threw a pissed-off-woman look over her shoulder. "I'm not running. I'm regrouping before I give in to the urge to scratch your pretty car."

I lifted my hands in a gesture of surrender. "No need to threaten the car, Elle. That's uncalled for."

She yanked the gate open and slipped behind it, fully intending to slam it shut before I could get to her. Elle kept underestimating me, and that was totally fine.

I grabbed the wrought iron and tugged it from her grip.

"What are you doing? You got me here, so just go," she ordered.

"Not until you tell me why you're so dead set on working in my pawnshop."

Elle ignored me and stalked up the stairs.

I kept following.

Finally, over her shoulder, she tossed, "None of your damn business."

"It's my pawnshop, so it sure as hell is my business. And you're not setting foot in it again unless you give me a good reason."

She reached the door to what I assumed was her apartment and jammed her key in the lock. She wasn't even attempting to keep me out anymore. Probably because she was too busy cursing me out under her breath.

"And people say I'm stubborn? He's ridiculous. I'm fired, and then he's after me for a reason why I shouldn't be? Seriously? Arrogant asshat," she muttered.

I trailed her into her apartment, shocked to realize I was smiling. What was it about this woman and her ability to make me smile in almost any situation?

Elle's apartment was not what I expected. There was nothing pink or frilly or girly in sight. It was bare. No pictures. No knickknacks. None of the stuff I would've expected from her.

"Did you just move in?"

Elle whipped around to look at me. "Until you unfire me, I think you're going to find that my answers to your questions will be given solely in four letter words."

The sass from this woman hit all my buttons exactly the right way. "Come on, Elle."

Her hands landed on her hips, and the pose did nothing but push her tits out. "Am I still fired?"

"Yes—until you give me a reason that would make me think keeping you around would be worth the risk to you."

She spun and headed for the kitchen. The apartment, while bare, wasn't small. Just the portion I could see had to be over a thousand square feet. Mostly open, clearly renovated in the last decade if the polished, wide-planked wood floors, granite countertops, and stainless steel appliances were any indication. I thought of my small house about a half-mile away from Chains. It was new, post-Katrina, and sat up high, with a white, covered front porch, blue siding, and clean white trim. It was the first place I'd lived that had ever been my own. It was nothing compared to the thick molding and modern furniture in this place. But at least my house looked like it had some life to it.

Elle returned with two bottles of water. For some reason, I'd expected booze, but she'd surprised me once again. Her expression gave nothing away. She held out the bottle, and I took it. It was fancy—a glass cylinder that probably cost more than a pack of smokes or a lot of the liquor I'd drunk in my day.

I raised an eyebrow. "I can drink tap water."

"Then help yourself. This is all I'm getting for you."

She stood, arms crossed, her bottle clutched in one hand.

"What's your deal with Chains, Elle?"

No response.

"I'm not leaving until you tell me."

She shook her head. "You barely speak for a week, and now I can't get you to stop."

I took two steps toward her and set the bottle on the counter. "And you don't stop chattering for a week, and now I can hardly get a word out of you." Her eyes dropped to the ground, which just gave me another clue that whatever she was hiding, I wanted to know. My gut told me my curiosity was warranted, and listening to my gut had saved my ass more than once.

"Look at me."

She didn't.

"Elle, look at me," I repeated. "I ain't leaving until you spill."

Her eyes darted up. "Why do you care?"

"Because I let it go for a week, and I can't let it go

any longer."

She squeezed her lids shut for a beat and turned away from me to start pacing the room. It was another of her tells.

"Fine. You win. I'll tell you if you really want to know."

At my nod, she continued.

"Vanessa told me about the gun you found. The one that Con was looking for. That it came in on pawn and you identified it as the murder weapon."

She's looking for a gun? That was the last thing I'd expected to hear.

But Elle continued, laying my question to rest. "Well, I'm looking for something too. Something my mother gave away that belonged to me. I know it's ridiculous and a long shot, but I thought maybe I'd hang out for a while at Chains and see if it ever came in." She laughed, but there wasn't a trace of humor in the sound. "I mean, it'll probably never show up, but Chains has a reputation as being the place to sell expensive stuff—which this would be. Add on the fact that I needed a new job, and this one had the dual purpose of not only pissing off my mother and stepfather, but giving me a small chance of finding what I'm looking for."

"What is it?"

Silence hung between us before she replied, "My daddy's watch. An antique Patek Philippe, engraved with *To T.S. with love* on the back. It was a gift from my great-grandmother to my great-grandfather and was handed down through the family. It would've gone to a son if my dad had had one, but he didn't; he just had me. It was the only thing of his my mother held on to after he died. She got rid of every other damn thing. Every time I asked about it, she put me off, telling me she didn't have time to get it out of the safe deposit box … and then I found out last week she gave it to my stepbrother for his 25th birthday, and the dumb fuck sold it to buy an eight-ball of coke to celebrate." Elle hugged her arms around her body. "I ripped him a new one, and the only thing he'd tell me was it was long gone. He doesn't even remember which pawnshop he took it to because he was so fucked up at the time. So feel free to laugh at my ridiculous reason, but there it is."

Her reason might seem ridiculous to her, but if I'd had a father who'd given a shit about me, I would've held on to everything of his. And knowing it was the only thing left and then losing it … her determination made sense. The part about pissing off her ma and stepdad also started to make sense.

"You're unfired."

Elle's eyes snapped to mine. "Are you serious? You actually believe me?"

Her question struck me as strange. "Why wouldn't I believe you?"

"Because it's insane. A crazy long shot."

"And Con bought the place because of a crazy long

shot. Chains might as well have some voodoo magic sprinkled on its doorstep, because apparently it specializes in delivering on crazy long shots. Besides," I paused, "if you're there, I won't have to waste my time worrying about Rix tracking you down or getting a visit from Hennessy saying something happened to you. This is just as much for my peace of mind as it is for you."

"And it has nothing to do with the fact that if I stay you're pretty sure I'm going to cave and agree to your proposition?"

A laugh broke free from my throat. "When it comes to you, I'm not counting on anything. You're one curveball after another."

Her lips twitched into a ghost of a smile. "Good. Maybe it'll make you less cocky."

It wouldn't, but she had finally unwound, and I wasn't about to get her all pissed off at me again. I studied her for a beat and glanced at the clock, deciding that retreating was the best choice at the moment. "I better get going. I'll see you on Tuesday morning. If you see anything or hear anything that rubs you the wrong way—or if you catch sight of Rix—you call me. Don't think twice, just call."

"Okay. I guess I'll see you Tuesday then."

I reached out with both hands and wrapped them around her hips before pulling her close. "I'm not leaving without another taste of you," I said, lowering my lips to hers.

Elle's hands landed on my chest, pulling me closer, and there was no hesitation when her mouth met mine. I palmed her lush ass with one hand, buried the other in her hair, and kissed the ever-loving hell out of her— because who knew if it would be my last opportunity. She could easily decide over the weekend that what I'd put on the table wasn't worth it, especially with the risk involved. It took everything I had to pull away.

I steadied her and strode for the door.

"Text or call me if you see anything that makes you worry. I don't care what it is."

"Okay," she whispered, bringing a hand to her mouth.

"Tuesday, Elle. We're going to figure shit out on Tuesday."

lord

I BOBBED AND weaved, ducking the right hook coming my way.

"Tell me you're fucking with me," Con grunted as I landed a punch to his ribs.

"Not fucking with you," I said, keeping my voice low and shaking off the sweat that threatened to drip into my eyes from beneath my headgear. "I'm serious, man. I need you to be cool with this."

He came at me again. *Fuck,* Con hit harder than he normally did during our sparring "demonstration" sessions. Probably because I'd just laid it out: I wanted Elle. I was going to have her. I just wanted to make sure Con had a heads-up.

"You think Van's gonna be cool with you fucking her best friend?"

"I'm not fucking her—at least not yet. Wouldn't do that without your blessing."

Just the thought of how good it would be when I finally did had my dick jumping in my shorts. *Not the time or place, buddy.* The moment of distraction was all it took for Con to land a shot to my jaw. My head flew sideways, and I stumbled back into the ropes.

"That's what you want? My blessing?" He was breathing hard, and I couldn't tell if it was rage or adrenaline spurring him on. His hands were raised, but he didn't strike again.

"Yeah. Your blessing. I respect what you've got with Van too much to cause you problems by screwing around with her best friend. Wouldn't do that behind your back."

Con dropped his hands for a beat, so I followed suit.

It was a mistake.

Quicker than I could react, his glove flashed upward and connected with my chin.

My head snapped back, and I bounced off the ropes again.

Raising my hands, I settled back into my defensive stance as I recovered.

"And that's why you don't drop your hands, boys," Con yelled to the kids on the far side of the ring. "There's always someone looking to take advantage of your weak spot. So don't have one."

"You need to go another round to settle this shit?" Reggie's rough voice asked from the corner of the ring. "Or can I get some of the kids in there so they can work on their skills?" Our head trainer wasn't impressed with our demonstration.

I looked to Con.

He shook his head. "We're good." His eyes flicked back to me. "But this definitely needs discussing over a beer when we're done here."

elle

HAVING TWO DAYS in row with absolutely no plans seemed like an invitation for trouble to me, so I popped down to Dirty Dog on Sunday afternoon to see if Yve, the shop manager, could put me to work.

"Go get us some coffee, and then we'll talk," was her response. I'd done as I was told and crossed the street to hit the corner coffee shop. Returning with two steaming cups of her favorite chicory coffee, I'd set one on the counter and made myself useful, untangling a giant knot of vintage jewelry Yve had gotten at an estate sale for dirt cheap.

"What did this person do? *Try* to fuck this up beyond belief? Jeez." The intricate tangle of chains took my mind off the night before.

"No idea, but see that pink pendant dangling there? It was too good to pass up, even though it's going to be a nightmare to get to it."

"I hope you're right." It was a cool looking piece of vintage costume jewelry, but I wasn't sold on it being worth this giant pain in the ass.

"So, how's Con's brother treating you at the pawn-shop?"

"Fine," I mumbled, running into yet another snarl.

"You just can't get enough of selling other people's old shit, I guess," Yve said, leaning against the counter and staring at the ball of jewelry.

"I guess you could say that."

"You know it's a long shot, right? Finding what you're looking for?"

Yve was one of the few people who knew about my recent and obsessive search for the watch Dipshit had sold. She'd checked with dozens of her contacts to see if it had shown up in their recent buys, but she'd struck out so far.

"I know … but that place seems to have some luck, and it's not like I could work here forever. How many times did you threaten to fire me?"

"Only because you're a pain in my ass when it comes to rearranging all my favorite displays. If you'd just leave my shit the way I like it, we wouldn't have a problem."

I looked up from my task. "Awe, I love you, too, Yvie."

"Don't call me that," Yve snapped. It was not her normal teasing tone; it was the harsh, serious one I didn't hear out of her very often. And then I remembered. *Shit.*

"Sorry. I didn't—"

MEGHAN MARCH

"Don't worry about it."

We had enough issues between us to keep a dozen shrinks busy for a lifetime.

"If you still really need my help, I could talk to Lord about working only part-time at Chains," I offered, feeling like I'd left Yve in a lurch.

She shook her head and used a pen to stab through the tape of another box of stuff from the estate sale. "It's fine. I actually just hired a new kid. He's cute as can be. Total hipster. Even his car is hipster-chic. A Karmann Ghia. I gotta figure the kid comes from money because most broke-ass college kids aren't rolling up in a mint condition '50s Volkswagen. So at least I know he won't be stealing from me."

Yve's mention of stealing reminded me of Bree. "You heard about the girl they found? Just around the corner?"

The triumphant look on her face about finding a new ace employee died abruptly. "Yeah. I heard. Damn shame. Reminds you that no place is safe in this city. Makes me glad that you talked me into carrying."

"I met her," I blurted.

Yve's eyes snapped up to mine. "Where the hell did you meet her?"

"She worked at Chains. She got fired, and that was part of the reason I got hired."

"Convenient. Fucked up, but convenient."

I tugged at another knot. "I guess. But still. Crazy, right?"

Yve yanked the cardboard flaps of the box open. One edge of the tape still held them together, and she jabbed the pen through it like she was stabbing a body.

Morbid, Elle. Really effing morbid.

"Let's talk about something else," she gritted when she finally got the box open.

My mind scattered, trying to come up with another topic. Before I'd settled on one, my phone buzzed from its place on the counter. A text.

Lord? I wondered.

I grabbed it, nervous energy thrumming through me—until I saw the screen said *Mother*. She was lucky it didn't say *Queen Bitch of the Bottle*.

The text was succinct: *I expect you at Sunday dinner.*

The day my mother learned to text was not a good one. Before, she'd just call, and I could ignore it and not listen to the voicemail. But with her damn texts, I couldn't avoid reading whatever normally angry message she sent. I'm sure that was part of her plan.

I thought about replying, but didn't. Apparently she knew what I was thinking without me tapping it out on the screen.

He's out of town. You have no excuse not to be on time.

The *he* in question was my stepfather.

I *never* went to the house if I knew he was going to be there. Everything about the man rubbed me the wrong way. From the way he cut my mother down to the way she hit the bottle even harder when he was around, and then there was the way he still tried to control me, even after I'd made it perfectly clear I was outside of his influence. Just knowing how much he disapproved of my "disgracefully ambitionless lifestyle" made me more determined to piss him off.

"You gonna stare at your phone or finish untangling that jewelry?" Yve drawled, picking up the ball of chain.

I flipped my phone over on the counter and met her eyes. "Hand me that clusterfuck. At least that's one thing I can attack and destroy."

DINNER WAS JUST as miserable as I'd expected it to be. Miserable, as in, if my stepbrother, DJ, made one more not-even-trying-to-pretend-not-to-be-a-dick comment, I was going to use my butter knife to commit murder. He opened his mouth, and I mentally promised myself he'd never make it to his twenty-sixth birthday without at least losing a limb.

Being in my mother and stepfather's home made me stabby—and that was putting it nicely. But considering the alternative was to take a cue from my mother, grab a bottle, and find the bottom as quickly as possible, I'd take the slightly homicidal tendencies.

My mother had married Denton obscenely fast after my father had passed away. Why? Because she'd gone from being a high society wife to dead broke in the time span of a heart attack. No death of a loved one could be well timed, but my father's was particularly bad. He traded stocks heavily, on margin, which could be great if you knew what you were doing, but if you happened to die just before the stock market tanked and the margin calls came in and no one knew how to respond, it was the set up for a perfect storm. It took me years to understand how millions could disappear so fast. With no one responding to the margin calls, his broker started selling off the stocks in his account to increase the equity ... but my dad had favored tech stocks, and they were all in the toilet. It quickly became a vicious cycle: stock was sold at a loss, the proceeds didn't cover the margin call, and so the broker kept selling.

If my dad had been alive, he would've just thrown more cash in the account to stop the hemorrhaging. That would've at least given the investments a chance to bounce back ... but once they were sold, there was no way to recover.

Within weeks, my mother went from being a wealthy widow to unable to make the mortgage payment without asking for loans from friends. The only money that could have been helpful was what my father had left to me—but it was trapped by the terms of a trust until I was twenty-one, and my mother had no way to circumvent the ironclad restrictions to give her free access.

And then she met Denton. Two months. It'd been *eight weeks* since my father had passed away, and she'd had a ring on her finger and a healthy new bank account.

I'd wanted to vomit at how quickly she'd moved on, but I guess desperation made people do things they'd never expect. Denton had been her way out of a situation she hadn't been equipped to deal with. Part of me felt guilty that maybe the money in my trust fund could have saved her, but there'd been nothing I could do. It'd kept me in college, and that was about it.

"You know, Elle, I'm sure I could put a good word in for you at the firm. Maybe they'd take you on as a file clerk," DJ said, standing and crossing the room to refill his tumbler with his daddy's booze. My step-brother was only dumb when it came to common sense and controlling his drug habit. Because apparently you could do coke and still remain gainfully employed as a smarmy lawyer. He'd been licensed for all of a few months, and yet from the way he talked, you'd think the dick had his name on the building or something. Oh wait—he did. Except the Fredericks on the building belonged to Denton Sr., not little DJ. And that good word he could put in for me? I'd rather he choke on it. The day I put myself under Denton's control was the day I turned in my self-respect—because the man sure as hell didn't respect anyone but himself.

"Not necessary. I'm quite happy where I am."

"Working a street corner might be the oldest profession, but that doesn't mean it's a *real* profession, Eleanor."

He called me by my full name and called me a whore in one sentence. *Does that earn you bonus points, asshole?*

"Actually, I'm fucking for free these days, Denty Junior. I'm working at a pawnshop though. Maybe it's one you've heard of, since you've been frequenting them to pay for your coke habit? I hope Mother Dearest has the silver locked up, or we'll be eating with our fingers soon, won't we?"

DJ bared his teeth, and my mother lifted her head and stared. "A pawnshop? *Really*, Eleanor? It's time to grow up and do something with your life."

Like she was?

I didn't reply, just stabbed into my poached salmon.

The table went blissfully silent for a moment—until DJ opened his mouth again.

"Yeah, *Eleanor*, aren't you a little old—"

I cut him off. "Aren't you a little old to still be living at home, DJ? How about you worry about you, and I'll worry about me."

"Enough," Mother snapped, reaching for the bottle of wine near her glass. "We're going to enjoy this meal without any further bickering from you two."

Enjoy the meal? That was a joke.

I was only here because of good old Catholic guilt that I'd had a hand in my mother marrying an asshole and becoming a raging alcoholic. And even so, she was still my mother.

One night, I can get through this, I told myself. And then I heard *his* voice.

"Yes, listen to Virginia. Even I've had enough of your bickering, and I've been in the room for all of ten seconds." Denton stepped toward the table, his hands wrapping around the back of my mother's chair. He overshadowed her in every way.

His cutting tone sent fingers of fury trailing down my spine.

I had to get out of here before I let him get to me. I turned to my mother. She was staring at the bottom of her glass, and any animation on her face from only moments ago was completely dead.

I wondered if she'd known he was coming home and the whole "out of town" line had been bullshit. More likely, he told her what he wanted her to know and came back early to surprise her in some twisted game of control. I lowered my fork and fished my phone out of my pocket. I couldn't stay here. I officially needed a rescue.

My fingers flew across the screen, tapping out a text, only stumbling when Denton's cutting tone jarred my concentration.

"Really, Eleanor. One would think you could manage to put your phone away for one dinner. We'll have to start confiscating them at the door."

Which he'd probably try. But I was one person who wouldn't bend to his whims. It infuriated him, and I reveled in it.

"Dad, you'll never guess where Elle is working these days."

Denton's eyes landed on me, piercing and hard. "You've moved on from that little trashy tourist trap?"

I bristled at his description of Dirty Dog, but said nothing. One would've thought that DJ would have kept his mouth shut because the whole reason I was at the pawnshop was due to his drug habit, but I could take a picture of him snorting coke and show it to Denton, and it wouldn't matter. Denton was the epitome of a parent who raised a piece of shit kid, knew it, and did nothing about it as long as his kid didn't embarrass him publicly and bowed to his dictates in all things. Other than that, DJ could run amok and still indefinitely ride the gravy train.

I met my stepfather's cold stare. "Yes."

"And where are you working now?"

The question was a dare.

"A pawnshop." I kept my answers short. I wasn't giving him anything more.

His face twisted into a mask of disgust. "Of all the stupid and rebellious jobs you've had, this is by far the least acceptable. You will quit immediately. Report to the firm tomorrow morning at eight o'clock, and I'll find a use for you."

This wasn't the first time I'd gotten an order like that.

"I already told her she could be a file clerk," DJ offered.

Denton didn't even look at him. "Shut up. When I want to hear you speak, I'll ask you to." His eyes bore into me. "Do you understand me, Eleanor?"

"I understand you perfectly, and there's no fucking way it's going to happen. You can take your use for me and shove it up—"

"*Eleanor*—" my mother interrupted.

"Virginia."

He only had to say her name—that was all it took to have her shrinking into her chair.

I stood and tossed my napkin onto my plate. "I think I'll take a rain check on dessert. I just remembered something I need to do."

"I'm not finished speaking with you, Eleanor."

"Well it's a good thing one of us knows when a conversation is pointless."

"If this gets out, and you embarrass this family, the consequences will not be pleasant for you. And if I don't hear from HR on Monday that you've contacted them for a job, those consequences will be even less pleasant."

There was nothing he could hold over me—and no way in hell would I be contacting his firm for a damn job.

I gave him my politest *go fuck yourself* smile and turned on my heel and walked out.

lord

"YOU BOYS NEED anything else, you just let me know," our waitress said as she set frosted mugs of Abita down in front of me and Con. The dimly lit bar was surprisingly busy for a Sunday night. The crack of pool balls and shouts sounded from across the room. Con studied me and picked up his beer.

"You gonna say something?" I asked.

This was a position that neither of us had been in before. We'd spent the last decade or so counting on each other, but never before had I asked my little brother for his blessing.

Con lifted his beer and swigged. "Fuck, that's good."

I did the same.

After I set my mug back on the table, I shifted my jaw from side to side.

"Shouldn't have dropped your hands," Con commented, with a lifted eyebrow.

"True. But you're a tricky fucker, and you would've

found a way to get a shot in."

He shrugged. "So, tell me how the hell you got hung up on Elle. She's not the kind of woman you can pin down for long."

And don't I know it. She was constant movement—never still. If she wasn't selling something to a customer, she was rearranging the displays, or trying to get me to spring for a website with an online store to increase our reach. Whatever it was, she threw her entire self into it. And that went the same for every damn time I'd kissed her.

One thing was for sure: I'd never be bored with Elle. If I ever figured her out, she'd change five minutes later, and I'd be back to square one.

I glanced up from my beer to find Con staring, and realized I'd answered his question with silence.

"She works for me. Does a damn good job."

"And?"

"And I'm ready to give having something real a shot." I lifted my mug and gestured at him. "You can't argue with that. Not with how fucking happy you've been."

Con's expression didn't change. Always studying. Working the angles. Finally, he took another swig of his beer. "You're both adults. Fuck, it's not like you need my permission."

"Not looking for permission. I just want to make sure I'm not going to fuck up the good stuff you've got going on by pissing off Vanessa."

At her name, a smile crossed his face. Fuck, it was good to see him happy.

I want that. It wasn't something I'd ever really thought about before, but now it was on my mind, and I really fucking wanted that.

"Vanessa has known Elle nearly all her life. I've only been around her for a few months, but even I know she's unpredictable. You think she's going to do one thing, and she does something totally different. She's not your typical trust fund kid. She's … I'm not really sure what kind of demons she's running from, but she seems to cover it up well by employing her own special brand of shock and awe."

He was right. Elle wasn't a typical rich girl, as much as she seemed to come off that way. But it was the last part of his comment that caught my attention.

"Shock and awe?"

"She says and does things that shock people, surprise them. Maybe she's just random, but I think there's more to it."

"You a psychologist now?"

"Not even close. But if you want my blessing, you don't even have to ask for it. Van isn't going to hold anything against you, and neither am I. If anyone knows about taking a shot at being happy, it's us."

It was as simple as that with Con. I nodded. He nodded. And the conversation moved on to something else. Something I didn't really want to talk about right now.

"How's business?"

My beer sloshed in my stomach. Con had bought Chains, brought me on to manage it, and I'd cleaned the place up and gotten it to the point where it turned a healthy profit. Within only a few months of me owning it, that healthy profit had evaporated. Between Bree—who I couldn't even be pissed at because of what had happened to her—and my grand idea to expand into vintage cars, shit was not where it'd been when Con had owned the place.

"Business is good."

He raised an eyebrow. "You wouldn't tell me if it wasn't."

It wasn't a question. "I got it covered."

"You ever need to back off on a payment, all you have to do is say so."

Con had tried to give me Chains outright, but my pride wouldn't let me take it for free. "I'm good."

"Anything changes, you let me know."

"Sure."

We both knew I wouldn't.

We finished our beers and shot the shit, talking about the boys, boxing, and the upcoming tourney until my phone buzzed. I pulled it out and looked down.

Elle.

You busy?

I immediately texted her back.

No. What's up?

Elle's response came within moments.

Need a ride. Can you come get me? Like … now?

I glanced back at Con. "Gotta run."

He paused, beer almost to his mouth. "That her?"

"I'll see you around," I replied.

I stood, pulled out my wallet, and dropped a few bills on the table. "On me."

I headed for the door, texting as I went.

On my way. Tell me where I'm going.

I DIDN'T KNOW how long it would take Lord to get to my mother's house, so I decided to seek refuge in the kitchen with Margaux, my mother's cook and house-keeper.

She hummed as she washed a big roasting pan in the sink.

I pulled out a stool at the center island and made myself at home.

Margaux glanced over her shoulder at me and smiled. "Elle, child, don't you look beautiful."

I dropped my eyes to survey the dress I was wearing. Another summery number. This one had come from Dirty Dog—a royal blue A-line with white flowers and boat neck. Yve had picked it up on eBay, and I'd nabbed it before she could even get it steamed and hung up on the shop floor. She knew better than to buy cute stuff in my size and expect that she'd get to sell it. And the best part? It had pockets.

"Thank you. And thank you for dinner; it was delicious, as usual."

Margaux's smile was wide and genuine. Probably the most genuine emotion shown in this house except for my disdain for Denton and DJ. I didn't bother to hide that.

"Why thank you. It's good to see your face around here again."

If I were sitting in front of anyone but Margaux, I would've wanted to say something like *don't get used to it*, but Margaux was good people, and how she'd stayed so sweet despite the iron fist Denton hammered on everyone in this house was a testament to her character.

"It's good to see you too."

She patted her hands dry on the towel tucked into the pocket of her apron. "So, you hidin' out or did ya just come in here to see my smilin' face?"

"Your smiling face, obviously," I said.

"Why don't I believe that for a minute?"

My lips twitched. Margaux didn't miss much. "Because you know damn well I'm hiding."

"You got a mode of escape planned, or do you need me to call Arnie?"

Arnie was my mother's driver.

"I've got a ride coming."

"One of these days you should pick up the keys and start drivin' yourself around again, child."

This wasn't something I hadn't told myself a bunch of times. And yet I still wasn't enticed. "I'm good."

"Mmmmhmmm," was all she said to that.

I changed the subject to talk about her grandkids—something I knew could keep Margaux chatting for hours. But this time, we only got about fifteen minutes on the topic before the rumble of Detroit's finest muscle came pulling up the drive.

He might not be a knight on a white horse, but I'd take a tatted-up bad boy in a muscle car over that cliché any day of the week.

Margaux's eyes shot to the window that gave us a perfect view of the driveway.

"That your ride?"

I grinned at her surprise. "Sure is." I hopped off my stool, made my way over to her, and kissed her cheek. "I'd say I'll see you soon, but I don't know when I'll be back. Take care of yourself and those grandbabies, Margaux."

I expected to see her attention on me when I pulled away, but it was glued to the window. I followed her gaze.

"Oh my lord," she breathed.

Oh Lord was right. When I looked at him, I put myself in Margaux's shoes. A six and a half foot, solidly muscled man, with a swirl of tattoos running up and down his exposed arms, dressed in ripped jeans and a black T-shirt. I thought of what he'd said about giving me until Tuesday to make up my mind.

I pressed another quick kiss to her cheek and grabbed my purse off the island. "See you later."

I headed out the kitchen door to the driveway.

"Hey, thanks. I appreciate you dropping everything and coming to get me."

Lord was eying the house. A big, white, antebellum monstrosity Denton had moved my mother to as soon as they'd said 'I do.' My childhood home was sold and everything in it that had belonged to my father had been disposed of before I'd even realized what was happening. I wasn't even sure that Denton had known that my mother had held on to the watch. If he had known, it was surprising to me that he didn't sell that too. He'd been systematic in removing every trace of my father's existence from our lives.

"Nice digs."

"Looks pretty on the outside, at least."

Lord's eyebrows went up. "You hiding a house of horrors in there?"

"Not exactly, but it's surely not the happiest place on earth."

"You ready to get out of here, then?"

"I was ready before I even got here."

Lord's forehead creased, but it wasn't in confusion over my words. No, it was over the man who'd just stepped out of the front door.

"Really, Elle? A pawnshop and now a biker?"

I looked at Lord's car. Ummm … biker? Not exactly.

"That the stepdad?"

"The one and only."

"Looks like a dick."

"If you only knew."

Rebellion, the kind I should've gotten out of my system years ago, flooded me.

I didn't waste another glance on Denton. I didn't care what he was thinking at this moment. I just knew my urge to piss him off was going strong. *You can't control me.*

"Kiss me," I said to Lord.

His blue eyes dropped to me.

"Come again?"

"Kiss me. Right here, right now."

"You looking to piss him off?"

I didn't bother to dissemble. "Call it rich girl rebellion."

"I'm starting to become rather partial to rich girl rebellion," he said, eyes flaring with heat. Wrapping an arm around my waist, Lord yanked me against him. "And fuck if I'll ever turn down a chance to kiss you, regardless of the reason."

I clutched his T-shirt with one hand as he lowered his mouth to mine.

Lord's other hand slid in my hair as he tilted my head. Our lips collided, and I completely forgot about the audience we had. Hell, I think I forgot how to breathe. I forgot everything except for Lord and his lips and hands. And his tongue. Damn, the man could kiss.

Blood rushed in my ears, drowning out everything else. My heart pounded against Lord's chest, and I wondered if he could feel the erratic rhythm. He had to know what he did to me every time he kissed me.

When he finally pulled back, he said, "Here he comes."

Who? And the only person I care about coming is me.

Then I realized he meant Denton.

"Disgraceful. Not that I'm surprised. Anything you can do to piss me off, isn't that right, Elle? You'll never grow up. You're always going to be as rebellious and childish as you were at eighteen."

"Don't talk to her like that," Lord barked.

Lord tucked me between his back and the car. *Oh shit.* I wondered if I was about to watch Denton get pounded into the pavement. Not that I would have a serious issue with that, or really, any issue at all.

"If you wanted to piss me off, you didn't have to go find someone fresh out of prison, Elle. Just an average low-life would do."

"Back off, man." Lord's words were wrapped in menace that even Denton wouldn't be able to miss.

I peeked around Lord's body to see my stepfather, hands on his hips and face turning a shade of red I'd never seen on him before. He wasn't used to being challenged.

"You know she's just using you right? Once she's satisfied that she's riled me up, she'll drop you and move on. Well, maybe she'll fuck you first, so at least you'll get that out of her."

That motherfucker.

"I suggest you turn around and go back in the

house," Lord said. His tone was pure *don't fuck with me*.

"I suggest you get the hell out of my driveway," Denton shot back.

Lord's body tensed. "If you know what's good for you, you'll get the fuck back in that house while I'm still willing to walk away." Lord turned and grabbed my hand. "I think we're done here."

"I'm more than good with that."

Lord led me around the front of the car and opened the passenger door for me.

I slid into the seat and buckled the belt while Lord rounded the hood and faced off against Denton again. I couldn't hear their words, but whatever was said, it was quick. Lord yanked open the door, climbed in, and turned the key. The engine roared to life, and Lord didn't spare a single glance at Denton as he threw the car into reverse and hauled ass out of the driveway. He didn't speak for a mile or so.

"What's your deal with your stepdad?"

"He's a dick."

"There's gotta be more to it than that."

I kept it simple. "He wants to control everyone and everything, and I have a problem with that."

"And why does it matter what he wants?"

"It doesn't. But I hate how he treats my mother. She can't breathe without his say-so, and yet she puts up with it."

Lord's hands gripped the steering wheel so tightly I

thought his knuckles would pop.

I continued, "She used to be … happy. And now she doesn't go a day without finding the bottom of a bottle."

"You ever think about trying to get her some help?"

I looked out the window at the passing houses. "Isn't the first step in that process the person admitting they need help? She'd probably give me *the look* that said I was spouting nonsense and take another drink."

"Sometimes you gotta help people find their way with that kind of thing. It's what we do for the people we love, if we can." His words were so solemn, and it took me a minute to put it together. He'd been so young when his mom had left, and his dad had callously told him about her OD. It sent a shameful swirl of guilt through me that I was old enough to help my mother, and he hadn't been.

It was something I was going to have to think about—when I was alone later. Like a coward, I changed the subject.

"I really do appreciate you coming to get me. I'm sure you had better things to do than drop everything and come running at my text."

"Wouldn't have mattered what I was doing. You need me, I'll be there."

You need me, I'll be there.

I hadn't had that kind of devotion in my life from a man since my daddy. A pang of sorrow hit me just as hard as the realization that what Lord was offering up was scary as hell. I wasn't ready to commit to something that big and give up a piece of myself, nor the control I'd fought so hard to maintain over my life. But I also didn't feel the urge to push him away like I had only a day ago.

One step at a time. And right now I needed some space to get my head on straight.

"Thank you," I whispered.

Lord didn't push, and for that I was incredibly grateful.

lord

WE LAPSED INTO silence for the rest of the drive. When I pulled up in front of Dirty Dog, Elle looked at me for only a beat before saying, "Thanks again for the rescue. I'll see you Tuesday." She hopped out of the car and closed the door quietly.

What the fuck?

Thanks for the rescue and then she bolts?

I pushed my door open and climbed out. This shit was not ending this way. I caught Elle right in front of the car, trapping her against the hood.

"If this is you running again, you gotta know it's just going to make me chase. Is that what you're really after? The chase?"

Elle's chin shot up. "Trust me, I'm not looking for anyone to chase me. In fact, the chase is decidedly unwelcome." She jerked her head to the side, flipping a lock of that sexy-as-fuck red hair out of her face. "I'm the kind of girl who does the chasing herself. I see what I want, and I get it."

She tried to duck out from under my arm, but I lowered it, blocking her escape.

Elle's eyes darted up to mine. "If you didn't realize it, I'm trying to get out of your way. I think I've already taken up enough of your time tonight. I'll let you get going now."

I dropped my hand to her hip. It was becoming my favorite place to grab hold of her—well, except for that sweet curve of her ass.

I didn't care that she was trying to get away. Not right now. I was starting to understand why she was so skittish about getting pinned down by a guy, so I needed her to hear me, and hear me good. "What happens between us is only about you and me. Leave all of the bullshit out of it. I ain't your stepdad. I ain't looking to fence you in or hold you down. But I do refuse to settle for scraps from you. If we're doing this, we're doing it for real. That's my one condition."

She looked up at me, eyes big and lost. But I wasn't backing down. This woman was worth it. Worth fighting for, even if I was fighting *her*.

"I wasn't lying when I said any time you need me, all you have to do is call. I may not be anyone's version of a white knight, but I'll still be coming."

Something flickered across her expression, but it was gone before I could identify it. She crossed her arms over her chest—a position I was becoming very familiar with. I wondered if she'd close down again, but she didn't.

"I'm not the kind of girl who needs a white knight. They're boring anyway," she said.

"Then to make sure you're not getting bored, I want my payment before you go runnin' off."

Her eyebrows shot up, and she cocked a hip, a pretty smile settling over her face. "Payment, huh? That's not a surprise coming from the guy buying and selling stuff all day."

I let my own smile loose before I lowered my head another couple inches and paused, my lips millimeters from hers. "Fucking meet me the rest of the way, woman. Show me you want this," I ordered. I wondered how long she'd hesitate, but Elle didn't disappoint; she closed the last gap between us and gave me exactly what I wanted.

Just like the kiss out in front of her stepdad's place, this one threatened to rage out of control. If my brain were still functioning, I might start wondering why kissing this woman was better than sex with any other.

But my brain wasn't running on all cylinders; I was charging forward on pure lust and instinct. Sliding a hand into that silky red hair, I took and took until my dick decided to get involved, and I remembered where we were—standing on the street. I pulled back but didn't release her.

"You and me. We're going out, and we're gonna see where this takes us."

Elle blinked several times before focusing on my face. "What? No, I didn't agree—"

"You and me. A date. It's happening."

"But—"

"Tuesday. Be ready." I released her so she could make a run for it.

She strutted away, all sexy attitude.

"We'll see, pawn star. We'll see."

I watched until she disappeared inside.

Can't fucking wait for Tuesday.

I WAS GRINNING. The silly, stupid little grin of a woman who'd had the hell kissed out of her—*again*—by a guy who proved over and over that he really knew how to kiss.

But Lord was not following the rules I'd laid out when he'd piqued my interest. He was supposed to be dumbfounded by my sexiness—which arguably he was—but then he was supposed to take what I was offering, bang the hell out of me until I couldn't remember my own name, and then he was supposed to *move on.* That was it. Game. Set. Match. End of story.

I should've guessed a guy who grew up on the streets—and became the sexiest man I'd ever laid eyes on—wouldn't fall neatly into the program I'd outlined. This was a problem. And the even bigger problem? Those kisses were tempting me to deviate from the goddamn plan.

No, Elle. Bad, Elle. There's a reason you don't date—because that means giving up the independence you've busted your ass to maintain—and you're not about to lose it now.

My mental pep talk stuttered to a jarring stop when I stepped inside. In front of my gate was a bottle. Of champagne.

Dom. With a slip of paper tucked behind the corner of the label.

Holy. Shit.

I crouched down, my hands shaking as I reached for the paper. I hadn't gotten a good look at the note that had accompanied the other bottle, but it didn't take a Nobel Prize Laureate to guess who sent this.

Wanted to make sure you got this bottle. Be waiting on you, Red.

A shiver ripped through me. It was almost eighty degrees in the non-air conditioned lobby, and yet all the blood in my body was freezing.

Holy fucking shit.

I jammed my hand into my purse, pulled out my keys, and stabbed one into the lock on the gate. The bottle slid across the tile floor as I pulled the gate just wide enough for me to slip inside before slamming it shut. I left it there—on the floor—as I ran up the stairs two at a time and let myself into my apartment.

Holy fucking shit.

Rix knew where I lived.

And he hadn't given up.

This was not good. This was *really* not good. And now I was flipping the fuck out, and there was a bottle of Dom at the base of the stairway that could de-stress me like a champ. It was practically calling my name.

No. Not going there.

I looked down at my purse. The note stuck to the purple lining, and my phone was tucked in the pocket next to it.

All I had to do was grab it and call the number I'd texted earlier tonight. Lord would be at my gate in minutes. And then what? He'd go hunting down Rix?

Shit.

The idea of him going after a guy like Rix scared me just as much as knowing that Rix knew where I lived. Yes, Lord could handle himself, I was sure of that. He was the most capable guy I'd ever met … but what if Lord hurt him and the gang came after him? Lord might be fierce against one guy, but a whole crew? I wasn't betting against Lord, but I couldn't put him in that kind of position. Because I cared too much about what happened to him.

Shit. I'm already getting in deep.

I couldn't make the call. At least not tonight. I needed to woman up and face my problems.

I reached into my purse, bypassing my phone, and grabbed something else entirely: my gun.

I cleared every room of my apartment like I'd seen on those TV cop shows before double-checking the deadbolts and the windows. Finally, I washed my face and curled up in the corner of my bed and tried to sleep.

The blue numbers on the face of my alarm clock mocked me as every hour passed.

elle

"THANKS FOR THE ride, babe," I said as I slid into Vanessa's Mercedes and shut the door.

My best friend's smile was wide and genuine. It chased away some of the bad feelings still stalking me. After my sleepless night on Sunday, I'd dragged ass all day Monday. Oh, and I'd been too paranoid to leave my house. So much for facing my problems. But … when I'd gotten a text from Lord this morning saying he couldn't give me a ride, and he added that I "damn well better not walk," I didn't quibble. I called Vanessa. Sometimes I wondered how I got so lucky that she put up with my special brand of crazy.

Vanessa shifted the car into drive before saying, "You know I'm here for you any time. I miss our drives to and from work."

Her smile dimmed a few watts, and I knew it was because she was thinking about the reason we no longer worked together. Words fell from my mouth without thought as I grasped for a change of subject.

"So do you think Con has a bigger dick than Lord? Or do you think Lord's dick is bigger, because he's the older brother?"

I didn't say it was a good subject change. It was just a *change*.

Vanessa slammed on the brakes. We were at an intersection, so this was as the law demanded … but the force with which she hit them might have been a little more intense than necessary.

She snapped her head sideways to look at me. "Seriously? Are you seriously asking me if I've seen my boyfriend's brother's penis? And—just to be sure I'm clear—you want to know if maybe when I saw it, I got out a ruler and measured to compare?"

We were both silent for a moment—staring hard at each other—before we erupted into laughter.

That was all it took for the shadow to be eradicated and Vanessa's light to shine brightly again.

"You're insane. You know that, right? And even if I did know—which I *don't*—I would never admit it," she said.

"So basically I can't trust that you're telling me the truth?"

Vanessa flipped her blinker on and changed lanes.

"More importantly, do you have any idea what you're doing? With Lord, I mean?

I directed my eyes forward and away from Vanessa's sideways gaze. "Nope. Not a damn clue."

She slowed at another stop and stared at me.

"He's not your normal party guy looking for a good time, Elle. I don't know him as well as I'd like to, but that's because he doesn't really let anyone get close. He won't even let Con tell people they're related. And he's got this intensity that outdoes even Con's. Then there's you—you might as well tattoo *don't even freaking think about it* on your forehead with how much you keep guys at a distance. I'm just not sure how I see this working out."

I crossed my legs, my hands fidgeting in my lap. "I know. I'm kind of freaking out."

"But you're not shutting him down?"

I shrugged and bit my lip. "He said we're going on a date tonight … I don't think I'm going to say no."

"That's not a bad start. If you were going to break your rules for anyone, he's a great choice. And I know he's *really* into you."

My eyes cut to her. "What have you heard?"

"He laid it out for Con that he was going for it with you, and it wasn't going to be a one night thing."

No he did not.

"Seriously?"

"Yep. Wanted to make sure it wasn't going to be an issue for us if you guys were … whatever it is you're doing."

"I can't believe he did that." Although, I guess I shouldn't have been shocked—he'd said he didn't want to stir up shit with Con by one-nighting me.

Van glanced at me for a beat before her eyes went

back to the road. "He and Con are really close, probably closer than they would have been if they hadn't been separated. It doesn't surprise me at all that they'd discuss it."

But still, the fact that he'd actually talked to Con about it and made sure it wasn't a problem? That meant he really *was* serious. I was venturing into new territory here, and I was fumbling my way through it.

Vanessa slowed as we neared Chains and cursed when she realized she was going to have to parallel park halfway up the street.

"You can just let me out here. You don't need to park."

"Shush. We're not done with this conversation. Besides, I'm fully capable of parallel parking."

I bit my lip and said nothing as Vanessa attempted the parking job three times. On the fourth try, she finally slid into the spot. She didn't waste a second before putting the car in park and turning to me. "So you're not sleeping with him yet? It's been over a day since he and Con had the talk, and he doesn't seem like the kind of guy to waste time. I call bullshit."

Oh hell. Bulldog Vanessa is coming out to play, and I'm the target.

"I'm going to be late for work. I should go." I reached for the door handle, but Vanessa slapped her hand over the lock button. I tugged on the latch and hit my own lock button. Nothing.

I jerked around to look at her.

"Seriously? Child locks?"

She raised a blond eyebrow in response. It clearly communicated one word: *spill.*

I sighed. "No. I'm not sleeping with him. Or fucking him in the stockroom. Or getting off in any way except self-help. Happy?"

"Are you going to?"

I thought about how drop dead sexy the man was. Did I want to? *Hell yes.* But things would get exponentially more complicated after. And still…

"Of course. How could I say no to that?"

Vanessa smiled, and then it slipped away. "Just be careful, okay? You're both important to me. No matter what happens or doesn't, I'm going to love you both, but … just be careful." Vanessa's words were sincere, and it reminded me once again why I was so lucky to have her in my life. For some people, it was the family they'd been born into who looked out for them and hit the child lock button when a come-to-Jesus talk was in order. For others, it was the family they'd chosen themselves.

"I will, I promise. Love you too, Van."

"You'll call me if you need me?"

"You know I will, babe." I grabbed the door handle again. "Now I really am going to be late for work."

Vanessa laughed and hit the button, granting me freedom.

I climbed out of the car, shut the door, and waved as she pulled away. Turning, I began walking the hundred or so feet to the door of Chains. I only had about ten yards to go when a sharp voice stopped me.

"Dayum, baby. I can see why Rix wants you so fuckin' bad. Those curves could stop traffic. Makes me wanna peel that dress off you and see 'em for myself."

I froze, even though instinct told me to keep walking toward the door. My feet were riveted to the sidewalk at the sight of the man stepping out from between the buildings. His jeans hung low, and his grayish-white wife beater had seen better days. Black ink circled the dark skin of his bicep and snaked down his arm, ending in what looked like the head of a cobra.

Why was I noticing his tat? I should be running for the safety of the shop. I gripped my purse tight to my chest and stepped forward. But he sidestepped, and his arm shot out.

"Where ya going, baby? Leaving so soon? I just wanna talk wit' ya. See what has Rix so fucked up over ya."

"Please move out of my way. I need to get to work." I kept my tone serious, assertive. I was not backing down.

The smile on his face faded into a harsh flat line— and just like that, his attitude flipped. "You can go when I say you can go, bitch."

"Charming," I mumbled.

"'scuse me? You say somethin'?"

I bit my tongue. Literally—and hard. The tang of copper filled my mouth. But even that didn't stop my ill-advised words. "I said that's just *charming*. If this is your way of—" The mini tirade that was brewing and boiling over out of me cut off prematurely when the 'Cuda slammed to a stop—double parked and facing the wrong direction—a few feet to my right.

The door flew open, and Lord was out and on the sidewalk before I could completely comprehend what was happening.

"Get inside the store, Elle," he said. His eyes— blazing blue and flaring with anger—landed on me for only a fraction of a second before spearing the man with the cobra tattoo. I decided not arguing was in my best interest.

I tried to go around the guy, but he sidestepped with me again and continued to block my way.

"Back off, man. Right the fuck now." Lord's voice had dropped to a growl, and the man's attention jumped from me to Lord. I took the opportunity to dodge around him and race for the door. Part of me wanted to stay on the sidewalk, listening in on what was sure to be an enlightening ass-ripping, but I was too shaken to enjoy it.

Their voices were raised, and expletives flew back and forth as I reached Chains. Mathieu was already pushing the door open, probably wanting to know what was going on.

"Dude, Jiminy hassling you?"

Jiminy? Is he a fucking cricket handing out advice? Because he looked like a gangbanger with a gun shoved in the back of his boxers—which were riding much higher than his sagging jeans.

"Omigod. He's got a gun," I whispered to Mathieu.

The boy snorted. "Like Lord don't? He can take care of himself. Fuck, he don't need a gun to take Jiminy out. He could kill him a dozen different ways with his bare hands. Spec Ops, you know? That ain't for pussies." Mathieu's words were all colored with undeniable pride. His chest puffed up, and he added, "Plus, I've always got his back."

For a moment I'd forgotten how capable Lord was. He was trained to kill. Had killed. That didn't scare me. Actually, it was kind of … comforting.

Mathieu swore, and I focused my attention again on what was playing out on the sidewalk.

Jiminy was reaching for his gun. Lord grabbed the gun and his arm, whipped him around, and pinned him face first on the sidewalk before even a whisper of the scream building in my lungs could escape my lips. Lord crouched low, his face close to the man's—which was pressed to the broken concrete. Neither of us could make out what he was saying, but I could see twisted anger on Jiminy's smashed face. And then in a blink, Lord dragged him up to his feet by the scruff of his neck, as though he weighed nothing. Jiminy's lips started to move, but Lord tossed him against the side of a beat-up Tahoe parked at the curb and turned toward the shop. He never looked back.

Lord was only a half dozen feet away when he said,

"Told you to go inside, Elle. You'd best do that now."

I looked over Lord's shoulder to where Jiminy stood, still leaning against the Tahoe, one hand on the back of his neck, rubbing it, and the other hand poised in the shape of a gun. He glared at us and cocked his thumb.

I turned, not wanting to see anymore, and led the way inside.

For the second time in recent memory, chills rippled through me despite the Louisiana heat.

Lord

I FOLLOWED ELLE inside, slammed the door, and flipped the sign to CLOSED. What needed to be said didn't require an audience.

"Mathieu, look sharp." He spun toward me just as I tossed the keys to the 'Cuda at him. In any other mood, I would've told him not to scratch it, but right now, I had a hell of a lot more important things on my mind.

"Go park it in the warehouse. Don't hurry back."

Elle turned toward me, and we both watched as Mathieu high-tailed it out of the shop, the chimes on the door jangling as he shut it. I stalked over and locked it.

"What the hell was that?" I asked. I fought to keep the rage out of my voice.

She crossed her arms and glared. "I get stopped on the street by some guy, and it's my fault? I was just trying to get to work."

"Did I, or did I not, tell you not to walk?" I asked,

taking three steps to put me toe-to-toe with her.

"Do not speak to me like that. And for your information, I didn't walk. I got a ride. A ride that dropped me off on the sidewalk—and this *still* isn't my fault."

"You're too fucking beautiful for your own good."

Elle's mouth dropped open.

"*Still not my fault.*"

I dropped my eyes to her feet and dragged them up her body. "Those legs, that ass, and those tits? Not your fault. That sexy yellow dress and those pouty red lips that make every man think about how good they'd feel wrapped around his dick? That's all you, sweet thing."

The lips I'd just called out snapped shut—but only for a moment.

"You seriously did *not* say that."

"Damn straight I did."

"You're unbelievable. I can't even—"

"We're not talking about me. We're talking about you, and the fact that unless I'm with you, you're not in this neighborhood. Now that Rix has the spotlight on you, every gangbanger is gonna try to get a look. If they're from his crew, they'll look, but won't touch. If they're venturing out, then there's no telling what they might do."

"And who was this guy? Was he one of Rix's crew?"

I shook my head. That wasn't the point. "Does it matter? To you, none of them are good news. You see someone, you call me. Right then."

"And what if they come in the store? Am I supposed to tuck tail and hide in the back room? How is that going to work?"

I reached up and wrapped my fingers around the base of my neck. *Fuck*. This was just one more reason she didn't belong here. I should fire her for real. And if I did that, I'd never fucking see her again.

Rock? Meet hard place. My rationalizations started filtering in at Mach One. If I kept her close, always brought her to and from work myself—and worked all the same shifts—then there was no way in hell they'd get to her. *I* was her best defense against the position I put her in by letting her work here in the first place. Wasn't it my responsibility to stand firm in that defense? Did it really matter what my motivations were as long as I made sure that her safety came first?

I dropped my hand. "We work together. We come and go together. If I can't be here, you aren't here. If I go out to look at something, you go with me."

"Is that really necessary?"

I jerked my head toward the now-empty sidewalk. "What do you think he would've done if I hadn't been here?"

Elle straightened and propped her hands on her hips. "Mathieu is here, and he seems pretty capable. Otherwise, he would've gotten acquainted up-close-and-personal-like with my gun. That's what he would've done."

Jesus. "I don't think jail would suit you too well. Even if you'd get out eventually on self-defense."

"It's not like I haven't been there before," she snapped. Her eyes went wide just before she lifted a hand to her horrified face.

I couldn't have heard that right. No way in hell had Elle Snyder spent a single second in jail. "Come again?"

She stood, completely frozen, and I closed the remaining distance between us. Reaching out to take her hand, I pulled it away from her face. "Tell me."

Elle shook her head. "No. It's not—"

"I went to jail on conspiracy charges. They got dropped when I agreed to enlist," I said.

Elle's voice shook when she said, "A DUI. But I didn't even drive. I swear—I didn't. I just … I woke up to the cop pounding on the window. I was in the driver's seat. I don't even remember—shit. That just makes it worse. What am I saying? It's already worse. I can't—" All my anger melted away as she stuttered out her explanation.

"Whoa. Calm down, sweet thing. No one's judging you here." I skimmed my thumb along the back of her hand.

It wasn't anything to be proud of, but neither was my past. We all made mistakes.

"How long ago?" I asked. It wasn't because I was judging; I was just curious.

"I was in college. A senior. The night before graduation. I didn't walk."

"Partied a little too hard?"

Her expression turned unreadable. "Something like

that. I don't drink now. At all. And I also don't drive."

"*That's* why you don't drive?"

"Yeah. So there's no possibility it could happen again."

It was the last thing I'd expected her to say, but I had to admire the conviction behind her words, even as my chest panged with her fear.

My thumb was still rubbing back and forth across Elle's hand, and I didn't want to let her go. And because I'm a pushy son of a bitch, I pulled her closer instead. Not anticipating my move, she stumbled into me. I steadied her by wrapping my other arm around her. A change of subject was in order.

"You ready for tonight?"

Elle blinked twice, and I decided right then that keeping her off balance was the best thing I could do. Anything else, and she'd always have her defenses up. This way she'd be too busy trying to keep up to remember to shut me out. She opened her mouth, but closed it before answering.

"You got an answer for me?"

She bit her lip, which just made me want to duck lower and use my teeth to tug it free. But Elle got with the program and answered before I could give in to my urge.

"On one condition." Her reply shocked me. I thought for sure she'd be trying to turn me down, and I'd have to haul out the charm I saved for important situations.

"What's that, babe?"

A small 'v' formed between her eyebrows. "First, don't call me babe. But that's not my condition. My condition is that you don't expect a damn thing. I'll agree to go out, but I'm not agreeing to anything beyond that." Her tone was adamant.

I didn't mind not calling her 'babe,' but I found it telling that she'd never shut me down when I called her 'sweet thing.' Noted.

And no expectations. I could do that—because there was no way she'd end the night not wanting more. I'd make sure of it.

Instinctively, my fingers curled around her hip. "Done, but I have one condition of my own."

"What's that?" The words were laced with skepticism.

"No expectations, but also no bullshit. I don't want you lying to me—or yourself. You don't want anything from me because you're not feeling this, then we deal with it. But I ain't about to let you sell us both short because you're scared."

"No expectations and no bullshit," she repeated. She sucked a deep breath and exhaled slowly. "I can do that."

"Good. We're leaving at five. Get ready for a helluva night."

"UMMM. *THIS WAS* not what I expected when you told me to get ready for a helluva night." I surveyed the rickety dock with warring uncertainty.

"Do you trust me?" Lord asked.

It was a loaded question if I'd ever heard one. Did I really, truly trust anyone? Other than Vanessa, of course. It was something I didn't feel like pondering right now. Lord looked over his shoulder at me, nearing the covered mooring. He was waiting for an answer.

"Are you planning to murder me and dispose of my body in the swamp?" I asked. The dock we were standing on floated on the edge of the bayou near Lake Salvador. And it didn't take a genius or a swamp expert to recognize that tied to the dock, under the camo canvas, was an airboat.

"Would I have bought you dinner first if I planned to do that?" Lord's mouth tugged upward in a half smile. It was a *really* good look on him. Hell, if he were a serial killer, at least my last vision would be a sexy one.

"I suppose not. But I'm totally taking a picture of this boat and sending it to Vanessa just in case." I didn't really intend to, but I reached into my purse just for show.

"So I'll take that as a no on the trust factor then. And by the way, it's Con's boat."

"I guess I trust you enough to skip the picture then. After all, you did feed me the best ham sandwich on the planet." Lord had taken me to the famous Mother's Restaurant, and we'd gorged on ham and biscuits. Surprisingly, I'd lived in NOLA all my life, except for college, and I'd yet to ever eat there. I'd been missing out.

Lord gave me a chin jerk and reached for the canvas covering the boat. He unrolled it expertly before folding and tucking it into a wooden box on the end of the dock.

Another thing I'd never done: ride on an airboat. It was very *Swamp People*, and not something I'd ever expected to do, but when Lord took my hand and helped me aboard, I settled onto the bench seat next to the driver. It felt a little like what I imagined it would to sit in the middle of a pickup truck bench seat. Intimate. The thought struck me, and I started to slide over. The boat rocked as Lord stepped in, and he caught my movement. His hand landed on my arm, stilling me.

"I like you close."

He was pushing things, and we both knew it. The decision crystallized before me. Slide across the bench and put the space between us that I wanted to keep to protect myself, or stay in the middle, and be open to the possibility of more.

I was still deciding—debating and rationalizing—when Lord held ear protectors out and over my head. He didn't close them over my ears, just held them—waiting.

"You make your decision, Elle?"

The man wasn't in my head, but he could read me so easily.

"I'm good," I said, telling myself silently, *I can always change my mind later…*

He nodded and settled the ear protectors into place. Lord didn't waste any time firing up the engine. A few moments later, he'd tossed off the lines holding us to the dock and pushed the boat away.

We idled through the swamp, and Lord pointed at something and his lips moved, but I couldn't hear him through my ear muff thingies.

"What?" I yelled.

His smile widened. He pointed to his ears, and yelled, "You can take them off for a minute. You really only need them when we get cruising."

I looked at him in confusion as I pulled them down around my neck. "Then why did you put them on me right away?"

"Because I knew you'd look too fucking cute with

them on."

I laughed, still slightly confused. "You're a weird one, you know that, right?"

He shrugged and pointed to the bank. "See the gator tucked up near that log?"

"Holy shit," I breathed. "I've never seen one so close."

"Then you're in for an experience."

Lord maneuvered even closer to the bank and shut off the engine.

We floated toward the log, and I expected the gator to sink beneath the surface, but it didn't. It clearly didn't care that we were encroaching on its space.

"He ain't real old. Maybe three or four years, at most."

I shook my head. "How do you know that?"

"Spent a lot of time in the swamp in my day."

"When?"

"When I needed a break from watching my back twenty-four/seven or I was just plain sick of living on the streets. This was where I came to get my shit straight and lay low when things got too hot."

By *too hot* I assumed he meant the cops or gangs. I didn't ask for clarification, and Lord continued, "If I'd only had me to worry about, I would've stayed out here for good, but I wasn't about to give up keeping tabs on Con. So it was only a week or so at a time, but I'd hitch a ride from the city, steal a pirogue, and just explore. Once I got lost for three days. Luckily it was during gator season, so a couple guys found me. By that time, I'd figured out how to catch rabbits and roast 'em over a campfire. It was some of the best eatin' I'd had in years—that I didn't have to steal. I'd snatched a book from the library—*My Side of the Mountain*—and that kid made all sorts of cool shit while he was living in a tree. I didn't make acorn pancakes, because I didn't have the right stuff, but I sure as shit appreciated the fact that I wasn't up in the Catskills where it was cold."

"You're kidding."

"Nope. True story."

The gator finally disappeared beneath the surface, and Lord grinned at me as he pushed off the log and turned the boat in the direction we'd previously been heading. "You ready to fly?"

I was still absorbing what he'd told me, but I nodded anyway.

"Ear muffs on," he ordered.

I complied, and he fired up the boat again. This time, we didn't go slow—we *flew*.

Lord handled the boat expertly, but I still squealed and grabbed his arm as we skidded around turn after turn. He treated the swamp like his own personal racecourse. It was *amazing*.

My squeals turned into laughter, and even though I was no longer freaked out, I still held on. Lord's thick bicep flexed beneath my hands, and I guessed that he liked being my anchor. I'd not had one of those in my life in a long time.

A glance up at him revealed his small smile, and he manipulated the controls to turn us sharply again so I was squished even closer against his side. I knew in that moment that he was doing it deliberately. And I didn't care. I *loved* it.

I lost track of time as we coasted through the bayou and out into open water. Ahead of us, a gorgeous sunset was just beginning to paint the sky with pinks and oranges. Lord finally slowed and killed the engine. He lifted his ear protection, and I did the same.

I was laughing when I asked, "Is this where I need to start worrying?"

His smile grew from a small one into the grin I was becoming familiar with. "Only if you're worried about how bad you're gonna want me after I kiss the hell out of you while the sun goes down."

I stopped laughing.

"I've been watching that perfect mouth of yours smile for the last half hour—which means we're damn lucky I didn't run us straight into a tree—and I'm gettin' a taste of it."

I bit my lip. "When you put it like that…"

He reached out and tucked some of my windblown hair behind my ear. "You look good like this," he murmured.

"Like what?"

"Happy."

I stilled. Happy? I didn't think of my life in terms of happy or unhappy. I just *was*. But he was right.

Right now, this moment, I had no cares. I was living in the now and enjoying it—because of him.

"Kiss me," he said.

I didn't balk at the order. I reached out and trailed a finger over his lips. The bottom one was fuller than the top, and he caught my fingertip between his teeth and nipped. I pulled my hand back, dropping it to his thigh. The muscle tightened under my touch, and I reveled in the power of being able to affect him. This man was wild, untamed—seemingly fearless—and yet his body jumped when I touched him. That was insanely seductive.

I half-stood and twisted, planting one knee between his legs on the bench seat and settling myself on top of his thigh.

Lord's groan unleashed something in me. Yes, he'd given the order, but he'd handed control to me. I was in charge—and I wanted to make him *burn*. I rested one hand on his shoulder, and wrapped the other around the base of his neck.

"You sure you can handle me?" I asked.

"If your lips aren't on mine in less than two seconds, I'm going to be taking the reins here." His hands settled on my hips and squeezed. The movement rocked me back and forth on his thigh, and my clit lit up with the sensation. My floaty skirt was completely inappropriate for swamp-boating, but it meant that there wasn't much between us. I glanced down to see the huge bulge in his pants.

Lord followed the direction of my gaze. He gripped my hips tighter and began to lift me.

"Spread for me. I want you straddling my lap."

I lowered my head and whispered into his ear as I complied, "You're lucky that's exactly where I want to be."

My lips hit Lord's as his eyes lit with something that looked a whole lot like satisfaction. I closed mine and threw myself into the kiss, opening my mouth and tasting him.

This could become addictive.

His hands curved around my ass, and he pulled me closer. I might have been on top, but I was no longer in control—and I was totally fine with that.

I wanted him. Under me. Over me. Behind me. Whichever way I could have him. I put every bit of my longing into the kiss as I rocked against him.

Lord pulled back first. "Fuck, woman. You can't kiss me like that here—not unless you want me to lay you out and take you on the seat of this goddamn boat."

"I—I'm not saying no to that." My body clenched with need.

"Not the first time."

"Even if I ask nicely and say 'pretty please'?"

One moment I was straddling him, and in the next I was on my back on the seat, and his mouth was on mine again. My lips. My jaw. My neck.

Thought disintegrated when his teeth dragged

down my earlobe and nipped.

"Please," I whispered.

My nipples, which were already hard and aching, puckered further at the rumble of Lord's deep voice in my ear. "I love the word *please* on your lips. I can't wait to hear it while I'm deep inside you, and you're moaning my name."

Moaning his name? I was about to do that right now.

"Is that a yes?" I asked, my words breathy, and if I'd cared at all, I might have been embarrassed to hear myself sound so desperate.

"When I get you under me again, we're going to need a helluva lot more space and helluva lot more time."

IT TOOK EVERYTHING I had to pull back and smooth Elle's skirt down her legs. She stared up at me, the need in her eyes clear and sexy as hell. But I didn't bring her here to fuck her in the middle of a swamp. I might not be a classy kind of guy, but she deserved better. That didn't mean I wouldn't fuck her in the middle of the swamp eventually, but not this time. I wasn't lying when I said I wanted more time and more space. I ran my palms up her sides and dragged my thumbs over the nipples taunting me beneath her shirt.

She shivered at the contact, and my dick jumped again. I didn't think I could get any harder without busting through my jeans.

"This right here is a rain check. This is happening, Elle. You and me."

She opened her mouth to protest, but I continued, "We'll stick with the no expectations and no bullshit, but that doesn't change the fact that this is happening. We won't put a label on it if that's gonna scare you off, but you need to know I'm staking my claim. You're mine."

"I—I didn't agree to—" She cut off her own words, and I swore I heard her brain kick into overdrive. If she overthought this, I could lose my shot. That wasn't fucking happening.

"Elle, stop."

Her forehead creased as she met my eyes. "Stop what?"

"Overthinking this."

"But—"

"But nothing. It's happening. And you're going to enjoy the hell out of it, and me." I flicked her nipples again, and her eyes clouded.

I don't know what tipped the scales in my favor, and right now, I didn't care. The only thing that mattered to me was the shape of her mouth as she said, "Okay."

AFTER I DROPPED off Elle, I was too keyed up to head home. It'd taken every ounce of my control to watch her walk up the stairs alone. But this—what we were starting—was worth taking slow.

I headed to the gym instead. It was late, so I was surprised to see Reggie's old truck still in the parking lot when I pulled in.

I let myself in the back door, and was greeted by the quick, rhythmic *smack* and bounce of someone hitting the speed bag. Reggie's smooth movements hadn't lost any impact over the years. He paused and stretched his shoulders, and I crossed the floor toward him.

"Still looking good, old man."

He swung his head around.

"Hey, Lord. Whatcha doing here so late?"

"Thought I'd hit a bag for a while. Haven't gotten a workout in today."

"Why don't you go get changed, and I'll get in the ring with some mitts so you can get a good one in."

"You sure?"

"I ain't got anything better to do tonight."

I headed for the locker room and changed into shorts. Reggie was waiting for me in the ring, and I ducked between the ropes and bounced on the balls of my feet and stretched.

I started to punch, and he started to talk.

"Surprised you ain't out living it up. You're here with an old man instead."

"I had a date tonight. So don't worry about my social calendar."

"A date," he said, tilting his right hand for my uppercut. "Thought that was ancient history."

I laughed. "It's sure been awhile since I've had a proper one."

"And yet you're not in her bed."

I punched harder into the mitts. "It was a first date."

"And you're being a gentleman?"

"More like trying to make sure she agrees to a second one."

Reggie's chuckle boomed across the quiet gym. "She's playing hard to get so you're turning it around on her?"

We circled as I continued to bounce and strike. "Just trying to do it right."

"She must be a special girl."

"She is."

"Then you better bring her 'round so I can get a look at her sometime. I gave Con's girl my stamp of approval on the first day. Gotta make sure yours is a keeper too."

Reggie's concern warmed me more than the sweat I was breaking. Con may be the only biological family I had, but the one we'd built was a helluva lot better than the one we'd started with.

"I'll do that."

I kept punching and circling until my shoulders and arms were too tired to move. I'd be sore tomorrow, but at least tonight I'd be out when my head hit the pillow.

And yet, I still dreamt of Elle.

ANTICIPATION. THAT WAS the feeling buzzing through every muscle of my body. After I'd agreed to Lord's proposition, I couldn't stop my mind from going to all the places it had already gone, but in more detail. Anyone who said that women didn't think about sex was full of shit. After our date, I'd gotten a little hands-on and given myself the release that had been burning low in my belly since he'd touched me. If you forced me to admit it, I'd probably tell you that Lord's name echoed off the walls of my bedroom when I came. When he'd picked me up for work the next morning, I'd felt like what I'd done the night before was stamped on my forehead. Instead of a scarlet letter, I had an invisible tattoo that said: *I scream your name when I masturbate.* Knowing Lord, he'd probably be totally cool with that. Didn't mean I was going to offer up the information.

Work had been business as usual … for the most part. Except now, instead of holing up in the office,

Lord hung out up front with me. I think there might have been twenty minutes out of the entire day when he wasn't touching me or close enough for me to feel his presence.

With anyone else, I would've felt claustrophobic, but with Lord, I could barely curtail the urge to rub up against him like a cat in heat. What was I saying? I took every opportunity to do just that. I "squeezed" by him to clean the top of the glass case for the fifth time today.

"Woman," he growled. "You rub that tight little ass of yours up against my dick again, and I'm going to bend you over, flip that sexy skirt up, and take you right here."

I turned on my sassy smile. "You like it … don't deny it."

His hands landed on my hips, and he dragged me back against him. The ridge of his cock pressed against the seam of my ass.

Cue another shiver.

"You're teasing the fuck out of me, and making it impossible for me to think. I gotta run some numbers in the back just to get my dick to calm the hell down so I don't scar my customers for life."

"More like give them a hell of a show…" I said.

His breath hit my neck before his teeth dragged down the tendon.

This man was lethal.

He turned me in his arms, his eyes dropping to my

chest. Luckily, today I was wearing a bra that was lined, or otherwise *I* would've been the one providing a show.

"I need you in my bed, Elle. Ain't fucking around any more. I need to be inside you."

I bit my lip to hold in the moan. What I didn't hold in was the whispered, "Okay."

Lord released me and stepped back. "Good. Now get back to work. I gotta do some shit in the back. You need me, just holler." He walked away, leaving me all hot and bothered and *frustrated*. I watched him. Well, I watched how his worn jeans perfectly cupped his ass. He looked over his shoulder and caught me staring. His wink was just as sexy as the rest of him. I winked right back.

The next couple of hours passed quickly—one customer after another buying stuff that I'd raised the prices on. A pair of diamond studs, an enameled locket, and a pair of sterling cufflinks engraved with a lion's head. The last customer had just walked out, and I'd hauled out my coffee filters and homemade glass cleaner to wipe the fronts and tops of the cases down *again*. People just couldn't keep their fingerprints to themselves.

I was bent over, scrubbing at a particularly stubborn smudge when a hand landed on my ass and squeezed.

A frisson of arousal skipped through me, and I backed up into the wide grip.

"Fuck. That ass."

The voice? It wasn't Lord's.

I shot up to a standing position and spun around.

Rix.

"Umm… That—That didn't happen. Rewind. So sorry." The words tumbled out in an awkward babble.

"You just made my day, sweet thing. Don't fucking apologize."

The endearment sounded so wrong coming from anyone but Lord. That was what *he* called me. No one else.

I slipped around the edge of the case, putting some much needed distance between us before I snapped, "Don't call me that. And don't get any ideas. I thought—"

"I know exactly what you thought, *sweet thing.* Don't mean I'm gonna forget how fucking lush that ass felt in my hand. Ever." His smug smile faded fast. "You let too many men put their hands on you, though. Don't fucking like that one bit."

What the hell is he talking about?

"I don't—"

"Did you let Jiminy put his hands on you or not? Because as much as it pisses me the fuck off, that has to really fucking piss off your man. If he really is your man."

"He's—"

"He's right here, and can speak for himself," Lord said. The low growl would've had a sane person running—but it didn't work with Rix. "I took care of that shit with Jiminy. You don't need to be worrying about Elle. She's got all the man she can handle. In fact, I'd prefer you forget she fucking exists." Lord's body pressed up against mine, and I leaned into him.

Rix's smile turned even smugger, and I couldn't figure out why. Lord had just laid down the law, and I was good with the law he'd laid down. I didn't want another repeat of the bottle incident. *Fuck. The bottle.* My eyes darted to Rix, and he smiled at me. I could've sworn the man was reading my mind.

"You need some more Dom, baby, you just yell. I've got you covered. You already know I'll deliver it right to your door. Anything else you need, too." Lord's hand clamped down on me as Rix gave both of us—or maybe just me—a chin jerk and headed for the door.

The chime was still ringing when I turned around—not of my own volition—and faced Lord.

"What the hell was he talking about? Delivered to your door? Is there something you forgot to share?"

Lord's eyebrows were drawn together, his blue eyes hard. He looked *pissed.*

I swallowed. "Well … umm…"

"Spit it out, sweet thing—before I lose my patience and jump to my own conclusions."

"He knows where I live."

Lord's expression darkened further. "And you know this how?"

"Because, like he said … Rix—or someone from his

crew—left a bottle of champagne against my gate. You know, the one that leads up to my stairs."

The muscle in his jaw ticked. "I'm getting that. And you didn't think this was worth mentioning? That he knows where you live and clearly hasn't lost interest?"

"It was Sunday—when you came and picked me up. I didn't want to call you and ask you to come back and rescue me again. I'm a big girl. I've got it covered. I can handle myself."

"She can handle it herself," was all he said before those angry blue eyes locked on mine again. "You think you can handle Rix yourself? Really, Elle?" My name cracked like a whip from his lips, and I decided I never wanted to hear him say it like that again.

"I just—"

"You listen to me, Elle, and you listen close," Lord started, before cupping my jaw. "This is not shit you try to handle by yourself. And if Rix ever pulls another stunt like that—and there's a good chance that he might—I better be the first call you make. Immediately. Not three minutes later, and sure as shit not three days later. I can't keep you safe unless I know what's going on."

"It's not your job to keep me safe."

"I beg to fucking differ. You stepped into my world, and your safety absolutely became my job." His thumb skimmed my cheek and his voice gentled. "Are you going to cooperate, or am I going to have to help you get there?"

I didn't know if it was the fact that he was touching me, or the low, husky tone of his voice, or the fact that he wanted to take care of me, but something inside me screamed *no, I don't need you to help me get there, because I'm already putting myself in your hands.* Which is why I whispered, "I'm there."

The muscle in Lord's jaw relaxed further. "Good. Then you won't argue when I tell you that we're stopping at your place to get your shit, and you're coming home with me."

He was right; for once, I wasn't going to argue.

I SHOULD'VE FELT jumpy with the still-not-totally-unpissed waves rolling off Lord as we pulled away from Chains, but something about it actually energized me. He was this worked up over me because of his concern for my safety. I'd had disinterest, annoyance, and downright disapproval from people in the recent past, but it had been a long, long time since I'd seen genuine concern. It was … different. And the warmth that bloomed inside me didn't stop in the vicinity of my chest—it carried all the way through to other parts of me.

I chanced a glance at Lord as he navigated us through the streets of NOLA in the big, bad Hemi 'Cuda. God, I loved this car. It made me wish I hadn't laid down the law for myself that I'd never drive again.

I could only imagine feeling the power beneath my hands as I gripped the steering wheel. I shoved the thought away—because it was just getting me even more worked up. I wasn't sure what Lord's plans were for the night, but mine were swiftly shaping up to be as naughty as I could possibly make them. The man beside me was solid, strong, and undeniably sexy. I wasn't ashamed to admit that I'd been envious of Vanessa when she'd started things up with Con. But now I was riding beside the older—and to my mind, hotter—version of him. I glanced out the window and up toward the sky. *Thank you, whoever is up there*, I said silently. *I promise I'm not going to waste this opportunity.* Because I knew—even if Lord wasn't ready to admit it—whatever might happen between us was sure to be temporary in nature. I was too jaded to consider long-term commitment.

"You bring stuff just for tonight?" Lord's deep voice carried over the low rumble of the car.

I wasn't sure where he was going with his question, so I jokingly asked, "Why, are you expecting me to move in with you?"

His eyes left the road for a second to flick to me. "Come again?"

"Just wondering what you're getting at with your question."

"I'm seeing what we're working with here." He turned a corner and slowed in front of a house built on stilts with a set of freshly painted white stairs leading to a covered front porch. It was bright blue with white shutters and was neat and clean. New, post-Katrina, was my guess.

"This is your place?"

Lord pulled up the two gravel tracks alongside the house.

Guess that answers my question.

"Yeah. All mine."

"It's cute."

I wasn't sure what I expected from him in response, but the crooked smile I got and the quick, "Thanks," worked just fine.

Lord put the car in park and climbed out. I gathered up my purse and bag and grabbed my door handle, but he was already pulling it open from the outside and reaching in to take my stuff.

Okay, then.

I followed him up the stairs and waited while he unlocked the double deadbolts. Apparently this wasn't the safest neighborhood either. But looking around, I wasn't surprised. It still wasn't fully revived following the hurricane. There were a few houses in varying states of decay, a few new ones, and a decent multi-family unit across the street. Lord's was, by far, the nicest. Sort of the opposite real estate tactic I'd always heard—buy the crappiest house in the nicest neighborhood … but something told me that Lord wasn't worried about resale value.

I quickly catalogued again what I knew about

him—he'd been booted from foster care early on, ended up in the military, and had moved back to town after he'd been honorably discharged. His life had been constantly in flux, and this place could possibly be his first real home.

"Here you go—tour takes about sixty seconds because it ain't big. Two bedrooms, a bath and a half, living room, kitchen, laundry, and storage."

The house was clearly a bachelor pad. A wide, gray couch and a black coffee table sat with a darker gray rug beneath them. A flat screen TV was mounted to the wall across from it, above a black entertainment unit.

The floors were a paler shade of laminate wood, and from what I could see, the rest of the living area was sparsely furnished. A small table and four chairs sat in the tiny breakfast nook just off the kitchen. A narrow hallway ran toward the back of the house, and I counted three doors. Probably the two bedrooms and the bathroom. A few bar stools were pulled up to a black and silver swirled countertop.

Lord dropped my bags on the end of the couch. "You wan—" His question cut off mid-word, and I knew he'd been about to offer me a drink.

"I'm good," I said, replying without elaborating.

"Water?"

"Is this really what we're doing here, Lord?" I asked, short-circuiting the conversation.

His blue eyes locked on me, and for a moment we just stared at each other.

"What do you think we're doing here?"

"I think we both know how this is gonna go down. And I'm perfectly fine with that."

THERE SHE WENT again, charging after things before I'd decided how I was going to play the situation. No one could say that Elle was timid or unsure. She was bold and in-your-face. I guess it was lucky I wasn't the kind of man who had a problem with that. No—it just turned me on even more. Shit, there wasn't anything about her that turned me *off*.

"You in some kind of hurry?" I asked.

"No, just want to make sure we're on the same page with how tonight is going to go."

She wanted to lay it out? We'd lay it out.

"I didn't bring you home just to fuck you, Elle."

Her perfect red lips dropped open and her eyes widened. "But I thought—"

"That me taking care of you means that we're fucking? Not necessarily." Her forehead wrinkled in confusion, and it fit with my thoughts from a few days ago about keeping her off balance. Shit, I'd been off balance since she'd walked into my life and thrown my world into chaos.

"But what if I want it to mean that?" Elle said, chin up and lips parted.

The woman was sexy as fuck, and how could I hold out against that?

"I guess I might accommodate you this time. Because right now, I'm dying to know how sweet that pussy of yours tastes."

If I expected my words to throw her off balance again, I would've been wrong. Elle strutted across the room to the back of the couch and hopped up on the top. She spread her legs, and braced her arms on either side. Her skirt rode up her thighs.

"I thought you'd never ask."

All the blood in my body rushed to my dick when she wiggled so her skirt slid up even higher and I caught a glimpse of her bare pussy.

"Fuck me, I can't wait to eat that sweet little cunt."

If my crude words bothered her, she made no mention of it. Just the opposite—her smile widened.

"All talk, so far ... sure hope your skills are up to par, pawn star."

Every word out of her mouth was a dare, and it was time for me to show her how things were going to be. I stalked to the couch, shoved an arm beneath each of her spread thighs, and lifted her into the air. She yelped as I balanced her against my chest and strode down the hallway to my bedroom. I wanted her in my bed.

When I reached my bedroom, I dropped to my

knees and her ass hit the comforter.

"Jesus, you scared—"

"Hush. I'm busy," I interrupted, pulling my arms out from under her thighs, dragging my thumb up the seam of her pussy.

Her words trailed off into a moan.

"That's right. All I want to hear from you are things like *more, right fucking there, and holy shit, I'm coming again*. Everything else can wait until I've had my taste of you."

A shiver worked through her body, and I lowered my head, tongue darting out to taste. This time it was my groan that filled the room.

"So fucking sweet." I spread her open and wrapped my lips around her clit before flicking it with my tongue. Elle's fingers clutched at my head, pulling my face in closer.

Not a problem, sweet thing. I'm going to get as close as I possibly can.

Her flavor was sweet and spicy, just like Elle. I breathed it in as I devoured her pussy, circling her clit and teasing her entrance with two fingers. The urge to plunge them inside her was strong, but I wanted to draw it out. I wanted her to remember the first time I made her come. I planned to give this woman so many orgasms that this first one needed to be epic in order to stand out.

I worked her all the way to the edge, and her moans and orders to 'let me come, goddammit' bounced off the walls. When I slowed my pace, her scream of frustration told me I was close.

I slid both fingers inside her and found her G-spot. The quiver of her inner muscles signaled that I didn't have long before she'd detonate. I toyed with her clit before tugging with my teeth and sucking hard.

Elle shattered with a scream.

Mission. Accomplished.

But I wasn't quite done yet.

21

lord

ANOTHER MAN MIGHT take issue with the fact that he'd just given his woman three orgasms and she'd promptly passed out, but I didn't have a problem with it. Actually, it made me want to pound my chest like King-fucking-Kong. Elle was in my bed, and she was comfortable enough to let go completely. That was a victory in itself. I carefully eased her up to the pillows, pulled off her skirt, and debated whether to try to get her shirt and bra off without waking her up.

Her eyes flicked open.

"Shit," she mumbled. "It's your turn. I suck."

Her choice of words made me laugh. "I think we can save your turn and any sucking for later. You want to sleep in your clothes or mine?"

She didn't respond, just tugged her blouse over her head and reached around to unsnap her bra. Her brain wasn't firing on all cylinders, because as soon as her clothes hit the floor, she curled up into my pillow and closed her eyes.

"Elle?"

"Tired." Her voice was a whisper. "Haven't been sleeping much." That last part came out on a yawn.

In that moment, I wanted to tear Rix to shreds. I swore to myself he wouldn't cost her another moment of sleep.

"Then you sleep. I'm watching over you tonight. You've got nothing to worry about."

"I know."

And then she was out.

If I could keep Elle in my life for half as long as the sight of her thick, red hair spilling across my pillow would be embedded in my memory, I'd be one lucky man.

WHEN I WOKE, it was to an empty bed. I did *not* fucking like that. I sat up and scrubbed my face with one hand.

My first thought was: *Did she bolt?*

And then the faint scent of cinnamon hit my nose, and the sound of running water came from the kitchen.

What the hell?

I swung my legs around and climbed out of bed. When I reached the end of the hallway, I witnessed the sexiest sight to grace my kitchen: Elle, dressed only in one of my T-shirts, reaching up to pull a plate down from the cupboard. The shirt rode up, exposing the bottom of the curve of her ass, and my morning wood turned into a monster hard-on.

I said nothing, just enjoyed the view, scratched my stomach, and resisted the urge to grip my dick and stroke.

Fuck. The woman was so goddamn gorgeous—messy hair and bare legs—it would only take a few pulls for me to be coming where I stood.

Elle set the plate on the counter and turned to face the bar … and me. My waffle iron sat on the counter, which explained the good smell. I must have made a sound, because her eyes shot to mine—and a smile crossed her face.

"Hey there, pawn star. You hungry?"

As soon as her words were out, her eyes dropped to the tent in my boxers.

"For *food*, I mean," she clarified.

"What if I want more than food?" I asked.

Her mouth twitched into a saucy grin. "Everything else will have to wait for dessert. Waffles first."

My eyebrows lifted. "Did I even have waffle mix?"

"Nope. I made them from scratch. Hope you like cinnamon … because I started shaking, and the lid fell off into the batter. I scooped out as much extra as I could, but you're getting a mostly cinnamon waffle this morning."

I grinned. "Fine by me. Haven't had a homemade waffle in … ever … I don't think."

"Then I'm doubly glad I made them, because that just isn't right."

She lifted the top of the waffle iron and cinnamon-scented steam wafted out.

"Smells good."

Elle grabbed a fork and lifted the waffle out onto a plate before pouring more batter in its place.

"I may be a mostly crappy cook, but one thing I can do right is cinnamon vanilla waffles."

"Vanilla, too? Shit. Almost worth waking up to an empty bed." I came around behind her and dropped a hand on the counter on either side of her. Lowering my head, I spoke into her ear. "Next time, wake me, and I'll help."

She didn't respond, just leaned back against me. I counted it as a good sign that she didn't stiffen and tell me there wouldn't be a next time. Because there'd be a next time even if I had to tie the woman to my bed.

"You better eat before it gets cold. Mine will be done in a minute."

"Your turn first."

"But—"

"No buts. I'm not going to watch you cook and then eat before you. I might not have been raised with much in the way of manners, but even I know that's a dick move." I pushed away from the counter, intending to grab silverware, but at the word *dick*, her eyes dropped to that very level. It might have distracted me from my task.

"Speaking of dicks…"

Mine pulsed. Obviously.

"Go sit your cute little ass down and eat your waffle before neither of us gets any breakfast."

She bit her lip, took the plate, and moved around to sit at the bar.

I groaned.

"What?" Elle asked.

"Your naked ass is sitting on my barstool, isn't it?"

Her shoulders shook with laughter. "Yep. Totally. Want to hand me a fork?"

"Shit, woman. I'm never going to be able to look at that barstool the same way again, and you're over there asking me for a fork?"

"You're the one who told me to eat first."

"I did." By the time I'd set it in front of her, Elle was pointing at the waffle iron.

"Yours should be done." I lifted it and the waffle was perfectly golden brown. I spun to grab another plate, and this time it was Elle groaning.

"Damn, you could totally bounce a quarter off your ass."

I looked over my shoulder, happier to see the smile on her face than I was to know she was checking out my ass with as much enthusiasm as I'd checked out hers. *I was in trouble with this woman.*

elle

I PULLED A napkin out of the holder on the bar and dabbed at my mouth daintily. Lord's brow furrowed.

"I might have drooled a little," I explained, shrugging. "I mean … that ass of yours is epic."

His chuckle filled the kitchen. "Same goes, sweet thing. Same goes." His eyes lowered to my plate. "Now eat before it gets cold. We've gotta make a stop before we head into the shop. There's a guy with a unique collection he thinks I'd be interested in."

I dug into my waffle. "What kind of collection?"

Lord's smile was sly. "You'll just have to wait and see."

Cryptic.

The man, with that damn Mona Lisa smile, slid his plate next to mine and joined me at the bar.

We ate in companionable silence for a few minutes before Lord said, "I like this. Having you here."

"It's certainly domestic."

"I've never had domestic, so if that's what this is,

then I guess I like domestic."

His words burrowed into me and took up residence with the warmth growing in my chest.

"I've never really had domestic, either," I admitted. "I guess I never really wanted it."

The clink of silverware against the plates quieted as we both stilled our movements.

"Is that something you're ever gonna want?"

I forced a smile and met his intense blue gaze. "Way to put a girl on the spot."

"It's not a tough question, Elle."

I looked back at my waffle and resumed cutting it into precise little squares following the lines of the waffle iron. I speared a piece with my fork and nabbed it off the tines. Chewing was good. Chewing meant I had a reasonable excuse not to respond to his comment. *Not a tough question, my ass.* I needed to lighten the mood. I wasn't prepared to deal with heavy stuff this morning. I chewed slower and thought faster. Swallowing, I slid my eyes to Lord. He still hadn't moved and was studying me. "If domestic includes falling asleep because I've practically blacked out from coming, and waking up filled with you, then I might consider it." I lifted my eyebrows. "But since I haven't experienced the second, I'm unable to make a definitive judgment."

His gaze heated. "You want my dick that bad? Need to ride it before you buy it?"

Buy it? Well, that was a little extreme. But ride it? Ummm … yep. That sounded grand.

"Do you expect me to say no? Pretend I haven't been thinking about this since the first time I saw you?"

His lips curled up. "You're tempting as fuck, you know that?" Gratification flared to life within me. I was going to get what I wanted. His next words doused it. "But we've got somewhere to be this morning. Don't want to be rushing shit when I finally get inside you."

I wanted to growl in frustration. "Seriously? You make me wait any longer, and I'm gonna have to take care of business another way."

Lord's expression darkened. His fork clattered to the plate, and he shoved it aside.

Whoa. What did he think I meant? I started to replay my words in my head, but got sidetracked when Lord slid off his stool and pulled mine away from the bar.

"Those are fightin' words, and I think we're going to be a little late to our appointment, because I'm about to show you what you'll get from me that you can't get anywhere else."

Wait, what? Did he think…?

"I didn't mean I'd—"

"Too late now."

I swallowed back a lump in my throat, but it wasn't fear, it was … anticipation—because this little miscommunication might actually be working in my favor. Lord pulled me forward before tossing me over his shoulder. I expected him to head for the bedroom, but he didn't waste that many steps. I bounced as I landed on the couch.

"Good thing you didn't bother with panties because I would've just shredded them." My inner muscles quivered at his growled declaration. "Shirt off. I want you naked when you're begging for me."

Quivered? Try spasmed.

That much intensity, that much leashed power, staring down at me turned my limbs to goo.

"I said shirt off, Elle."

I should be arguing, telling him not to tell me what to do, but goddamn if his orders didn't make this so much hotter. At this point, I was ready to do anything he told me. Like drop to my knees and worship the hard-on bulging beneath his shorts. My mouth watered at the thought. I needed to get my hands—and mouth—on that monster.

I grabbed the hem of the T-shirt as I plotted how to get him just as naked as I was about to be. I tugged it over my head and tossed it to the cushion beside me.

Lord bent again, picking up the coffee table and setting it a good three feet away. The muscles in his arms, chest, and shoulders flexed and bunched. And *good God ... the man should not be allowed to look that sexy*. It wasn't fair. I was so, so screwed.

He hit his knees, and his hands landed on my legs.

And Houston, we have contact. Lord's callused palms coasted up my thighs as he eased my legs open.

"Fuck, you're already soaked."

True story. And I was probably going to leave a wet spot on the couch. Good thing it was leather. Easy clean up and all.

He lowered his chin, and the morning scruff on his jaw scraped the inside of my knee. Goose bumps covered my skin.

"I get to eat this pussy two days in a row. You know what that makes me?"

I shook my head.

"A damn lucky man."

And then there were no more words because Lord gripped my thighs, lowered his mouth to my pussy, and *feasted.*

He didn't stop until I came twice.

And I screamed his name both times.

23
Lord

SO FUCKING RESPONSIVE.

Elle was a goddamn miracle, and I hadn't been lying when I'd said I was a lucky man.

I'd planned to make her wait. Cement things with a few dates before I gave her what she'd claimed to want from the beginning, but now, seeing her so open and needy in her pleasure, my plan fell to shit.

I was done waiting.

I had to have her.

Even through the haze of lust, I knew it was the right call. Dragging it out, using sex as the carrot to get what I wanted … wasn't that just another form of control that would make Elle more likely to bolt? The thought hadn't occurred to me until just now.

Her eyes fluttered open, out of focus until they locked on me. My expression must have been a fuck ton more serious than I'd intended, because her brow wrinkled, and some of that easiness I loved drained away.

"What's wrong?" she asked.

I didn't want her thinking anything was wrong, not when everything between us was so fucking *right*.

"Not a damn thing. Change of plans … we're going to be *very* late to that appointment."

Elle blinked, not getting what I was saying for a few seconds. And then … realization. "Wait, you mean…?"

"Done fucking around. I want you. You want me. No more wasting time."

She swallowed and nodded.

I didn't wait for any other sign that she was down with this plan. I leaned forward, slipped my arms under her legs, and lifted her up. I carried her the same way I had to the couch, except this time we were headed to my room. I lowered her onto the mattress and she scooted up to the pillows, laid out in the center of my bed. Naked.

All the things I'd done in my life had led me to this moment, and I couldn't regret a single one because they'd gotten me to Elle.

My phone buzzed on the nightstand.

Shit timing. I almost ignored it, but I needed to tell Mathieu to reschedule this morning's appointment for later—much later. Reaching into my pocket, I pulled it out.

A text from Mathieu.

Dude is wondering where da fuck u at. What do I tell him?

I glanced at Elle, who was studying me expectantly.

"That better be important."

Spitfire. God, I couldn't wait to get inside her.

"Buying us a whole free morning."

She raised an eyebrow, then nodded in what I assumed was approval.

I tapped out a reply.

Reschedule for lunch.

I dropped my phone on the floor, not bothering to wait for Mathieu's response. If it pissed off the guy or he couldn't reschedule, it didn't matter. There was nothing more important than what I was doing right now. The world could burn for all I cared. Nothing was stopping me now that I'd made my decision.

Elle continued to watch me. Waiting.

The wait was over.

I tugged my boxers off my hips and dropped them to the floor.

"Thank the Lord," she whispered, a smile playing on her lips even as her eyes widened.

"That is my name."

"And so fitting ... because *Lord oh Lord.*"

A grin tugged at the corner of my mouth. Only Elle.

She reached her hand up to her throat and trailed it down between her lush tits, across the curve of her belly, and then lower. She dragged her fingers back and forth above her pussy—as if my attention hadn't already been on it.

"You don't even have to try to tempt me. All you

have to do is breathe, and I'm dying for you."

She dipped a finger lower, sweeping across her clit, and her hips bucked.

The woman was taunting me. I came around the side of the bed and pulled open the nightstand drawer to grab a strip of condoms and tossed them on the bed.

"That looks ambitious."

"When it comes to you, I'm feeling really fucking ambitious."

Within seconds, I was kneeling over her. We weren't touching an inch of skin yet, and already my dick throbbed and demanded to be inside her.

One of my very favorite things about Elle was the fact that she wasn't shy or hesitant. She lifted her hand from where she'd been teasing us both and went straight for my balls.

The woman was one of a kind.

"Jesus, Elle," I groaned as she cupped them. My cock was already rock hard, but now my balls were following suit as they rose toward the base of my dick.

"I even think your balls are sexy. That can't be normal."

With Elle, there would *never* be a dull moment.

"I ain't complaining. But my cock is feeling lonely."

I reached down and covered her hand with mine, unwrapping her fingers and sliding her palm up the length of my dick. Her fingers closed around me, and I'd found paradise.

Only two strokes and I had to pull her hand away.

"I wanted this to last. Take my time with you. But you're blowing my plans straight out of the water."

"I'm not complaining," she breathed, a smile curving her face.

"I'm guessing you're not, considering the way you just went for it. Hope you know what you've unleashed."

"Bring it, pawn star."

I'd never had a woman challenge me in bed—beg me or tease me? Sure. But challenge and taunt until all my alpha instincts were poised to break free and charge? Never.

From Elle, I fucking loved it.

She spurred me on, pushed my arousal to the next level.

I grabbed a condom and tore it open with my teeth.

I DIDN'T LIKE giving up control in the bedroom, but when Lord stared down at me, blue eyes blazing as he slid the condom down over his cock, I decided that whatever he wanted to do with me, I'd be more than on board.

He had this intensity, this single-minded focus, this … everything.

I waited, not sure if he was just going to spread my legs and slam home … or if he was going to tease the ever-loving hell out of me for a bit longer before I finally got to experience that monster of a cock.

Thick and perfectly veined—it was the biggest I'd ever seen. And then there was the matter of the two silver balls winking at me from just above the base.

"I can't believe you're pierced."

His smile was slow and lazy. "You'll like it."

"Pierced and tatted … and sexy as hell."

The smile turned up a notch. "And you're neither and still the most gorgeous thing I've ever seen."

"I've thought about it … just never could decide."

Lord's hand landed on my hip and climbed up my ribcage to cup my breast. His thumb swept over the nipple, and it puckered even harder.

I arched into his hand as he plucked and tugged.

"You ever decide, you let me know. Can't improve on perfection, but these would look fucking hot pierced."

It was something I'd considered, but right now I just wanted his other hand on my nipple and that piercing of his teasing my clit.

"Okay."

He must have sensed my need—maybe it was the fact that I was writhing on the bed beneath him? Because he pulled back and gripped the base of his cock, giving it a hard tug.

"I gotta be inside you." My head bobbed in agreement as he fit the head to my entrance, and thrust home.

Everything in my world contracted to shades of Lord.

My body tensed at the sudden invasion—he was so damn big—but miracle of miracles, since I was so wet from my orgasms earlier, he slid deep with no resistance.

"Omigod," I breathed.

"Fucking hell, you're so goddamn tight." He threw his head back, and his Adam's apple worked along his strong throat as he froze above me. "Jesus." Dropping his head forward, he met my eyes. "This is gonna be a helluva ride."

I nodded, I think. Maybe? I lost track of everything when he started to thrust. Streaks of pleasure zipped through me, and I wondered if I could spontaneously combust from orgasm. Every move sent me higher, and the piercing ground against my clit on the down strokes, sending fireworks of sensation bursting out and shimmering through every nerve ending.

"Wrap your legs around my hips."

I didn't bristle at the order. *Hell no.* Because whatever he wanted from me, as long as I kept feeling like *this*, I'd do it in an instant.

In the new position, my pelvis tilted up, and Lord drove deeper, harder, and faster. Pleasure coiled and tightened in me until it was poised to snap.

"Touch yourself. I want to see those fingers on that sweet little clit of yours."

Again, I followed orders, gladly. Within seconds, I was unraveling.

"Fuuuck," Lord groaned. "You're gonna take me there before I'm ready."

When he stilled, I whimpered. "Don't stop. Please. I don't care. I just want more."

Lord's lips found my neck, nipping, sucking, and biting his way up my jaw, to my lips. His tongue slipped into my mouth, his hips pulled back, and he fucked me with the same intensity that he kissed me.

All the sensations collided harder and faster. The

feel of his cock, pistoning away. The added perfection of the piercing. His hands—one gripping my ass and the other buried my hair. And then his growled words.

"So fucking perfect. I'll never get enough."

I shattered.

Lord's shout matched mine, and he thrust once, twice, and a final time before stilling above me, pulsing his release inside me.

Wrecked.

I was wrecked.

Lord pulled out, climbed off the bed to dispose of the condom, and then slid back in beside me and wrapped me in his arms.

"We're gonna be really fucking late, because I'm not leaving until I get a repeat performance," he said, his breath tickling my ear.

I twisted in his arms so I was facing him, my head resting on his thickly muscled chest.

"Mmkay."

AFTER ROUND TWO—Lord was a cuddler, who knew—he lifted my limp body off the bed and carried me to the bathroom. "Come on, we need to clean up, and then we gotta go."

When he set me down, my legs barely worked. I was pretty sure my bones were some kind of liquid now. I was going to have to work on my stamina to be up to the test of this relationship.

My knees wobbled. *Relationship?*

Lord studied me as he reached into the shower and turned on the water. "Everything good?"

I nodded, my head bobbing like a moron.

"You sure?"

Apparently my amazing bobblehead action didn't look too convincing.

"Just fine. Still recovering." *From whatever spell you've worked over me. But am I really recovering or slipping deeper?* And then the man turned and stepped into the tub.

Fuck me.

That ass? It was *sublime* now that I had it up close and personal and in the light. I couldn't stop my questing fingers from reaching out and cupping it.

Go ahead and laugh, but you would've done the same damn thing if you were faced with this kind of perfection.

Lord stilled, and he was probably staring down at my trespassing hand, but I didn't even care.

He twisted toward me, and all of a sudden my hand wasn't cupping his ass; it was connecting with his once-again hard, and still very perfect, cock.

"You're *killing* me."

Lord's booming laughter filled the small bathroom. To the room in general he said, "You'd think she didn't just have a handful of orgasms." He grabbed my hand and tugged. "Come on, you're getting in the shower."

"But—"

"My dick ain't going anywhere," he said. "Hell, with as much as I want to fuck you, you'll probably be sick of the thing in a few days."

I climbed into the shower, mumbling, "Unlikely," as the steam hit my face and the water sluiced off my skin and hair. "I can't help it that your body is ridiculous. It's not even fair."

Lord's hands slid up my hips. "If it works for you, I'm sure not complaining." He lowered his head and his lips—and then his teeth—skimmed along my ear lobe.

As he'd just said, it was like I hadn't just had a handful of orgasms. My nipples puckered, and Lord didn't miss them. His hands cupped my breasts and his thumbs flicked my nipples before pinching and rolling them between his fingers.

A shameless moan broke free from my lips. I had no defenses against him. He was going to own my body, and from there it was only a short hop, skip, and a jump to more guarded parts.

When he released me, I slid to my knees, my hands gripping his thickly muscled thighs.

"You shouldn't be going to your knees for me, woman. You shouldn't be going to your knees for any man."

His words threw me, but not before his hands gripped under my armpits and pulled me up. "But—"

"You want to suck my dick, you do it while you're kneeling above me. I don't ever want to see you on the ground on your knees."

"But you did it for me," I protested.

"Because you deserve to be worshipped."

I released a harsh breath as tears sprang to my eyes. I blinked them back, still staring up at him.

Speechless. That's what I was. Speechless.

"I don't know why it surprises you so damn much. That's your due. It's what you deserve, and I'm sure as fuck gonna give it to you."

I failed at blinking back the tears, because one tipped over the edge onto my cheek. I couldn't even claim it was the water from the shower, because it beat against my back.

Lord lifted a hand, and caught it on his thumb. "I don't like tears, and I really hate them on you. You've got nothing to cry about, sweet thing."

I reached up and dashed away any remaining stragglers. "Sorry. I don't know what that was. I just—" I sucked in a breath as I seemed to be running out of both air and words. "I just."

"Hush, woman. No apologies. Let's get you cleaned up. If you still want to suck my cock by the time we're out of the shower, we'll see about it then."

My mouth instantly watered, and heat and moisture flooded between my legs.

"Hurry up," was all I could think to say.

Lord

I WANTED TO kiss the cute little pout off her face. I couldn't help it.

"I've never met a woman so put out that she didn't get to suck dick. If I didn't already want to tie you to my bed and never let you leave, you'd be straight fucked right now."

She threw an angry glance at me from the passenger side of the 'Cuda where she had her arms crossed and pushing up those perfect tits. "What kind of guy doesn't want a blow job? Seriously?"

"You ever heard anticipation makes things sweeter? I've already gotten so much fucking sweetness from you this morning, I want to save a little for later."

Elle huffed and it just made me smile wider. We were headed to the appointment I had scheduled with a guy who had a collection of antiques I couldn't pass up the chance to see. Might make me a pervert, but in this town, what he wanted to sell could actually turn a nice profit.

"For the record, if you tried to make me wait for oral sex, I'd be tempted to kill someone."

"Then it's a good thing you got yours."

Her pout turned to a mischievous grin. "You're just waiting to get head at work, aren't you?"

The vision of lying back on the couch in my office while Elle knelt above me and took my cock deep in her throat sounded like a damn good plan. My dick jumped to salute the idea.

I turned into the parking lot of the condo complex where the appointment was set, and thought about something else so I didn't meet a potential seller with a raging hard-on.

"You want to come up or wait in the car?"

Elle's eyes cut to mine. "After your cryptic comments about what this guy has? You think I'm really going to sit here and wonder what you're looking at?"

"Then come on." I pushed open my door and climbed out. I grabbed Elle's hand when she shut her door and led her up the exterior stairs to 3A. I knocked on the door and we waited for a minute or so until Barry Schmidt answered.

"Good. Good. Glad you're here. Did you have any trouble finding the place?" the rotund man with a shiny bald head asked.

"I'm pretty sure there's not a place in this town I couldn't find."

"Good. Good. Come in. Let's have you get a look at my collection."

"Lead the way."

Elle glanced at me before we headed inside. *What the hell is it?* she mouthed.

Curious little cat would just have to wait.

"I bought the entire lot when the museum was going under, and I always intended to do something with them, but never got around to it." Barry led the way to a large library and waved his arm at the ten-foot high shelves lining the walls. "So here it is."

Elle's brow wrinkled in confusion. That didn't surprise me. It wouldn't be immediately apparent that she was standing in what Barry claimed was the world's largest collection of antique books on sex.

Several of the bookshelves were fronted by glass, and spotlights lit the covers of dozens of different versions of the Kama Sutra. Barry also claimed that many of them were first editions worth thousands. Which probably put the collection out of my reach at the moment. He'd have to be willing to cut me a hell of a deal. Even then, I didn't think I'd be able to sell the books at Chains, but I had a couple private collectors in mind. My shop might've been located in a shitty part of town, but we were known for quality and unique pieces. At least one of my regulars would snap some of these up.

Barry's phone rang. "I need to get that. I've been waiting for my lawyer to call," he said. "I swear I talk to him more than I ever talked to my soon-to-be ex-wife."

And there it was. That was why the collection was

going. Or maybe the collection was the reason for the divorce. Who the hell knew? He left the room, and Elle crossed to one of the lit and glass-fronted shelves.

"What *is* this?" she asked.

"Supposed to be the world's largest antique collection of books on sex."

She laid a hand on the wood paneling separating the panes of glass. "No freaking way."

"I can't make this shit up."

"So not only are you holding out on me, but now you're bombarding me with books on sex? You're a complete sadist. I'm sure there's a book in here that would back me up on that."

"You'll live. Now, do you know anything about antique books?"

Elle slowly circled the room, staring at the spines of the books.

"Not nearly enough to give you an idea of what these would sell for."

"Guess we'll have to see what he wants for them, and then go back and do our research."

We both surveyed the contents, and the more I looked, the more I grew apprehensive at laying out cold, hard cash for these. The spines of the majority looked tattered, and several shelves of books looked like they were on the verge of crumbling.

"I don't know. They seem to be in a lot rougher shape than you'd want."

"Yeah, that's what I'm getting, too. This might've

been a wasted trip."

Barry finally rejoined us in the library. "So, what-daya think? You want to make me an offer?"

Elle hit him with rapid-fire questions. "Have these been properly stored and cared for? They look like they're falling apart. And the cases with the lights and the books on stands—that seems like a poor way to showcase your most valuable pieces." She never ceased to amaze me, and watching her take the lead was sexy as hell.

Barry's mouth dropped open, and he began to sputter. "I don't know who you think you are, you little—"

"Whoa. Whatever you're about to say, you can stop right the fuck there. We're done here," I said, cutting him off.

"But—"

"No thank you, sir. We'll be moving along. Good luck with the divorce and the collection."

"All over this little bitch?" Barry snapped, his face contorting with rage.

I crossed the room and towered over Barry. "I said we're done here. I'd advise you to keep any further thoughts to yourself until we're gone."

I held out a hand to Elle, and her fingers closed around mine. We left a sputtering Barry alone in the library with his books as we let ourselves out of the condo.

Neither of us spoke until we were down the stairs, and I was pulling open the door to the 'Cuda for Elle.

"Seriously, there is no mystery why that guy is getting divorced."

"I'm with you there; let's get out of here. I'm sorry for dragging you into that. I thought maybe there'd be a couple pieces I could pick up and flip to some collectors quick, but there's no price low enough to tempt me to give that man money."

Elle settled into the car, and I rounded the front to climb in.

"Don't worry about it. I know his type. I'm just happy for his wife that she's getting out. Some women don't have the guts. They crumble when faced with that special brand of asshole. I hope she takes him for all he's worth."

Her comment sparked my curiosity. "How long has your mom been married to your stepdad?"

Elle reached for the radio dial and twisted it to a '70s station. Music filled the car before she answered, "My dad died at the beginning of my freshman year of college. My mom got remarried pretty much right away."

"And you mentioned a stepbrother?"

"Yeah, the prick who sold the watch. Like father, like son. Both pieces of work."

"Sounds like your ma can't be too happy. Why doesn't she leave him?"

Elle stared out the window. "She's scared, I think. No way to provide for herself—and that was if she were sober. No one would hire her the way she drinks."

"She wasn't always like that though, right?"

"A drunk? No. That was a new development after she got remarried, but it escalated really freaking fast. She can't control it. It's part of the reason I don't trust myself to stop."

"You aren't your ma, Elle. Not even close."

She didn't reply.

We drove the rest of the way to Chains with the only sound in the car the Rolling Stones. I didn't have anything against the Stones, but I didn't like the way Elle had drawn into herself.

"You're awfully quiet."

"Just thinking about that douche and his crazy collection. How many Kama Sutras does one guy really need?"

I forced a laugh, because she was changing the subject on purpose. I decided to let her. "Good point."

"You know he had to be compensating for having a tiny penis. That's the only explanation I could honestly come up with. Which means you were basically preempted from being able to buy it, because you do *not* have a tiny penis."

I resisted the urge to grab my dick. It was a guy thing; don't ask me why.

"Then I guess it's a good thing I didn't get the chance to bid. I'd hate to have to prove my manhood to you."

"I guess I should've let you buy it so you would've been forced to. Regularly and enthusiastically. Damn.

What was I thinking?" Elle joked.

I was going to have to work harder to fuck the sass right out of the woman—that was clear. But goddamn if we weren't going to enjoy the hell out of it.

MULTIPLE ORGASMS WERE a fantastic way to start the day, but unfortunately the happy buzz drained out of me as soon as the chauffer-driven Mercedes pulled up in front of Chains. Arnie, my mother's driver, came around to open the back door, and I wasn't entirely sure, but I thought he shot a look of sympathy toward the window.

Shit.

My mother swooped out of the car, luckily on Tory Burch flats and not heels, because I could tell from the slight wobble to her walk she'd already had a few.

Lord had headed back to the office to take a call, but Mathieu was dusting the rack of guitars by the front door.

I really don't want an audience for this.

"Mathieu, why don't you—"

The chime above the door cut off my words.

"You've got to be joking. This cannot be the right place. There's no way that Eleanor would lower herself to work in this dump."

I hated when she called me Eleanor. *Hated* it.

Mathieu's head snapped up. "Can I help you, ma'am?"

My mother's nose wrinkled like she smelled something rotten. "I sincerely doubt it." Her eyes scanned the shop and zeroed in on me. "Really, Eleanor. This cannot possibly be where you've been spending your time. That dirty little place in the Vieux Carré was bad enough, but this—are you out of your mind?"

Her shrill voice carried enough to have Lord coming up from the back hall into the main shop.

His presence produced another nose wrinkle and a sharp glance at me. "Don't tell me that this is the proprietor."

"Can we help you with something, ma'am?"

It was nearly the same question Mathieu had just asked, but with this one my mother decided to get creative in her answer. "Yes, please fire Eleanor so I can collect her and her belongings and get out of this disgusting place."

A muscle ticked in Lord's jaw, but he kept his words light "You didn't tell me your name was Eleanor, sweet thing. That's First Lady material right there."

The disgusted sound that came out of my mother's mouth was truly unladylike. "He calls you a pet name? Please tell me you're not sleeping with the man. That'd be just—"

"Ma'am, I'd suggest you stop right there." All the

easiness had left his tone.

"Mathieu, could you give us a minute?" I asked.

He nodded and walked toward the back room. Twenty bucks said he'd be listening anyway, but at least I didn't have to see the respect fade from his eyes when my mother unloaded whatever tirade she was about to unleash.

Lord wasn't waiting for that to happen. He stalked to the door of the shop and opened it. "Hey, sir. I think it's time you collect your passenger and take her home. She's overstayed her welcome—if she ever had one."

Through the barred glass window, I saw Arnie's head jerk up and the look of shock bloom on his face. Apparently he hadn't been ready for Lord's brand of honesty. I was assuming my mother wasn't ready for it either.

"And I'll be taking my daughter with me."

"No way in hell," I snapped.

She tossed her hair. "Charming language, Eleanor. I guess that's what you get for sleeping with the lowest common denominator."

Her attacks on Lord continued to stoke my rage. I fisted my hands at my side, trying to hold back. Fuck it—

But Lord intervened again. "Go sleep it off, lady. You're not impressing anyone here."

Thankfully, my mother huffed out the door. "You're just hurting yourself. Don't think he won't—"

Lord slammed the door. I didn't need to hear her

finish; I knew what her warning was. Denton wouldn't let this stand. I shoved it away. Denton couldn't do a damn thing to me.

"You okay, sweet thing?"

I looked up at Lord's quiet words. I decided to go the route of perfect honesty. "I think so. At least she wasn't slurring and stumbling. She's not all the way through her first bottle, if I had to guess, which makes today my lucky day?" I couldn't help making that last bit a question.

"Your ma's a real piece of work."

"That's putting it lightly."

"Whatever issues she's carrying, they're hers to deal with, not yours."

"I don't know about that. Since I can't pretend she doesn't exist, pretty much all of her issues bleed over onto me eventually."

"No more. She doesn't touch you. Ever. None of her bitterness touches you again. I'm not having it."

"You can't just wave a magic wand and make my mother disappear. Besides," I added quietly, "she's not the one I'd make disappear if I had my choice."

Crossing to stand in front of me, Lord took my hand. His thumb rubbed over the back of it, and I appreciated both the soothing gesture and the connection between us.

"Your stepdad is the one you'd want gone."

"Got it in one."

"He fucks with you, he'll find an early and uncomfortable end."

27

Lord

THE LAST PERSON you want walking in on a threat to end someone is a cop. Especially the cop you once considered a friend but had already dragged you down to the station for questioning about one murder—which was where I'd been the morning Jiminy had crossed the line to fuck with Elle. I was still thankful Hennessy had wrapped up his questions as quickly as he had or I might not have been back in time to show Jiminy his interest was wholly unwelcome.

"Lord."

"Hennessy."

"You want to elaborate on what you were just saying?"

"Figure of speech."

The detective's eyes narrowed on me. "That ain't making me feel a hell of a lot better, because I've got some more questions for you."

"Told you everything I knew about Bree," I said.

"Ain't here about Bree."

Then what the hell? "No new guns in on pawn the last couple days, so what do you need?"

"You know a guy who went by the name Jiminy?"

My hand, still closed around Elle's, tensed at the use of the word *went*.

"He's one of Rix's guys. Low level gangbanger."

Hennessy pulled a small pad out of his inside front pocket. "He *was* one of Rix's guys. And I'm going to need your alibi for seven AM, two days ago."

"You've got to be fucking kidding me."

Elle sucked in a breath. "Holy shit."

Hennessy's eyes darted to her. "You knew him too."

"She don't know jack shit, man."

"I wasn't asking you, Lord. I think the lady can speak for herself."

"She didn't know him. I'm the one who tossed his ass on the ground when he tried hassling her. You want someone with a motive, you talk to me."

"H—How did he die?" Elle asked.

Shit, it was a question I really didn't want to discuss in front of her. She didn't need to be part of this. Didn't need to be exposed to this side of life. Hennessy only paused for a beat before answering.

"Same way as Bree. Shot in the back. Same caliber. Lab is analyzing the bullet now, but since I've been doing this job for a while, I'm going out on a limb to guess that it was the same gun." Hennessy looked at me. "Which is why I'm here. Because it seems like you've got a connection to both."

Years of creeping behind enemy lines helped me keep my cool. "You bringing me in?"

He slapped his notebook against his other palm. "Should I be?"

Fuck. It wasn't like I had any confidence or faith in the justice system. Innocent people went to prison all the damn time.

As the thought flipped through my brain, Hennessy studied my every move. If he was so fucking good at his job, he'd realize he was barking up the wrong tree. But even I knew that this looked bad.

"If I tell you you're looking the wrong way, aren't I going to look more like a suspect?" I asked.

Elle sucked in a breath, and her nails dug into my hand. I was pretty sure it was the sound and gesture for *shut the fuck up*.

Hennessy spoke, and I got the impression he was choosing his words carefully, "I think it'd be in your best interest to call your lawyer before you come down to the station for more questions."

Lead settled in my gut. The man had known me for a couple years, and he had suspicions. Didn't look good.

"I'll do that."

"I'll be in touch. Tomorrow. Consider this a courtesy. But don't leave town."

Courtesy, my ass. He just wanted to see my face when I heard about Jiminy.

I dropped my eyes to Elle's pale face, and thought about how to reassure her. But my phone buzzed in my jeans, interrupting any attempt.

I pulled it out and looked. *Con.* Normally he texted. Only rarely did he call—my radar went up instantly.

I looked at Elle as I answered, "What's going on?"

"We got a problem. I need you to get to Tulane Medical Center ASAP."

I went deadly calm and still. "What the fuck happened?"

"Damien caught a drive-by bullet. Not fatal, but not good. I'm two hours away, but heading back."

"I'll be there in ten," I replied, already turning for the door.

"There's more," Con said. "They're saying it was Cantrell's older brother. He's one of Rix's guys. We got a powder keg, and the boys are choosing sides."

"Fuck me. I'll be there in five."

WAITING WAS ENDLESS. I didn't know nearly enough about the boys from the gym to put a face on the one who was right now lying in the hospital, but I did know that a bullet from a drive-by was all-too-often fatal. Apparently Con had said it wasn't, but still ... who knew with a gunshot wound, right?

I had nothing to distract me from thinking about it, and an untamed imagination was a dangerous thing.

In Lord's hurry to leave, he'd tried to talk me into going back to his place, but Mathieu and I had convinced him I was safer here. So I helped customer after customer as they came in to the store. Luckily, no Rix—and my mother didn't make another appearance either. Mathieu never left my side.

"So what's your story, kid?" I asked as the door shut behind the last customer. As much as I'd worked with him, we really hadn't chatted much. He was an odd duck. Loud and mouthy around Lord, but quiet and reserved around me.

"Don't have much of a story. At least not one worth talkin' 'bout."

"Come on, everyone's got a story."

He grunted, and I wasn't sure how I was supposed to interpret that. "My mom was a crack addict, so Gran raised me. She died when I was twelve, and I ended up in shit foster home after shit foster home. Ran when I was sixteen. Started stealing so I could eat. That's how I met Lord. I'd been getting by, but I needed bigger shit. So I tried to rip off a guitar. He gave me a choice—cops or work. I ain't stupid, despite the fact that I was stealing. So I picked work. Lived with him for a while before I started rentin' a place across the street. Would definitely be dead or in prison if he hadn't helped me out. Owe him everything. He's the only family I got. We take care of each other."

Wow. The matter-of-fact recital hit me like darts to the heart—especially because it was so close to Lord's story. No wonder he'd taken the kid in and given him a choice and a place to live. Lord probably identified with everything Mathieu had been through.

The boy turned and left the main section of the shop before I could think up an appropriate response, and the click of the office door shutting followed.

I guess that meant I'd be hanging out by myself this afternoon…

The door chimed, and I looked up.

Rix.

Of course. His timing was—as ever—impeccable.

"The cop been here?"

He didn't have to elaborate for me to know exactly what he was talking about.

"Yeah. He was here. But I don't think Lord will be pleased that you're here."

Something I wasn't even sure could be called a smile crossed his face. "You're the only woman I've met who has no problem giving me lip. Most won't even look me in the eye."

"Maybe if you weren't such a scary motherfucker, you wouldn't have such a hard time getting a lady."

His mouth curved into a more definite imitation of a smile, and he shook his head. "Lord still claiming you?"

I straightened, throwing my shoulders back and chin up. Rix's gaze dropped to my chest. Oops. Didn't mean to call attention to the boobs.

"Eyes up here, man," I snapped.

His narrowed. "Tell me you're ready for a real man, and I promise I'll tame that sassy mouth of yours."

"I've got a real man, thanks. One who actually appreciates my sassy mouth."

"You tempt the fuck out of me, woman. If I didn't know he'd take my head, I'd take you home."

The *take my head* comment was a little unnerving, but I supposed it made me feel better to know that Rix wasn't a threat to me because he did fear Lord's retaliation. Jesus, this law of the streets thing was really freaking confusing.

The smile faded from his face. "What'd the cop say?"

"Not much."

"Your man going downtown to answer questions?"

I really didn't feel like it was my place to offer up details. Whatever Lord was or wasn't doing his business.

"I don't know." The answer was arguably honest, because I really *didn't* know.

Rix leaned over the counter, and his voice dropped to low and dangerous levels. "I can tell you this—when I figure out who did in my boy, shit will get bloody."

A cold shiver snaked down my spine. "That's not something you should be telling me, just FYI." I fought hard to keep my voice from shaking, and I succeeded … mostly. "Besides, I hear your boys are out spraying bullets around innocent kids. Like the one in the hospital right now."

Rix's expression darkened. "The fuck you talking about?"

Uh oh. Maybe I should've kept my mouth shut.

"That's a serious fucking accusation. You better have some back up for it."

I became acutely aware of how empty my hands were and how far away I was from any kind of protection. I needed to acquire a filter so I wouldn't get myself into these kinds of situations. This wasn't my issue. Why did I decide to make it my issue?

I had to say something. His crazy silver eyes were

boring holes in me. "Uhh … Lord's at the ER with one of his boxing kids. They said he caught a bullet in a drive-by. One that some other kid's brother was a part of. And maybe he was one of your guys?"

"Give me a fucking name."

I swallowed, feeling like I'd be signing someone's death warrant if I gave him a name.

"I don't know anything else."

"You're lying."

"I'm not just giving you a name. I don't know what you'll—"

"That's right. You don't fucking know what I'll do." His eyebrows angled into furious slashes. "Give me a fucking name."

I shook my head. "I think you should leave now."

Rix took a step closer to the case. "You're lucky I like you, Red. Anyone else, I'd be getting the information I needed the hard way."

He pushed off the counter, and strode to the door without another word.

Cold invaded my chest and spread through my limbs.

This time, Rix scared the ever-loving hell out of me.

I needed to tell Lord he'd been here, but I didn't want to distract him.

Mathieu came out from the back room, stomping toward me. "Was that Rix? Again? Lord's gonna be fucking pissed I wasn't out here. *Shit.*"

"It's okay. It's fine. Everything's fine."

Mathieu studied me. "Fuck, what'd he say? You're whiter than you normally are."

I shook my head. "He didn't say much. But … I … uh … might've mentioned that we think one of his guys shot one of Lord and Con's boys in a drive-by."

Mathieu stilled. "You fucking didn't."

"I … ummm … did."

"You accused one of his guys?"

"I said it was what I'd heard. That's all."

"He threaten you?"

I wrapped my arms around myself. "Not really. I don't think so."

"You don't think so?"

"Let's just say I'm in no hurry to be alone with Rix again."

"Fuck. Lord's gonna kick my ass."

I didn't respond—just reached for the coffee filters. I needed to clean the glass. The repetitive, thoughtless task would settle my nerves.

I hoped.

Lord

IT'D BEEN A long day, but Damien was going home with only stitches and a really sore shoulder. It was a reminder that the streets of NOLA were not a forgiving place.

I hadn't gotten my first bullet graze in the military.

No, that had come courtesy of a similar drive-by that I hadn't been smart enough to avoid. I'd been lucky I hadn't died from the infection and had been smart enough to get my ass to a clinic after the fact. They hadn't believed my *I scraped my arm on a rusty piece of fence* story, but they also hadn't called the cops to report it.

I rubbed the scar and looked to Elle. After the fucking craziness of the day, I wanted nothing more than to kick back with her and relax. She was wound tight, too, and I chalked it up to the same reason I was so beat. We could both use an easy night—a distraction. She and Mathieu had held down the fort all day, and it was closing time.

"I'm taking you on a date tonight," I said.

"Another airboat ride?"

"Nah, something else. Got a friend playing at The Little Gem."

However I expected her to answer, it wasn't by blurting: "Rix was in here earlier, wanting to know what you told the cops, and I told him about the drive-by."

I zeroed in on Elle. "Why weren't those the first words out of your mouth when I walked in?"

"Because I wanted to know how Damien—"

Of course she did. But still, fuck.

I whipped around to look at Mathieu. "And you didn't toss him out?"

"I was in the back, didn't come up until he was leaving."

"You swore you'd stick to her side." I shifted my eyes to Elle. "And you didn't even think to go get him?"

"It's not like I had time. It happened so fast. He was here, and then…" she trailed off.

"Sorry, man," Mathieu added.

I never should've left her here. I hadn't known what I'd be walking into at the hospital, but I shouldn't have left her here. Shit was closing in from all sides. Rix, whoever offed Bree and now Jiminy, and Elle's family. Yeah, we really needed to get away from it all for a while. Hell, if I could, I'd get Elle away from it perma-nently. I'd tried that before, and she'd only outstubborned me. But I wouldn't be leaving her unprotected again.

I pointed at Mathieu. "You're handling closing. We're out of here." I grabbed Elle's hand. "Let's go."

A WIDE ARRAY of emotions vibrated from Lord. Annoyance, anger, frustration, possessiveness, and who knew what else. But above all, I got the feeling that things were about to take an irrevocable turn for us. Good or bad, I wasn't quite sure, but I'd wait and see. The urge to bolt back to the safety of my own world was bubbling up inside me, but a much bigger part of me wanted to stay firmly in his. I was learning that there was a line between protective and possessive, and an even wider gulf between possessive and controlling. Lord was protective to be sure, possessive when it came to brushes with Rix, but not in the least bit controlling. I thought I could live with that—protective and even possessive could be sexy as hell when it was coming from him.

We rode in silence to his place, and I wondered if he'd already forgotten about his plan to go out tonight. "If we're going out tonight, then I need to get a dress from my house."

Lord didn't take his eyes off the windshield. "Change of plans. I need you in my bed, under me, and I need to know that you're right there with me."

Hello.

All my girl parts sat up and took notice. "What brought this on?"

"Does it matter?"

I contemplated that for a bit. "I guess not." But I knew it was a primal instinct springing from his concern for my safety after everything that had happened today.

Lord's gaze raked me as he pulled into the gravel two-track drive. The intensity in it told me what kind of night I was in for. Within minutes, we were in the house, and he was skimming his hand over my shoulder, sliding off the cardigan I'd worn over my sundress. He set it aside before returning to stripping me. Rough thumbs slipped under the straps, and goose bumps lit up my skin.

He wasn't wasting time, and I wasn't about to slow him down.

"So fucking soft. Shouldn't even be allowed to touch you."

"Don't you dare stop."

"Not a chance."

The straps fell down my shoulders, and his big hand reached around to find the zipper and tug it down.

The dress floated to the floor, and I stepped out of

it. My heart thudded against my ribcage. This felt so much bigger—like what was happening here was going to overflow the room and flood the entire neighborhood.

Lord made quick work of my bra, and it dropped onto my dress. I stood before him in nothing more than my underwear, and I was pretty sure my emotions were transparent. I'd never trusted any man this much. Had never *felt* this much for any man. The danger sirens should've been going off in my head, but all I could focus on was *him*.

He lowered his mouth, brushing his lips over mine before his tongue slipped inside. His hand dropped from my chin and coasted down my arms before cupping my ass. Tucking a thumb into either side of my panties, he tugged them down until I was completely naked, but he was still completely clothed. The disparity of the situation just made it all that much hotter.

When he finally pulled back, it was to guide me into a seated position on the bed.

My hands immediately went to his belt. I unbuckled it and pulled down the zipper. "I'm not kneeling now," I said.

My eyes darted up to Lord's face, and his blue eyes had turned molten. "No, you're not."

I palmed the bulge springing from beneath his boxer briefs and squeezed.

"Can't believe you made me wait so damn long for this."

"Good things are worth waiting for. I would've waited a hell of a lot longer."

"Guess it's lucky the wait is over."

I tugged his boxers down and ran a thumb up the underside.

Lord stroked my cheek with his thumb as I lowered my head.

I dragged my tongue along the shaft, from the base to the crown, and closed my mouth over the tip.

The hand that had been caressing my face speared into my hair, pulling it back and up into a rough ponytail. "Fuck, Elle." He groaned when I pulled his cock away from his body, wrapping my fist around it, and took him deeper. "Goddamn that feels good."

With most guys, I didn't suck dick. It was a personal preference. Why? Because I always felt cheap and used by the end. It didn't matter how polite or sweet the guy was—although I rarely went for polite *or* sweet—but the end result left me feeling like shit. But with his one statement—*I don't ever want to see you on your knees*—Lord had torn away the shame that I usually felt. This act now filled me with power and fulfillment.

Lord's groan once again broke through the silence, and his knees buckled.

It was a heady feeling—knowing I had the power to make a strong man's knees weak with pleasure. But it was a good kind of power. The kind that I'd give right back to him when he blew my mind with orgasms in only minutes. It was the give and take with Lord that made it all work so well. It was the push and pull and ebb and flow. The natural rhythm of things that made being with him as easy as breathing.

I stroked my hand up and down his length, jacking him off slowly before I took him as deep as I could. When his cock hit the back of my throat, Lord eased away slightly and said, "I don't want to come in your mouth. I want to come in that tight little pussy of yours."

I released the head of his cock with a *pop* of my lips. "Are you sure about that? Because I don't think it's an either-or decision. I'm pretty sure we could make both of those happen." I was feeling like a seductress. Amazing what the sight of weak knees could do to a girl. Hell, amazing what any sight of Lord Robichaux could do to a girl.

The fist gripping my hair tightened and my head tilted up. "You're a fucking goddess. Which means I'm going to take you up on your offer—next time. Next time, after I fuck you, you're going to suck my cock until I come down your perfect little throat. But tonight, I'm going to fuck you until you come so hard you've used up every bit of energy just trying to stay with me, and you're going to pass out from exhaustion."

Ummm … Okay then. I'm good with that program.
"Okay."

He released his grip on my hair, and lifted me toward the head of the bed. Lord stepped back and stripped off his remaining clothes.

Personal strip tease courtesy of the sexiest man I'd ever seen? Hell. Yes.

He shoved his jeans and boxer briefs the rest of the way down his hips, and they crumpled on the floor. Grabbing his shirt by the back, he tugged it over his head and tossed it aside. I loved the efficient way he rid himself of everything that remained between us. In only moments, he was as naked as I was. His cock bobbed, and I still wished I had my mouth wrapped around it.

Maybe I could talk him in to letting me…

"Can't wait to be buried inside you," he said.

Well, that worked too.

"What are you waiting for?" I asked, my words husky.

His hand wrapped around my ankle. I expected him to spread my legs and climb between them, but he didn't. He dipped at the waist and lowered his lips to the inside of my anklebone and pressed a kiss to it.

"I told you that you were meant to be worshipped; that's what I'm waiting for. Now let me get to it."

The remnants of the walls I'd built between us crumbled. With only his words and a single touch of his lips, he decimated me.

Lord's lips trailed up the inside of my legs, trading between one and then the other. He growled things like "softest skin," "so goddamn smooth," and "perfection," and I just laid there and soaked it in.

He finally hit my center and once again, my expectations built. But I was wrong again. He dipped his tongue between my lips and pressed a kiss to my clit before moving north again. Another kiss to my belly button, my ribs, the skin beneath my breasts. I was so caught up in what his mouth was doing I forgot the man's clever, clever fingers.

They toyed with my entrance, one sliding in, filling me. My body—thrilled for the invasion—clamped down on him.

"Fuck, you burn me alive. Every goddamn time." He pumped his finger, and a moan spilled from my lips.

"Please. Let's get to the burning."

Lord's dark chuckle pushed my need to the next level.

"I want to savor you this time."

He slipped a second finger inside, and I curled my nails into the hard muscles of his shoulders.

He pressed his thumb to my clit, and the orgasm gathering low in my belly reached the tipping point. "Omigod. I'm going to—"

Pleasure buzzed through me, rippling out through every limb. Lord's fingers left me; his mouth closed over my left nipple, sucking hard and tugging at it with his teeth before coasting over to the right for the same attention. I was still recovering from the shock-n-orgasm when he ran his teeth up the tendons of my neck, puckering my nipples for a whole different reason. When he spoke, he made sure the words were breathed directly into my ear.

"I want my cock inside you."

"No objections here," I moaned.

Lord nipped my ear. "You take it, you tell me you're taking all of me. No more walls between us."

Smart man; negotiate while I was not only floating on an orgasm, but desperate for what he had to offer. Except he didn't realize he'd already crushed the last of my reservations.

My surrender was immediate and genuine.

"Okay." I nodded.

"I want the words, sweet thing. All the words."

"I'm taking all of you." Lord was strong, but not overpowering. He'd lead, but not force. He was the kind of man I hadn't even known existed, and one I couldn't imagine not having.

"Good girl."

And he was just dominating enough to keep me sassy. I nipped his earlobe. "I'm no girl—I'm all woman."

"Don't I know it." He rolled to his back and pulled me over top of him so I was straddling his lap—and his huge erection. He reached out to the nightstand and grabbed a strip of condoms from the top and tore one off. Ripping it open with his teeth, he shifted me down so he could make quick work of sliding it on. Once he'd finished, he settled me back into place. How could he make such a mundane chore look so sexy? I was so caught up in the watching that his words jerked me back to reality—the *best* kind of reality.

"You're gonna ride me. You decide how much, how fast, and how hard, until I decide how we finish."

Every word made me more determined to take this man on a ride he'd never forget.

"Then let's do this."

I slid back and forth on his cock, my own wetness soaking him, before gripping the shaft and fitting the head against my entrance.

"Surprised a guy like you wants to be taken instead of doing the taking," I said.

"Sweet thing, you took me from day one. Why should this be any different?" he replied.

Warmth flooded me, and I'd never been so full of *feelings* during sex. It would've been unnerving if I weren't so hung up on the man beneath me. Everything moved quickly from that moment on. I lifted and sank down, taking him, inch by inch, into my body. I gave myself only seconds to adjust before Lord's big hands landed on my hips. His eyes closed for a beat, and then riveted on me as he helped guide my movements as I rode him. In and out, he filled me. I laced my fingers with his, and kept going, working his cock until I knew he'd reach the point where he'd flip me and *take me*. I loved being on top, having the control, and somehow Lord knew I needed that from him. I needed to not feel conquered every time we had sex. I didn't know how he knew that … but he did. Now that I'd ridden him like a cowgirl, wild and proud, I was ready to be *taken*. I slowed my movements, and he picked up the change in my mood instantly.

"My turn," he said. Hands once again gripping my hips, he rolled, bracing himself on one arm so I didn't take all his weight. "You ready for more?"

"Yes."

"Everything I can give you?"

"Yes!" I cried. "Hurry."

"Guess I better not keep the lady waiting."

And he shifted, slipping one hand beneath my ass and canting it upward for the perfect angle to meet his thrust. And then holy hell.

Being beneath all that power was … intoxicating. Stroke after stroke, he hit the perfect spot, and the tension that had been building inside me stretched tight, poised to snap.

"Omigod," I mumbled. "I'm gonna—"

"Fuck yeah, you're gonna. Until you can't keep your eyes open. That's my promise to you."

Another thrust and my body unleashed pleasure through every nerve ending, and I screamed his name. "Lord!"

He slowed his thrusts, allowing me to ride it out, but never stopped.

"That's right. More where that came from."

The second orgasm came on the heels of the first. I lost track after number three.

It could've been minutes or hours later, but my eyes

slid shut as Lord roared my name and emptied himself inside me.

My last thought: I'm in so much trouble.

lord

I WOKE TO a warm body curled up beside me. Elle's cheek pillowed on my chest, and her red hair tickled my face and chin. My arm tingled, but I had no intention of moving. Instead, I watched her sleep.

Last night she'd told me she was taking all of me, and I was holding her to that. But Elle wasn't the kind of woman you fenced in and expected her not to bolt. My words had been a calculated risk during the heat of the moment. I wasn't a stupid man; I knew getting that kind of declaration out of her during the light of day was something I'd have to handle carefully, but I would get it out of her eventually. I pressed a kiss to her hair, and her eyes flicked open.

"Good morning," I said.

Her lips curled into a smile. "Good morning yourself."

"I like waking up with you," I said, knowing I was pushing too hard.

I tucked Elle's hair away from my face, and she

pulled back. "I like it too … but we probably should talk about me going home sometime soon. I don't think Rix is going to hurt me. He scares the ever-lovin' hell out of me, but I don't think he's going to hurt me."

I gritted my teeth. So much for an easy morning. "Can we talk about him when we're not naked?"

"I'm just saying I don't think he's a threat; he's not looking to do me harm."

"Then let's talk about the fact that Jiminy's dead, just like Bree." Elle shrank away from my harsh tone, and I could've slapped myself for being so blunt, but I didn't know how else to get across that this was serious fucking business, and I wasn't taking a chance with her safety. I didn't like that she seemed to have placed Rix in the "harmless even though he's really dangerous as fuck" category and completely written off the fact that someone had killed two people and we still didn't know who or why.

"I don't understand how I could be a target." Elle's voice was small.

"Yeah, well, I don't understand how you don't think you could be at risk. I'm not willing to take the chance, and even if you think Rix is harmless, whoever else is out there shooting people in the back isn't getting their hands on you." Quietly, I added, "Doesn't make any fucking sense. First Bree, and then Jiminy. Think I'm being framed. Nothing else makes sense."

And nothing else did make sense. There had been a

time in my life when I'd had nothing to lose and what was happening now would've just had me packing my shit up and truckin' out of town for a while. But now … now I had everything to lose, and I would fight tooth and nail to keep it. Whoever was setting me up was going to find their own bullet buried in their back, and that swamp boat was going to come in handy.

"But that doesn't make sense either. A frame job? By who?" Elle whispered. It was clear my words had shoved a wedge between us because she rolled away and stood. But then she reached out and grabbed my hand, laced her fingers with mine, and tugged. "Come on. There's nothing you're going to figure out in the next twenty minutes, so you might as well come shower with me. Wouldn't want to waste water."

The impish curve of her lips—and the absolutely knockout body she wasn't attempting to cover— pushed all other thoughts from my mind. When a naked woman who looked like Elle took your hand and asked you to follow her, you didn't think twice about that shit. You went.

"Conserving water is the responsible thing to do … but I have a feeling if I get you in that shower, it's going to last a lot longer than if I were in there by myself." My feet hit the floor, and I rose from the bed.

WE WERE LATE to work. But luckily, I knew the boss, so it wasn't that big of a deal. And the fact that I was walking in the back door of Chains holding Elle's hand like some throwback to a high school date I never got to have was pretty fucking sweet. The woman herself was sweet. She might put up a thorny, hard to get to know exterior, but beneath it was the creampuff center I'd suspected was there all along.

It became even clearer when Mathieu surveyed us.

"So it's really like that, huh?"

I waited for Elle to respond, curious what she'd say. "Yep, it's really like that," was her answer. It wasn't a declaration by any means, but it wasn't a denial. I'd take what I could get at this point.

"Good. You'll keep her out of trouble the next time she decides to do something crazy like go work at a fuckin' pawnshop, and you'll keep him smiling and laughing like he has been. Not a bad birthday present."

"Birthday?"

Oh shit. I'd totally forgotten with all the crap going on. And because I was a guy and birthdays didn't always stick with me.

"Yeah, nineteen. Never actually thought I'd live that long. It's feeling pretty damn good though."

Elle's head swiveled toward me, and her elbow caught me in the side. "Lord, can we talk for a second?"

I let her drag me down the hall to the office and slam the door shut. "I can't believe you didn't tell me it was his birthday!" She paced from the door to the end of the couch and turned on me. "So not cool!"

"I totally forgot—we've been juggling a lot of shit

lately. Don't worry, I'll make it up to him."

"But now we're not prepared! And I *love* birthdays. I would've made a cake. Brought balloons. Presents. Something super cool. And now I have to scramble, and I'm not good at presents when I'm scrambling."

Even though it might get me in trouble, I laughed. "Balloons, really? The kid is nineteen, not nine."

"Everybody likes balloons." Elle propped both hands on her hips.

I looked at my shoes, feeling even more like shit that I hadn't remembered Mathieu's birthday. The kid deserved better from me. Last year, I hadn't even realized it was his birthday until just before closing and he'd said, "Hey, I'm legal now to get into the titty bar. Wanna go?" He'd gone back to what he was doing before I could form a response. I'd grabbed his personnel file and checked his ID. Damned if it hadn't been his eighteenth birthday. We'd done it up right, but that wasn't a story I'd be telling Elle. I could picture her response if I told her: "Well actually, the kid doesn't like balloons so much as tits the size of them, and he'd prefer a lap dance to cake." Now that we'd gotten our shit straight, I didn't want to fuck it up with something like that. Besides, that probably wasn't the best example to set for the kid anyway. Maybe dinner was better than mostly naked chicks. *Mathieu was not going to agree.* But at least Elle would be happy … and that was what I cared about most. Mathieu would eat his fancy dinner wherever we took him, and he would like it.

"Stop pacing, woman," I said, but of course, she didn't. She kept stalking her cute little ass back and forth, fretting about cake mix and frosting and some other random shit. "Elle, get your ass over here."

Her head snapped up. "Seriously?"

"I don't like seeing you upset over something fixable. We'll make it right. Mathieu will get his birthday and some damn balloons if you want them, but I want you over here now where I can put my hands on you."

Arms crossed over her chest, hesitation was written all over her beautiful face. *Come on, bend a little.* And then hesitation morphed into something else—heat.

"Thought I'd satisfied you in the shower?"

"Doesn't mean I don't want more."

"At work?"

I cut my eyes to the door. "Door's closed."

"While the birthday boy is out there holding down the fort?"

"Living dangerously today."

"I think you probably live dangerously every day."

Not lately, but I had.

"And after this I have the afternoon off to go get all the good birthday stuff and to make a reservation for dinner?"

"We'll talk about that after."

She stopped right in front of me. "After?"

"After," I repeated. "When I'll probably agree to anything, like I'd agree to anything right about now."

"That's a dangerous thing to tell a girl."

"You're the dangerous one here, sweet thing."

A few more feet, and she was next to me.

Fuck, there was nothing I loved more than burying one hand in her hair and cupping her ass with the other. I lowered my lips to hers, and ... Mathieu pounded on the door.

"Got a customer. Got some expensive shit he wants to sell that I don't know much about."

I pulled away from Elle, reluctance screaming from every muscle in my body.

"Rain check," she said.

"You better believe it." I turned and headed for the door, grabbing Elle by the hand and pulling her along behind me. "Let's do this."

elle

THE MAN STANDING in the shop was nothing special. Just an average guy with a receding hairline and bit of a gut hanging over his slacks. His hand rested on an ornate wooden box on the top of the glass case.

I followed Lord behind the counter.

"Can we help you?" he asked.

"I hear this is the place for selling higher end stuff."

"You heard right," Lord replied. "What do you have?"

"About a dozen watches. Nice ones."

Everything in me stilled as I focused on the box. Lord's hand brushed over the small of my back, and I knew we were thinking the same exact thing.

"All right. Let's see what you've got."

The man flipped the lid and my eyes devoured the gold and silver faces.

My attention landed and held on the one at the end of the bolster. It'd been *years* since I'd seen it in person, because my mom had kept it locked away in a safe

deposit box and never brought it out, but it *could* be …
Excitement pumped through me, and my fingers itched
to grab it from the box and flip it over to check for the
engraving on the back.

Lord asked, "You want to pawn them or sell them?"

"Sell them."

I was waiting for my chance. Lord might have a
ballpark idea of a value, but he'd ask me to take a look
at them. I just needed the nod so I didn't look like a
crazy, grabby girl when I snatched a watch out of the
box and studied it like it was a piece of gold from King
Tut's tomb.

"You mind if we take a closer look?" he asked.

I almost rubbed my hands together in anticipation.

"Go right ahead." The man slid the box across the
counter.

Finally, Lord looked to me. "Elle?"

I impressed myself with how steady my hands were
when I reached for the watch I was eyeing and lifted it
out of the box. It was an antique Patek Philippe to be
certain. I carefully slid it off the bolster. I paused,
praying that I'd see the inscription on the back. I
flipped it over.

And there was nothing.

All the anticipation drained out of me at the blank
gold back.

"Nice watch. Good condition," I said, swallowing
back my disappointment and forcing myself to assess
the watch for purchase.

Lord must have noticed the stoop of my shoulders, because he wrapped an arm around me and squeezed my hip.

"How much you looking to get for them?" he asked the man.

The guy's price was astronomical, even for a nice collection in good condition. At any other moment, I'd be all about haggling to try to get him down, but right now I was too disheartened to care.

Lord squeezed my hip again to get my attention. "Elle? What do you think?"

"We couldn't consider buying for that price." I looked up at the man and added, "Maybe half, but even that's a stretch."

Lord dropped his hand from my hip, and I slid the watch back into its place in the box.

The man's posture stiffened, and he snatched the box away from us. "Half? You clearly don't know what you're talking about. I was giving you a bargain. I could get even more at auction."

I almost rolled my eyes at his line about the auction. I'd heard the same thing from more than one person with fancy stuff to sell. I opened my mouth to say something bitchy, but Lord beat me to it.

"Then maybe auction is your best bet." Lord's tone was professional and polite, without a hint of disrespect. I wanted to tell the guy *good fucking luck*, but I stayed quiet.

"Then maybe I will." The man snapped the box

shut, turned, and walked out.

I held my tongue until the door chimed with his exit.

"Well, that was interesting." My words lacked my usual energy.

"He'll probably be back," Lord replied, eyes still on the man as he climbed into a black BMW at the curb. "Once the auction house tells him what he'd be looking at for fees and potential take, he might think twice." He looked down at me. "I know you were hoping it was your dad's watch. I'm sorry it wasn't." He pulled me against his chest and wrapped his arms around me.

I hadn't realized I needed a hug until right that moment. I clung to Lord, feeling stupid tears springing up in my eyes. Letting myself get excited, even for a few seconds, and then experiencing the crushing weight of disappointment sucked. But wouldn't I rather have the excitement than no chance at all? It was a dilemma. I just wanted to find the damn thing.

It was there, in Lord's arms, that I acknowledged something else that was equally important: what would I do when I found it? Buy it, obviously, but then what? Quit? Move on to some other job that would piss off my mother and stepfather just as much? Hell, in order to do that, I really might have to start stripping or something. But either way, once I had the watch, my original reason for working at Chains would be gone. I snuggled into Lord's chest, wanting to avoid thinking about working anywhere else.

Did I really want to leave Chains? I thought of the shop, all the old treasures waiting to find new homes and the new discoveries that constantly walked through the door and the thrill of striking a bargain to buy and sell. And the man who owned it.

I don't need to worry about it today, I told myself. *I haven't even found the watch, and I might never find it.*

I pulled away from Lord. "Thanks for that." And then I noticed Mathieu watching us. "Take a picture, kid, it'll last longer."

I expected him to say something about us being all weird—or at least me being girly and emotional—but all he said was: "You two look good together." His smile quirked, and the comment I expected came next. "But hugging it out in a pawnshop ain't normal. Maybe you need to get a room."

"Thanks for the idea," Lord said. "You gonna be ready for dinner tonight? We're taking you out. Birthday special. My treat. You pick the place."

With Mathieu picking the place, who knew where we'd end up.

"That'd be cool. I'm feeling barbecue tonight."

"Then barbecue it is," said Lord.

33

lord

"I PAY THE tab, and you're ditching us?" I said, raising an eyebrow at Mathieu.

"Dude, it's my birthday. I appreciate the cake—and balloons," he looked pointedly at Elle, "but I need to go see my homeboys and some titties."

Elle held up both hands, clearly staying out of it. "Go. Try to stay out of trouble. I better not be getting a call to bail you out of the parish prison tonight."

Mathieu gave us a chin jerk and headed for the door.

"So what do you want to do now?" Elle asked me.

I glanced down at my watch. It was only eight-thirty, which meant we had just enough time...

"Ever think about getting ink?"

"Ink?" Elle's eyes widened.

"A tat."

"I know what you mean, but ... where is this coming from?"

"Con's sponsoring a tattoo expo down at the convention center. Goes until ten. He's not working it, but a couple of his employees are. He's there hanging out and shaking hands. I think Vanessa's there too."

Understanding settled across Elle's face—and then a cautious look I didn't see too often. "Do I have to get a tattoo if I go?"

I picked up her hand and threaded my fingers through hers. "You don't have to do anything you don't want to do."

She bit her lower lip before straightening. "Then let's check it out."

"I WANT ONE," Elle announced.

I tried to hide my smile but failed. We'd only been inside the expo for about five minutes, but as soon as Elle had seen the designs and pictures posted all over the convention center—and all of the people showing off their new ink before it was covered up—she'd been vibrating with excitement.

"Impulsive much?" I asked, studying her.

"Like you wouldn't believe."

"You sure, doll?" That came from Delilah, one of Con's main artists at Voodoo Ink. "It's not something you should really decide on the spur of the moment. It's a pretty permanent decision."

"The design isn't the impulse … pulling the trigger and getting it is," Elle admitted. "I've been wanting something for a while … I've just never taken the final step."

Vanessa clapped her hands from where she sat on Con's lap in the front corner of Voodoo's booth. "Yay! Tattoo virgin!"

"Like that wasn't you too long ago," Con said, tightening his arm around her waist. "Now you're addicted."

"Addicted to you and the ink," Vanessa said, turning to press a kiss to his cheek.

It was fucking cool to see them so happy—and not keeping their relationship a secret anymore. Even here, they attracted attention. Vanessa's status as a well-known heiress—and the fact that she was sitting on the lap of a man covered from neck to wrists in ink—would probably always spawn waves of speculation. But neither cared a damn bit.

The big room in the convention center was filled with buzzing and laughter—and some yelling and a bit of crying. Voodoo's spot was prime real estate—in the front corner by one of the main entrances. Con's new artist, Bishop, Delilah's brother, was inking a big, bearded man in a chair a few feet away. Delilah's last appointment for the night had been a no-show, which gave her an unexpected open slot in her schedule.

"You sure you want to do this?" I asked Elle. She was practically bouncing next to me, so I could guess what her answer would be.

"Definitely sure."

Delilah pulled out her sketchpad. "What are you

thinking?"

Elle explained, and Delilah listened and began to sketch.

Vanessa wiggled off Con's lap, and he reluctantly released his hold on her.

Peering over Delilah's shoulder, Vanessa studied the drawing. "Oh, Elle. That's so cool. For your dad. I love it."

I had to agree with Van. It was a simple hourglass with a quote dripping through it instead of sand.

Delilah went to prepare the transfer, and I looked around the room. Given the location of the booth and the massive amounts of people walking by, Elle wouldn't have much privacy if she wanted it inked on the side of her hip.

"You sure you want to do this here? You could hold off and do it at Voodoo later," I said.

I had to ask—regardless of how determined she looked.

"No, I want to do it now."

Vanessa frowned. "If you're afraid you're going to lose your nerve, maybe it's not a good idea to do it until you've thought it over."

"It's not that," Elle started. "I just … it feels like serendipity. Like this night has worked out exactly the way it was supposed to, and tonight is supposed to end with me getting an awesome new tat. My first." The excitement was still rolling off her in waves.

Bishop looked over at us from the sugar skull he

was inking. "Love the virgins."

My glare, which would have any normal guy backing the *fuck* down immediately, didn't faze him. "Think you should be minding your own work, man."

Bishop lifted his chin at me and took my measure. A few moments passed, and he nodded, eyes cutting to Elle one last time.

"Lucky man."

"And I know it," I said, voice firm.

"Okay, if the alpha stare-down is complete, I think we can get started," Delilah said, waving the transfer at us. "You want to go change into some scrubs and a T-shirt so this is easier?"

Elle looked down at her dress. "Can't I just pull up my skirt?"

A choking noise that I think was supposed to be a laugh came from the guy Bishop was working on.

"Sure thing, babe. You can do whatever you want," Delilah replied.

Elle's eyes darted to me as Con and Vanessa watched us both. Were they waiting for me to tell her no way in hell?

"You don't need my permission. Whatever you want to do is good with me."

Elle stood and pulled up a section of the wide skirt of her cream-colored dress. With so much material, I really wasn't worried about anyone seeing anything. If it had been a super tight mini-skirt or something she would've had to peel it up and show her ass to everyone, then I would've gone caveman and tossed her over my shoulder and carried her out. But she didn't need to know that.

A curious customer came up to the booth, and Con stood to chat. Vanessa planted herself on the chair to watch as Delilah prepped Elle's skin and laid the transfer on the side of her hip.

When it was done, Elle checked it out in the mirror and showed it to me.

"It's gonna look awesome. Good choice." Her beaming smile made me doubly glad I'd brought her here tonight.

Elle had explained that the quote dripping like sand through the hourglass was from *Macbeth*: "Come what come may; Time and the hour runs through the roughest day."

Elle lay sideways on the flattened tattoo chair and sucked in a deep breath and released it. Then she asked the question I'd been waiting for.

"So … how much is this going to hurt?"

I pulled a folding chair up next to her, lowered myself into it, and grabbed her hand. She squeezed—hard.

"You'll be fine. You can crush my hand if you need to."

Delilah prepared her station and the tattoo machine, and I studied the design closer. It would be all black and gray and was going to look sweet as fuck, really. And the sentiment behind it made it that much better.

226

It didn't take a genius to see that Elle's grief over losing her father still hovered close to the surface even after all these years. Her desperation to find the watch was just the first piece of it, and I was determined to help. Unfortunately, my contacts hadn't turned up anything promising yet.

But still, what would she do once the watch was found? Would she quit and go find another job doing something equally as random as working at Chains? It bothered the fuck out of me that I wouldn't be able to keep her close if she did—not just because I loved having her within reach, but because I still wasn't convinced that Rix was going to lose his interest in her, and I had no idea who had killed Bree and Jiminy. Elle was probably right about Rix—he wasn't a threat to her physical safety, but he was a threat to my mental health. But what did I expect? A woman as gorgeous as Elle was always going to attract attention. Until Hennessy closed the case on Bree and Jiminy, though, I wasn't going to sleep easy.

"Okay," Delilah said, tattoo machine in hand. "You ready?"

I squeezed Elle's fingers, and she squeezed back, meeting my eyes with a smile.

"I'm ready," she said.

SHE HANDLED IT like a champ. My fingers might never function normally again, but Elle made it through like a *champ*.

My chest tightened at the tears swimming in her eyes when she looked at the tat in the mirror. Then she gutted me when she trailed a finger around the edges of the newly inked lines and said, "I miss you, Daddy."

I pulled her closer and caught the tears on my thumbs.

I was gone for this woman.

Abso-fucking-lutely gone.

Done.

She was mine.

I'd find that goddamned watch if it was the last thing I did. It was my promise to her and to myself. And then I'd find a way to keep her.

I WAS A little worried about how comfortable I was getting staying at Lord's every night. After the tattoo expo, we'd gone to my place in the Quarter, and I'd grabbed some more clothes before we'd ventured back to his side of town. My closet was getting empty, and Lord and I needed to talk about how long I'd really be staying. My concerns about Rix had abated, although there'd been no update from Hennessy on the murder investigation. I knew I needed to reclaim my independence and set some boundaries though. Lord and I were moving so fast toward … I wasn't even sure what we were heading toward. Something big and scary … but kind of awesome at the same time.

And today, we were back to our normal routine. Because strangely, we had developed a *normal* routine.

I was once again cleaning the glass cases—I wanted to de-finger every person who came in the shop and touched them. It was a vicious cycle. I wanted people to look at all the gorgeous and sparkly things in the cases and buy them all, but, seriously? Did they have to touch every inch of the glass in order to do that?

I laughed to myself that smudges were one of the biggest issues overtaking my life. I put some more elbow grease into the circles with my coffee filter as Lord and Mathieu sorted through a stack of albums that someone had brought in. Listening to their debate about which to make offers on and which to pass up kept me smiling. The collection was enormous, and they'd been at it for hours.

After they'd finished sorting, making selections, and cutting a deal, Lord's phone buzzed.

"Who is it?"

"Hennessy," he replied before answering.

Thoughts of the unsolved murders battered me. A call from the detective couldn't be good.

I only heard Lord's side of the conversation: "Another?"

A sigh. "Good."

A pause. "You need me right now? This can't wait? Fine. Okay. Do I need my lawyer?"

My stomach sank and twisted with that question.

Lord ended the call with an abrupt, "Be there in fifteen."

After he pocketed his phone, he turned to me. "Want me to take you back to your place? You can have the rest of the day off."

"What? Why? What did he say? Was there another…?"

"No, nothing like that. He's got questions for me that can't wait. Something else came up about Bree, and he's too tied up to bring his ass down here to talk. But I don't want to leave you here alone."

"I'm fine. I'm not even alone. Mathieu and I can hold down the fort. If Rix or anyone else comes in and gives me shit, I'll pull out the shotgun under the counter. It's not a big deal."

Lord's growl was … downright adorable. "Not a big deal … right."

"We've gone round and round on this, and there's no point in doing it again. It's okay. Nothing is going to happen to me here." Lord's warring indecision was written all over his face. "Just go," I told him.

"Fine. But—"

"If anything happens, I'll call you immediately. I swear."

He came around the counter and yanked me against him. "You damn well better, or I'll be hearing why and dealing with you."

"Next you're going to threaten to spank me, aren't you? I've heard through the grapevine that your brother isn't shy on that."

"However Con keeps Vanessa in line is his business, but you better believe I'll come up with something a hell of a lot more creative than that."

My lower half tingled at his words. Which reminded me, we needed to break in the desk in the office. I was penciling that in for later today. Maybe if Lord came back in a funk, an afternoon quickie would snap him out of it. *Good plan, Elle.*

"I invite you to be as creative as you want." I leaned up on my toes to kiss him. The man was a giant, and even in heels, it took some serious stretching to reach him if he wasn't leaning down. Pulling away, the taste of Lord on my lips, I lowered my heels to the floor. "As long as it ends with me coming, I think we'll be fine."

This time his growl was *sexy* instead of adorable. "Sending me to the cop shop with a hard-on. That's what you're doing, you know."

My eyes dropped to his crotch, and sure enough, the telltale bulge was bigger than normal.

I shrugged. "I'm not really sure how that's my fault."

"All you have to do is breathe, and you get me hard, woman. That's how it's your fault."

A grin stretched my lips. "Then hurry back, and I'll take care of what I started."

Lord groaned. "That's not helping."

I pressed my palm against his solid chest and pushed. "Go. Hurry. Come back soon."

He leaned down, tilted my jaw up, and planted a hell of a kiss on me. I'm talking a full-tongue, make out-worthy kiss. When he pulled back I dropped my eyes to the bulge again.

"Don't think that helped your cause, pawn star."

"It's worth it." Lord turned and headed for the back door. "I'll be back as soon as I can. Call me if anything happens."

After the door shut behind him, I settled in for what I was sure would be an uneventful day.

IT ONLY STAYED uneventful for an hour.

Not Rix this time, and not my mother.

Nope.

It was Denton who crossed the threshold of Chains—his face lined with rage.

"Who's that joker?" Mathieu asked under his breath.

Denton's three-piece suit was certainly not the normal attire of our customers.

"My stepfather," I whispered, girding myself for whatever battle was about to take place.

"Looks like a real prick."

Denton was scanning the shop, lip curled in obvious disgust.

"He totally is."

Denton didn't bother with a greeting. "This is where you've decided it's appropriate for you to work? Disgraceful."

"I don't recall asking for your opinion," I replied.

"No, you never do, Eleanor."

I swung back around to look at Mathieu. "Could you give us some privacy?"

The kid shook his head. "No way."

"*Please,*" I begged. I didn't want him to hear what-

ever other asshole comments Denton was sure to unload.

His eyes narrowed. "Fine. But I'm calling Lord."

Relief swept through me, and I nodded before turning back to Denton.

Lord would come back, and I would put whatever
unpleasantness my stepfather was about to unleash
behind me.

I waited until I heard Mathieu's footsteps receding
before I asked, "What do you want, Denton?"

He slapped a newspaper down on the counter. "For
you to stop publicly embarrassing me and your mother."

My eyes dropped to the paper. The first page of the
society section was covered in full-color photos … of
the tattoo expo. Just below the fold was a clear picture
of Delilah and me as she tattooed my hip. There was
definite side cheek showing. The picture above the fold
was one of Con, Vanessa, Lord, and me. Someone must
have snapped it just before we'd left.

The headline read: *Society Princesses Find Tattooed
Princes: Bad Boys Get The Girls.*

I scanned the article. It was mostly about Vanessa
and Con and the Bennett Foundation, but there were
plenty of speculation about Lord and me. And of
course, because this is NOLA, my lineage was mentioned, including my father, my mother—and Denton
and his law firm.

I glanced back up at him. The red tinge to his

cheeks suddenly made a lot more sense.

"It's not like I have any control over what they print in the papers," I started.

"You have control over the company you keep and your behavior. Neither of which has ever impressed me, but this is a new low."

"Again, I didn't ask for your opinion. Thanks for dropping off the paper. I'll be sure to save the pictures for my scrapbook."

Denton's face twisted into an ugly mask. "You have a week to rectify this mess you call a life, Eleanor, or you'll find yourself with more problems than you're equipped to handle."

"What the hell are you talking about?" He'd thrown plenty of verbal abuse my way over the years, and this wasn't the first ultimatum. But something in his tone had me tensing.

"I'm talking about the fact that I'm sick and fucking tired of being embarrassed by you—and your mother. I can't let her around company without everyone gossiping about what a lush she is. And you—you at least kept your little rebellion to the sidelines where it didn't interfere with my professional life, but now you've brought it front and center. My firm in the paper with this garbage? I'm done. Out of patience. You cut this string of dead end jobs, drop the lowlife, and fall in line, or I'm done with you both. She'll be on the street, and we'll see how you like keeping her in gin."

His words hit me like drive-by bullets—coming out of nowhere and striking unexpectedly.

"What are you talking about?"

His voice rose and filled the shop. He slammed a fist down on the glass case, and for a moment I thought he'd cracked it. "I've had enough."

I didn't follow his logic … but when had Denton ever needed logic to make a threat? "You're going to leave my mother if I don't straighten up? What kind of threat is that?" The man had officially lost it.

His eyes turned hard. "Did you know she signed a prenup? If I divorce her, she'll have nothing. Which means you'll be using that fancy trust fund you've always thrown in my face to take care of her. She sure as hell can't take care of herself."

"Why did you even marry her to begin with if you hate her so much?" I couldn't hold the question in; his disgust threw me. I'd never thought he'd treated her well, but this was something totally different.

"None of your goddamn business. But I know you don't want to deal with her. So if you want her to stay my problem, you're going to fall into line. You've got a week, Eleanor. Don't make me come back here again."

He turned and walked out, slamming the door behind him. The chimes clanged, and I wasn't sure what the hell had just happened.

"He's a dick," Mathieu said, coming up behind me.

"Yeah. He's a piece of work."

"He treat your ma like that the whole time they've

been married?"

I thought of the disgust, the disdain, and the absolute iron fist with which he laid out his orders.

"Pretty much."

"Total dick."

"Yeah." I didn't know what else to say. He was a dick. He'd just threatened to divorce my mother if I didn't fall in line. Who did that? Someone who didn't plan to stay married to her for much longer, regardless.

"Did you call Lord?" I asked.

"Yeah, he's on his way."

It seemed that all the bad shit happened when Lord left the shop. He was right; I wasn't staying here without him again. Who knew what would happen next. Would the Devil himself walk right through that door and steal my soul?

My mind went back to Denton. Such a prick. And I was a horrible daughter, because for a split second, I actually considered what it would take for my mother to continue being Denton's problem. But no way in hell. I'd wanted her to be free of him since the day I'd found out they were getting married. So *fuck him*. I'd never bend to his wishes—which meant I'd be responsible for my mother losing the life to which she'd become accustomed. Her safety and stability. Her marriage.

Shit.

The back door opened, and I'd never heard a sound quite so comforting as the *thud* of Lord's boots on the floor.

"He's gone?"

"He's gone," Mathieu answered. I was still spacing over Denton's threat.

"You okay?"

I looked up and met Lord's concerned blue eyes, and everything surged inside me and the walls broke.

I came around the counter and barreled into him. Lord caught me and wrapped me in his strong arms.

Strong. Solid. Steady.

He was all of those things.

And I was none of them.

I burst into tears.

He didn't try to quiet me. Didn't ask why I was crying. He just held me and stroked my hair while my sobs soaked the front of his T-shirt.

I had no idea how much time passed before I lifted my head and snuffled.

"Everything's such a mess."

"You tell me what's a mess, and we'll fix it. Don't doubt it." He tucked a section of my hair behind my ear. "You know I hate seeing you cry."

I snuffled again and lifted a hand to swipe at my tears, but Lord beat me to it. His thumb gently brushed below each of my eyes, and I blinked back the remainder poised to fall.

"I don't know what to do," I admitted.

"First thing, we get rid of these tears. Everything else can wait. Including tarring and feathering your stepdad for making you cry."

My snort laugh wasn't sexy, but the visual of Denton running around looking like a chicken was a helpful one.

And then I remembered the paper. I bit my lip. How would Lord feel about that? Right this second it was easier to worry about the side of my ass being printed in full color for the citizens of New Orleans to see than the havoc I was about to wreak on my mother's life.

"My ass is sort of on the front page of the society section. Well, side cheek—if that's a thing. Like side boob? I don't know. But it's there." I blurted the words out in a disjointed tumble.

Lord's brow furrowed. "Side boob? What the hell?"

I started to pull away, but Lord didn't let me go. "Nope, you're stuck staying close to me until we sort out whatever got you charging into my arms."

"Then do we walk together like we're in a three-legged race? Because the picture is on the counter."

I heard movement, and then Lord unwrapped one arm from around my back and grabbed the paper from Mathieu's outstretched hand. He held it out so we could both see the picture.

It wasn't a bad one. It wasn't even that revealing.

"If that's side cheek, I like it," he said.

"You're not pissed my ass is in the paper?"

His lips quirked as he read the headline aloud. *Society Princesses Find Tattooed Princes: Bad Boys Get The*

Girls.

"Doesn't bother me if it doesn't bother you. Besides, I like the top picture. No disputing your gorgeous ass belongs to me."

The old Elle would've bristled at his outright statement of ownership. The new Elle ... she was surprisingly okay with it.

"You did get the girl. They weren't lying about that."

The sound of shuffling behind us signaled that Mathieu was moving away and giving us some privacy.

I swallowed, realizing what I'd just said. It was probably the most honest I'd ever been with Lord about my feelings.

He tilted my chin up, his eyes meeting mine. "Did I get the girl, Elle?"

I nodded. "But when I tell you the rest, I'm not sure you're going to want to keep her."

"There's not a damn thing you could tell me that would make me let you go."

"Even if I told you Denton said I had to drop you and quit this job."

Lord's expression turned hard. "Fuck that dick. You've never bowed down to him in your life, so why the hell would you start now?"

"Because he's going to throw my mother out on the street if I don't."

Lord's head reared back, but his arm never loosened. "What the fuck kind of threat is that?"

"I don't know. He seems to have reached the end of his patience with Snyder women."

"His loss."

The way Lord summed it up was so simple. So final. But he didn't understand the whole of it.

"But then she becomes my issue."

Lord's jaw tensed. "She's your ma, not an issue."

"I know, but she's got a lot of issues, and they're going to all become mine."

"Do you have any idea what I'd give to have been your age when my ma was spiraling out of control? When she needed someone to pick her up and get her help so she didn't keep on the path that ended with her dead in a gutter?" He shook his head. "I couldn't save her because I was just a kid. But you can save your ma, and that's exactly what we're going to do."

His certainty. His conviction. His heartbreaking confession. They all reinforced what I knew I needed to do. Tell Denton the dick to go fuck himself and help my mother find a way off the rocky path she'd slid down. But how was she going to take the news that her marriage was ending because I was selfish enough to not want to give up Lord? Because that was ultimately how I expected her to see it. That was how I had to be prepared for her to see it. She would never forgive me for destroying her life—but I could live without her forgiveness; I just couldn't live with myself if I didn't do everything in my power to save her.

I squared my shoulders, determination filling me.

"That's exactly what we're going to do." I looked up at Lord's gorgeous face. "How are we going to do it exactly?"

His smile was small, but it hit me right in the chest. My heart expanded with his approval.

"I've got a friend who runs a rehab program. She'll be able to help us out."

"Rehab?"

Lord stroked my back, as if preparing me for the bomb he was going to drop. "You know we can't do this ourselves, right? To get her well again, we need professionals. She's sick, Elle. She doesn't drink like that because it's something she can control."

Logically, I knew this, but part of me was stuck in the head of the teenager who'd been so devastated that my mother had moved on before my father was even cold in his tomb. Everything she'd done had seemed intentional at that point, including her descent into the bottle. It was something I'd spent a whole lot more effort avoiding thinking about than I had spent analyzing rationally.

"I know you're right. It's just … it's hard to think of my mom in rehab. That's where other people go."

Lord smoothed his hand up and down my back again. "This place is nice, and if you've got the cash to send her there, I don't think you'll be disappointed by the treatment she gets."

"I've got the cash. For whatever she needs." I flicked my eyes up to his. "Denton said she signed a prenup. She's going to lose everything when I tell him I'm not toeing his line. She's never going to forgive me, because while I've got cash, I don't have the kind of money Denton does. I don't have what it takes to support her in a big house with all the staff without draining myself dry fairly quick."

"She'll have to learn to adjust."

"Or she'll remarry again." I hated to say it, but I also had to recognize it was a possibility.

"We'll cross that bridge when we come to it. For now, let's focus on getting her better, okay?"

"Okay." I hauled in a deep breath. "Now I just have to tell her. She's going to lose her mind."

"Let Denton break the news. He's the dick who's going to leave his wife. We'll be there to pick up the pieces and deal with the aftermath."

"Okay," I said again. "But do I wait out his timeline, or do I just call him right now and tell him to fuck off?"

Lord considered for a moment. "I say we use the time we've got to line up our next steps. No need to force his hand."

Another thought occurred to me. "What if he doesn't follow through? What if he decides not to leave her?"

"Then we come up with another plan to get her away from him." He smiled. "Even if it means getting another picture of your ass in the paper."

I reached down and touched the side of my hip

where my tattoo was healing and starting to itch. "Another one? Well … there is something I was thinking of…"

Lord slid his hands over my ass and pulled me tight against him again. "Uh oh, you've got the bug now. Next thing you know, you'll have *thug life* tatted on your knuckles—in pink."

I reached up and shoved at his shoulder. "Only if you get *true love* on yours in purple."

He shook his head at me, and tucked another section of my hair behind my ear. "You feeling good about this plan?"

I pushed up onto my tiptoes and pressed my lips to his jaw. "I'm feeling good about this plan and a lot of other things right now."

"Good. I'll make a few calls before we head home."

Home. Things were moving faster than the speed of sound between Lord and me, but I was already just as comfortable in his space as I was in my own. And the thought didn't terrify me.

"That sounds perfect. I've got a few other things I want to do before closing."

"We'll swing by the market on the way, because I'm cooking for you tonight."

MEN SHOULD NEVER underestimate how sexy they look in front of a stove. Or a cutting board. Or a sink filled with bubbling dishwater.

For the record, I'd offered to help, but Lord had shooed me back around the other side of the counter and refilled my glass of sparkling water. I'd been shocked that he'd had "fancy water," as he'd called it, and the gesture was noted and appreciated.

"I really can help," I protested. It was a weak protest though, because I was utterly content sipping Perrier and staring at his ass as he reached up to grab a bottle of spices out of the cupboard.

Lord was sautéing the trinity in a pot, and it already smelled delicious. You'd think jambalaya would get old living in NOLA, but trust me, it never did. Lord claimed that he had a special tweak that made his jambalaya the best I'd ever taste.

"This kitchen only needs one cook right now, and I've got it covered." He glanced over his shoulder at me. "You just relax, sweet thing."

"Why do you call me that?"

He paused before turning back to the stove and stirring the pot. "Why wouldn't I?"

"I just wondered if there was a specific reason. I mean, you've been calling me that since the first day I showed up looking for a job."

"That day is still burned into my brain. Especially you in that green dress. You haven't worn it again since. Probably a good thing because I would've bent you over the couch and fucked you until you couldn't balance on those sexy heels of yours."

"The dress is in the hamper at my apartment. I need to make a trip to the dry cleaner before we can make that fantasy a reality."

"You've always gotta tempt me, don't you?"

"Keeps you on your toes."

"I'll keep you on your toes," he replied as he grabbed the bowl of sausage he'd already browned before transferring it to the pot and adding the stock and whatever spice was in the unmarked bottle. He stirred and covered the pot before turning to face me again and grabbing his beer off the counter. He'd tried to tell me he hadn't wanted a beer, but I'd insisted. Just because I didn't drink didn't mean he had to abstain.

"I'm sure you will. But first, you've got to tell me what the secret ingredient is in this magnificent jamba-laya of yours."

Lord shook his head. "That secret only goes to family."

Family. Something I'd avoided thinking about for a long time, and now it was in the forefront of my mind. Not just because of my mother, but because of the guy cooking me dinner. He'd lost his, and then found his way back to the only part of it he had left. His outlook was so different from mine, and there was a lot I could learn from him. Hell, I *had* learned a lot from Lord.

I just wished I had something to offer him as well. Instead of insight, all I had was my trust fund and myself. And Lord wasn't the kind of guy who placed much value on money. But he did value me for some crazy reason.

"Why did you let me stay? At the pawnshop? You could've told me no."

"I did tell you no."

"True. But you could've kept telling me no."

Lord paused, bottle almost to his lips again. "Why would I have wanted to? You impressed the hell out of me. You knew things that even in two years I hadn't found the time to learn. You're smart, you work hard, and now the place wouldn't be the same without you. You're prettier to look at than Mathieu, too."

I sipped my water and let his compliments—and the warmth they incited—roll through me.

The idea of being valued for more than what I had in the bank was a novel one.

"Thank you," I said.

His brow furrowed. "For what?"

"For giving me a chance."

"I think we're even. Although, I probably got the better end of the bargain—I got an ace employee and a hell of a girlfriend."

I was lifting my glass when he said the words. His blue eyes were intense and focused, as if daring me to dispute the label. The old Elle would've freaked at the thought of being pinned down. But I didn't. I raised my glass toward Lord.

"To us," I said.

The relief that swept over his features, and the contentment that settled in its place, told me I'd said exactly the right thing, even if it had only been two words.

Lord clinked the neck of his bottle against my glass. "To us."

The rattling of the lid of the pot broke the moment, but it was a done deal.

Lord and I? We were an us.

HAPPINESS. CONTENTMENT. DOWNRIGHT fucking triumph.

I felt all of those things when Elle didn't turn and run the moment I called her my girlfriend. Not that I would've let her get far—I could picture a wrestling match in the living room if she'd made a break for it—but it was the principle of the thing. She trusted me, and we were a team and headed in the same direction. The only other person I'd had on my side, unequivocally, was my brother. Now that Con was with Vanessa, our bond hadn't lessened, but it had changed with his shifting priorities. As it should. And now, for the first time in my life, I wanted what he had with someone. I wanted it with Elle.

"You're seriously not going to let me help *at all*?" she asked as I loaded our plates into the dishwasher.

"Finish your coffee, woman. I've got plans for you."

"Plans, I like the sound of that."

I smiled as Elle downed her after-dinner coffee.

"You'll like the reality of it even better," I said. "Because I'm ready for my dessert."

From the couch, Elle raised an eyebrow. "Dessert, huh? Wonder what that could be?" She set her empty mug on the coffee table.

I dried the last dish and shoved it in the cupboard before tossing the towel on the counter. "Guess you're gonna find out right now." Stalking toward her, I held out a hand. "We're moving this to the bedroom."

Elle, sexy siren that she was, spread her legs a few inches. "Isn't the couch good enough?"

I leaned down and grabbed both hands and tugged. As soon as she was standing, I ducked again, placing my shoulder near her stomach and tossed her up.

"Whoa, hold on."

I palmed her ass as I strode toward the bedroom. "Holding on."

Elle's giggle softened her words. "You know that's not what I meant. What if I'm not in the mood to be manhandled?"

"I don't care if you're not in the mood to be manhandled, as long as you're in the mood to be Lordhandled." I slowed as I approached the bed and lowered her down with a bounce.

Her gorgeous red hair was mussed, and her eyes shone. Wanting to see her more clearly, I flipped on the light on the side table.

"Fuck, you're beautiful, Elle."

Her smile was small. "You're not too bad yourself,

pawn star."

I dropped to my knees in front of her and wrapped a hand around both ankles before sliding them up to her knees. Coasting my palms along her thighs as I pushed her dress up to her waist, I paused when my thumbs skimmed the edge of her red lace underwear.

"There's a good reason I don't let myself see you in your underwear before we go to work in the morning, because I'd spend all damn day thinking about them, and we'd never get a thing accomplished."

"I'm not seeing how that's a bad thing at least one day a week. We still haven't tested out the couch or the desk in the office." Her breath hitched on the last word because I'd slid my thumb under the lace.

"These come off now, and the only reason I'm not ripping them off with my teeth is because I want to see you bent over that fucking desk, skirt flipped up, with your sassy red panties teasing me."

I tugged them down her legs, until there was nothing separating me from paradise.

"Perfect. So fucking perfect. I could eat your pussy for every meal and never get tired of it."

Chill bumps prickled Elle's skin, but she didn't reply.

Spreading her with my thumbs, I didn't hesitate, I dove in—licking, sucking, tasting, teasing. Elle bucked and writhed against my face, and I teased her entrance with two fingers before plunging them inside.

elle

EVERY TIME. EVERY damn time the man set me off like a rocket. I was boneless on the bed as Lord rose to his feet. He always took care of me first and rarely let me take the lead. Today, that was going to change. When he leaned over the bed, I sat up and reached for his buckle.

"Whoa—"

"No. I want to give you at least a fraction of what you give me. And that means you're going to stand right here and let me."

Lord's hand cradled my jaw. "You want to suck my dick?"

I nodded.

"Then I'm sure as hell not gonna argue." His thumb brushed over my lips. "Open. See how sweet you taste."

I did, and his thumb pressed inside. The salty sweetness of my own flavor burst on my tongue. Spurred on by the naughty move, I was even more determined to give him a night he'd never forget. Tomorrow, the entire world could fall to pieces, but we had tonight. This was more than sex. This was *us*. This was everything.

He withdrew his thumb, and I tugged at his button and zipper until I palmed his cock through his boxer briefs. Not wanting to waste time, I shoved both down his hips.

"I hope I don't sound crazy when I tell you I can't wait to get my hands on your cock."

Lord's fingers threaded through my hair, and he released a low laugh. "I'll never complain about that. Ever."

Wrapping a hand around the base, and always amazed when my fingers didn't touch, I lowered my head. But a tug on my hair held me back from my prize. I looked up at Lord, and his expression was hot and determined.

"You want to give me what I need?"

"Yes," I breathed, anticipation ratcheting up inside me.

"Then I want to fuck your mouth the way I've been dying to since the first time I saw you. You were standing in a crowd at Con's party, and you had these red-as-sin lips. Every time you took a drink, I couldn't tear my eyes away. I wanted those lips. Wanted you. That night, I jacked off to the thought of fucking your sexy mouth and coming down your throat."

I was already wet from the orgasm Lord had wrung

from me, but now I was soaked.

Holy. Shit.

Again, Lord's thumb trailed along my bottom lip. "Open. I want to see those lips wrapped around my cock."

My mouth opened, and my hand fell away from his cock as he fisted it and held it to my lips.

"Lick the tip."

My nipples puckered, and I followed his orders. I circled the head, catching the salty precum on my tongue.

Lord's fingers tightened in my hair, and I knew he was holding back. I didn't want that. I wanted him to let go. I reached around and grabbed his ass with both hands—*fuck,* it was a nice ass—and tried to pull him forward.

"Not until I'm ready," he growled. "And I'm going to savor this."

Slowly, inch-by-inch, Lord fed his cock into my mouth. He was a big man, almost an uncomfortable fit. I relaxed my jaw, eyes darting up to take him in.

The absolute worship on his face destroyed any hint of discomfort I might be feeling.

"So fucking beautiful."

And then he began to fuck my face. Hands in my hair, a thumb brushing the hollow of my cheek as he slid in and out—it was intense … and amazing.

I reached up and cupped his balls, and his groan vibrated through his body.

"Fuck, I wanted this to last longer…" He unleashed a growl and threw his head back. "You're gonna swallow me down. Every last drop."

Hell yes I am, I thought. I'd take it all. For him.

He yelled my name as he came.

And I took it all.

Lord stared down at me, both thumbs skimming my cheeks as I pulled away. The intensity on his face had morphed into … something I wasn't sure I was interpreting correctly.

He sat down beside me and pulled me across his lap.

"Don't know how I got so lucky, but I'm not letting you go. Whatever happens, Elle, you're mine, and you're staying mine."

My words came without thought: "Like I could ever be anyone else's."

***

I WOKE UP with Lord's arms around me, his chest to my back … and his cock sliding inside me.

The last time I'd woken, I'd been the one to reach for him. Sleep paled in comparison to this.

"Can't get enough of you. Fuck. Don't think I ever will." Lord's words were scratchy with sleep, and I arched my back, pushing into him.

"I'm okay with that," I said as his arm slipped around me and pulled me tighter before cupping my breast and toying with my nipple.

His thrusts were slow and steady, dragging out the pleasure for both of us as our bodies woke to the sensations. My breathing quickened, and I could feel Lord's chest expanding and contracting behind me.

His hand slid down, finding my clit, and I was poised on the brink in moments. He knew exactly how to play my body to wring every last ounce of pleasure from me.

"You gonna come with me?" he asked, his teeth finding my earlobe and scraping along it.

"Mmmhmmm," I moaned, moving into his touch. "But only if you're going to come in the next sixty seconds, otherwise you're going to have to play catch up."

Lord's thrusts increased, faster and harder, driving us both to the edge. My inner muscles clamped down on him as my body detonated.

"Fuck," he groaned, tensing with his own orgasm.

We lay there for a moment, spooned together, before Lord pulled away.

"Oh fuck." This time, the word was not sexy, but concerned.

"What?" I asked, and then I felt it. The wetness sliding out of me. I knew exactly what he was *oh fuck*-ing about before he even said it.

"I forgot a condom. Didn't even think about anything but getting inside you again." He climbed off the bed and headed out of the room.

My mind zigzagged out of post-coital bliss to practicality as he retuned with a washcloth and helped me clean up.

"I'm on the pill, and I'm clean," I said.

"I'm clean, too, but still—" Lord tossed the washcloth on the floor and sat on the edge of the bed. "I should've—"

I laid a hand on his tensed arm. In the moonlight, I could make out the inked designs from his military days. But his protectiveness seemed to have existed long before that … and here he was, trying to protect me again.

"It's fine. I trust you, and I'm not worried."

He stared down at me. "Thought you'd be flipping out right now."

I shook my head. "I don't care if we never use another condom again."

His expression once again took on the intensity that I was finally getting used to. "You realize you're it for me, right?"

"I think I'm getting that. Which works, because you're it for me too."

Lord grabbed me and hauled me into his lap, his lips crashing down onto mine. It was a kiss of possession and passion.

When we finally fell asleep again in the early hours of the morning, it was with my head on Lord's chest, and my hand covering his heart.

38

lord

TUESDAY MORNING, RIX was waiting in the alley behind Chains when I pulled into the warehouse.

"What's he doing here?" Elle asked.

"No idea."

Rix didn't wait for an invitation, just sauntered inside. His black T-shirt and dark jeans didn't give away his gang affiliation, but his tats did. I pushed open the door of the 'Cuda and almost told Elle to stay inside, but I didn't. Rix wouldn't hurt her—of that I was confident, and not just because I'd kill him where he stood if he made a wrong move toward her.

"To what do we owe the pleasure?" I asked, shutting the door behind me. But Rix's attention wasn't on me—or Elle—it was on the cars.

"Holy fuck, man. Didn't realize this is what you had locked up in here. Dayum … you got some sweet rides."

I did. And unloading one or two would put Chains even more solidly in the black—if I sunk in the cash to restore them first. I knew I needed to make the investment, but I didn't want to risk the bottom line just yet.

"You in the market?"

Rix pursed his lips. "I might be. They look like they need some work though."

"Better price if you want one before I put the work into it." It was the truth, and maybe selling one before it was restored would free up the cash to restore the others.

He raised an eyebrow. "What year is the SS?"

"Sixty-nine."

"What about the Shelby?"

"That one's not for sale."

His eyebrows rose. "And here I thought everything was for sale in this place."

"Not that one, and not the 'Cuda. You like the Boss 302?"

I had plans for the Shelby. Plans that included Elle overcoming her fear of driving and taking back control over that aspect of her life. She'd lived in fear too long about what could happen. And the GT500 named Eleanor would suit my Eleanor perfectly. If I sold the others, I could justify keeping it for her.

"So the Charger, the Boss Mustang, or the SS? Not bad choices. I could use some more muscle in my life." He flexed his bicep and wandered closer to the cars. His inspection took only moments, and then he turned and said, "I'll let you know on the cars, but I came to deliver some news."

Elle, who had come around the car to stand beside me, tensed.

"What's that?" I asked.

"I took care of the hospital shit for the kid who got shot. I'm not saying it was one of my guys, but I took care of it. All of it. You don't need to worry about him or his ma. They're set."

"I'm sure they appreciate it."

Rix ran his hand along the blue paint job of the Charger. He was getting attached. Excellent. "Gotta look out for our community. Ain't no one else gonna do it."

I didn't say anything about the fact that a big part of the reason our community needed his brand of looking after was because gangs like his ruled the streets.

"I'll let Con know it's been taken care of."

"You do that. Maybe he'll quit banning my boys from his shop and actually let them get some decent ink."

Con didn't, and would never, allow any of his artists to do gang ink.

"If you wanted to add a butterfly to your sleeve, he'd do it."

"Fuck you, Lord," he said without heat. He turned to head for the raised overhead door. "I'll be in touch about the car. Soon."

"Well that was interesting," Elle said.

"It was something."

Then a question came I wasn't quite ready to answer for her. "Why isn't the Shelby Mustang for sale? I looked it up online, and you could get a lot of money for it. It's in the best shape, other than the 'Cuda, obviously. I know you're worried about things … and that could be the way to get you solid again."

I reached down and grabbed her hand and tugged her toward the door. "That one's just not for sale. Come on, we're gonna be late opening." I snagged the box hanging from the ceiling and pressed the button to lower the door. We were in the alley before I realized I should've handled the situation a little differently.

"Is that my cue to butt out of anything that doesn't fit in a display case?"

I stopped, and Elle kept walking—until my grip on her hand tugged her to a stop.

"That's not what I meant."

"Whatever."

The dreaded *whatever*. Even I was smart enough to realize the word didn't mean anything good.

"You know I respect your opinion. I just … have plans for that one."

She jerked her head around, and the eyebrow arched in my direction told me the issue wasn't dead. "Plans you're not going to share, I take it."

The last two days we'd barely left my house, just lazing around, cooking, talking, and getting naked. It'd been fucking beautiful—a window into what I wanted my future to be. We were finally in a good place, and I wasn't going to jeopardize that.

"You know what that car's name is?"

"Seriously? You name your cars?"

I chuckled. "Sometimes, but this one came named already. Have you ever seen *Gone in Sixty Seconds*? Not the original, but the remake. There's a '67 GT500, and her name is Eleanor."

Elle's brow furrowed. "There's a car named Eleanor in a movie?"

"Yeah, and ever since I found out that was your name, I knew she was yours. She couldn't be anyone else's."

Her eyes widened—with what looked like both surprise and horror. "I don't need a car. I don't drive." The words were emphatic, and so was the way she tugged at my hand.

"But you will. You're not your mother. You're not going to become your mother. If you never want to drink another drop of alcohol because you're worried the disease runs in your family, that's totally cool. But the not driving thing is something I think you need to address."

"I don't want to address it. I'm fine without it."

I sighed, knowing I should've waited longer to bring it up, but it mattered to me. I couldn't stand to see Elle still trapped in the past over something so irrational.

"What if there's an emergency? Or what if you want to be more independent? You were so worried about control and someone trying to pin you down, but you hobble yourself by not driving."

"But what if—"

Pulling Elle against me, I tilted her face up to mine. "You're a smart woman. Strong. Independent. Sexy as fuck. You're not going to do anything stupid. You're not some kid on a bender. It's been almost a decade; it's time to let it go."

Tears shimmered in her eyes, and like they did every time, they hit me in the gut.

"I'm not saying today, but soon. I think it's important. You're putting the pieces back together after losing your dad. It's time, Elle. Time to let yourself heal."

I tucked her chin against my chest as she let her tears fall silently. The back alley behind my pawnshop was the last place I wanted to see her break down, but sometimes you had to let yourself break before you could start picking up the pieces. I held her for several minutes before she pulled away and swiped at her tears. The grief she'd never truly dealt with still hovered at the surface.

"So first I'm telling my stepdad to fuck off, causing him to leave my mom, and then I'm going to drive Eleanor." Her mouth wobbled into a sideways smile. "Jesus, who knew my life would be so action packed."

"If you want me to take you home—"

"No. There's nowhere I want to be but here," she interrupted. "Sorry about being such a girl." She swiped at the last remaining tear.

I leaned down and brushed a kiss across her lips. "I'm happy as fuck you're such a girl. Let's go tackle this monster of a day."

AFTER A QUICK call, I had confirmation from a friend that the treatment facility was on standby as soon as we needed them. Elle and I discussed how we wanted to break it to her mother, and her nerves shined right through.

"She's going to hate me. So much. Even more than she already does."

I kept her hand in mine, something I couldn't seem to stop myself from doing, and told her, "She'll forgive you. It might take some time, but eventually, it'll be the best thing you've ever done for her."

Elle's face pinched with worry. "I should've insisted on it years ago. I should never have let it get this far."

"There's nothing you can do but focus on the now."

"You're right." She sucked in a deep breath. "Focus on the now. Everything else can wait."

"Good girl."

Her smile faded. "It's still totally shitty that he can divorce her and leave her with nothing. I can't believe she signed a prenup. I mean, I get that he has basically supported her the whole time they've been married, but she deserves hazard pay for putting up with him."

I shrugged, because there was nothing I could do about that. "At least she's getting out."

"It's still bullshit."

"We'll figure it out."

The chime rang to signal a customer entering the shop. We both looked up at the kid. Probably mid-twenties, clean cut, but something was off about him. I studied his body language as he came toward the counter. Sniffling, wiping at his nose. And then he started talking fast as fuck and my suspicions were put to rest. Coked up. Great.

"I got a car out front I wanna pawn."

A fucking car? He must be in deep with his dealer.

I walked to the window.

"Which one?"

He pointed to a yellow Honda S2000, at least ten years old, rims scuffed from where he'd gotten too close to a few curbs.

"Can't say I'm in the market."

"I just need like ten grand, man. On pawn, not sale. I love that fuckin' car." He was waving his hands around, and his watch face caught the light and damn near blinded me.

Elle cleared her throat, and I looked her way. She jerked her head to the side and mouthed *can I talk to you* before starting for the corner of the shop where we'd still be able to see him, but far enough that he probably wouldn't hear anything we'd say.

"Hold on a sec," I said to the kid.

I met Elle in the corner. "What's up?"

"He's one of DJ's friends. I've seen them together before. I think he might even work at Denton's firm."

"Well, he's got a drug habit that has him wanting to pawn his fucking car."

"How can you tell?"

"He's got all the signs. Isn't the first cokehead who has walked through my door looking to sell something."

Elle glanced over at him and then back at me. "Are you going to do it?"

I gave a sharp shake of my head. "No. The kid can find another way to feed his habit. I'm not gonna bankroll that shit."

"Okay."

"I'll take care of it." I headed back toward him.

"Can't help you, man."

"Come on. I just need a loan. That's why pawnshops fucking exist."

"Still not interested. It's not something I want to have to flip if I need to. I'm not in the market for more cars right now."

"Seriously? Just do me a solid," he said, shoving his hand into his hair and pressing his palm against his forehead. That's when I got a real good look at his watch.

It looked damn near identical to the one Elle had snatched out of the customer's box a few days ago.

"But your watch, on the other hand … let me

check it out and see if we couldn't make a deal on that."

His eyes cut to me, overly bright and excited. "Yeah?" He yanked his hand out of his hair, and I was surprised he didn't tear out a chunk with his erratic movements.

He ripped the watch off his wrist and handed it to me. I held my breath as I flipped it over.

The inscription read, "To T.S. with love."

Holy fucking shit.

Chains did have some voodoo magic sprinkled on its doorstep, because there was no other explanation for the watch showing up.

"How much you want for the watch?"

His eyes locked on me. I wasn't being particularly smart when it came to getting the best deal, but I didn't care. I was buying the fucking watch.

"I need ten grand."

It wasn't worth that, but it was priceless to Elle.

"Let me take a closer look with my loupe. I want to make sure there aren't any cracks in the crystal."

I was mostly making up that bullshit about the cracks, but I needed to show it to Elle to confirm.

"Sure. Whatever."

I carried it to the counter where she stood waiting, arms crossed over her chest. I held the watch out and flipped it over so the inscription faced up.

"You're gonna want to look at this."

Her eyes zeroed in on my hand, and she snatched it

up. "No way. No fucking way." Over and over she repeated the words. Luckily, her voice was hushed; otherwise the kid would have heard her. "It's here. That's it. Holy fucking shit."

"Good. Then it's not leaving this shop with him."

I STARED AT the watch I had strapped around my wrist. It was too big, but I didn't care.

"I just can't believe it," I said again.

Lord's hands landed on my shoulders and squeezed. "Believe it. After all, that's why you came here in the first place. You must've had some faith it would show up."

I finally pulled my eyes off the watch. "I mean, yeah, but it's still crazy. I just can't believe it."

"Believe it," he said one more time.

"You have to let me pay you back."

He'd dropped five grand on the watch. It wasn't worth that much, but the kid refused to take anything less. Lord had pushed him, but he also hadn't wanted to let him leave with it.

"I'm not letting you pay it back. It's a gift." His tone didn't allow for any argument—but that didn't mean I wasn't going to try.

"But the shop can't absorb that kind of loss right

now."

Lord spoke directly into my ear. "You let me worry about that. Besides, I've got twenty bucks on Rix coming back to buy the Charger. That'll give me plenty of room."

"Still—"

"Woman, you need to learn to accept a damn gift when I want to give one to you."

I reached my hand back and rubbed it over the buzzed hair on the back of his head. I craned my neck around and kissed him. It was time to give in gracefully. "Thank you."

"It's on your wrist where it belongs; that's all that matters."

What Lord had said earlier about putting back the pieces because I had never finished grieving was eerily accurate. How he'd known, I wasn't sure, but I was just now realizing how right he had been. It was one of those things I'd pushed aside every day, preferring instead to focus on my anger toward my mother and Denton. She'd moved on so fast, and it had caused me to pen up all of my grief and cement it over with resentment.

It was time to learn to let go.

"Putting the pieces back together," I said.

"One at a time," Lord replied.

THE REST OF the day was uneventful—thank God—

but when we were climbing in the 'Cuda to head back to Lord's, it occurred to me that I really needed to get more clothes and do laundry, and there was a certain green dress I wanted to get my hands on so I could wear it to work and see what happened. And for the record, I'd be wearing it without panties…

"You mind dropping me at home?"

Lord's gaze cut to me. "You need to grab some more clothes?"

"I need to do some laundry and get myself organized. I've been living out of a suitcase, and I'm running out of options. And … we should probably talk about how long I'm going to be staying with you."

"Still no leads on who killed Bree and Jiminy."

"But what if they never close the case? I can't just move in with you permanently. It's … it's way too fast to be normal."

Lord's expression sobered. "I thought we were on the same page, Elle. Things move fast when a lot of intense shit happens. I'm not willing to go backward just because you think we should be moving at any pace except for the one that works for us."

"What are you saying? You *do* want me to move in with you? Like, for real?"

"Works for me."

"You're serious?"

"I wouldn't have said it if I wasn't."

"I think my head is spinning."

Lord laid a hand over my arm. "There's no reason

to freak out. Let's just keep doing what we're doing, and if it works for us, then it's nobody's business but our own. You know I'm in this for real, and so are you. That's all that matters."

His words calmed me—mostly. I wouldn't be entirely calm until I had a little time alone to get myself together. But Lord was right—it didn't matter what anyone else thought about it, and I didn't care about that. It just … it seemed so fast to me, but then again, I guess Lord wasn't the type to move slowly.

"Okay. But I really do need to spend a few hours at home. I need to do laundry, organize some stuff, and it's nothing you're going to want to do."

"I've got some shit I can take care of too. I've been slacking off at the gym, and I can catch the tail end of practice if I hurry. Once we've got the shop back on solid ground, I'm going to look into hiring another employee. With us working the same shifts and me trying not to leave you there alone, I haven't been pulling my weight with the boys."

Guilt slid through me. "I don't want to be a bigger burden to you than I am help."

Lord studied my face. "Do you even want to still work there now that you've got the watch?"

My eyes widened. "Are you serious? You're really asking me this question right now?"

"Elle, you don't have the best … track record for keeping jobs, and if this isn't a job you want to keep, you don't have to work at Chains to keep me."

If my eyes could've shot laser beams, I'm pretty sure they would have. "If it hasn't occurred to you yet, I happen to *love* working there. I know it hasn't been that long, but I feel like I've finally found my place. I love the haggling, the stories, the crazy customers, and goddammit, I like working with you."

Lord held up a hand in what I considered a gesture of surrender. "Okay. But if you decide you're bored with this, I want you to know it isn't a package deal. I'm with you either way. But, for the record, I like working with you too. I'd love for you to stay."

"Good. I'm staying. If I change my mind, you'll be the first to know. But don't hold your breath."

Lord turned the key in the ignition, and the subject was put to rest.

He dropped me off at my apartment, and I kissed my sexy man through the window of his sexy car. "I'll call you when I'm done."

"You better, otherwise I'll be here hauling your ass to my bed anyway."

"Promises, promises."

And then he was gone.

lord 40

I CAUGHT MORE than the tail end of practice—I caught a beer with my brother. I filled him in on all the shit going on with Elle and her ma … and I finally told him that Chains had been struggling for a little while, but I was close to getting it back on track. It was humbling to admit to your younger brother than you were having trouble keeping a business afloat that had run just fine while he owned it.

"If you need anything from me, you just let me know. And don't get your panties in a wad over this. When you ran Chains for me, you didn't have to worry about *paying me*. I know that takes a big chunk out of your profit, which is why I tried to give you the place," Con told me.

"I ain't telling you to get sympathy; I was telling you because I'm sick of pretending there's nothing going on when I'm sure you know there is. And there's no way I would've taken it for free. I would've let you sell it to someone else first."

"Which is why I sold it to you, you hardheaded bastard. You're too fucking stubborn for it to be anything but a success."

"Yeah, well, it'll be a success as soon as I unload a couple of those muscle cars. They were a risk, and one that I took with shit timing."

"You got a convertible, right?"

"Yeah, the SS. Needs some work. Could use a new paint job. I was thinking cherry red with a white racing stripe."

Con nodded absently. "I've been thinking about getting something for Van that was a little less … German. She's only ever driven a Mercedes, but she'd look sexy as fuck rolling in a red SS. Plus, it'd give me something to wrench on when I'm bored. And it's got a nice, big back seat…"

He didn't have to finish that sentence for me to know exactly where it was going. I left it alone. "Are you serious? Because I know a guy who can do the work. I didn't want to put the cash in just yet. Broke my heart to think about selling it as-is."

"Oh, so now you want to make a profit off your little brother? Nice, Lord. Nice."

"Business is business. But I'll still give you the family discount."

Con grinned, and I knew he didn't care. "I don't want a damn discount, and I'll front the cash for the restoration if you can get it done quick. It'd be a great birthday present … but you've only got six weeks."

"Let me talk to my guy," I said, knowing this was Con's way of giving me a hand up without giving me a hand out. I found I wasn't too proud to take it.

My phone buzzed in my pocket. Not a text—a call. Elle.

"I'll be back," I said, rising from the table and heading outside to answer it.

"What's up, sweet thing?"

"Hey, ummm … I kind of need to stay at my place tonight."

"That's cool; we can crash there if you want."

"I mean … by myself."

I stilled on the sidewalk in front of the bar. "What's going on, Elle?"

"Do you remember Yve? She manages Dirty Dog."

"Sure, I remember her."

"She's kind of having a rough night. Like, really rough. She found out her ex might be getting out of prison. She's freaking out, and I don't want to leave her alone. We're holed up in my apartment, and she's sewing a voodoo doll of him. And I think it might be a real one. I'm not entirely sure."

What the fuck? I opened my mouth to reply, but I seriously didn't have a clue how to respond.

"Lord? Are you still there?"

"I'm trying to figure out what the hell say to that."

"I'm so sorry. I just … I think I should stay here tonight."

"Don't apologize. You take care of your girl. But

can I ask you a favor?"

"Okay. Sure."

"Don't go rolling around in the Quarter tonight. Hennessy still doesn't have any leads, and I don't want you out there without me at your side."

"I can do that."

I relaxed at her easy acceptance.

"I'll pick you up in the morning. Call me if you need me."

"I will. Bye, babe."

And then she hung up.

Voodoo doll? That did not sound like a good omen.

I WAS BACK in the shop the next day with Elle by my side. All was right with the world—until it wasn't.

"Oh shit, it's my mom calling. Do you think he told her?" Elle's voice was panicked as she stared down at the screen of her phone. "What am I going to say? Shit. *Shit.* I'm not ready."

I moved behind her and wrapped an arm around her waist. "It's gonna be rough, but we'll get through it. It's gonna work out okay in the end."

Elle swiped her finger across the screen, and answered. "Mother?"

Because I was standing so damn close to her, I could hear every word coming from the other end of the line.

"Elle honey, it's Margaux. You … you need to come right away. Your mother is … she's having a time."

"Is it Denton? Did he—"

"You've already heard?" The housekeeper sounded

confused.

"That he was going to leave?"

"Leave? No, child. He's dead."

"What?" Elle held the phone away from her ear and stared at it like it was a foreign object.

Margaux continued speaking, and Elle put the phone back to her ear.

"—found murdered. Your mama is having a complete meltdown. Calling herself the black widow because her husbands can't survive her. I've been trying to keep her away from the liquor cabinet, but there's no stopping her. She's a mess."

"I'm on my way. Right now."

Elle hung up and stared at me. "Did you hear—?"

"Yeah, I heard. Let me go grab Mathieu and tell him we're leaving."

Elle bobbed her head, her eyes wide and blank.

Jesus fucking Christ.

WE HAULED ASS across town, and I followed Elle in through the kitchen entrance. We both winced at the screeching coming from somewhere within the house. Elle's ma sounded like a banshee.

Margaux met us in the hallway. "She's really upset, Elle. I can't calm her down."

"Did you call Doc Monroe? He's got to have a sedative or something to quiet her."

Margaux raised a hand to her temple. "I should've

thought of that. It's just … it's been—"

Elle wrapped her arms around the woman. "Don't fret. You're doing everything right. We'll take care of her, but if you could call Doc Monroe and get him over here, that'd be appreciated." She released Margaux as another shrill howl tore through the house. "She's in the library?"

"Yes, come."

We followed Margaux to the library, and when she pushed open the door, Elle and I both paused at the complete disaster in front of us.

"Holy shit."

It looked like a tornado had ripped through the room. Books were everywhere—except on the shelves where they belonged. White shards littered the tile in front of the fireplace. Several pictures hung drunkenly on the wall, glass shattered.

"Mama," Elle breathed when we saw the woman huddled in the corner rocking back and forth, arms wrapped over her head, an empty bottle beside her.

Fuck.

Elle's face—already pale—drained of any remaining color. I could only imagine the memories this must have been stirring up. I squeezed her hand before releasing it so she could go to her.

She crossed the room, glass crunching under her shoes, and crouched before her ma.

"Mama, I'm so sorry. So sorry."

Her ma's head came up, eyes wild. "You hated him.

You're glad he's dead."

Elle shook her head and repeated, "I'm so sorry."

I expected more hurled accusations, but the woman broke down into sobs, and Elle wrapped her arms around her, rocking with her, stroking her back and her hair.

I felt totally and completely useless standing there watching, but there was nothing that could make me move from this spot. Elle might not need me right this second, but I'd be her rock. Together we'd make this right for her ma.

Talk about fucking timing. I'd expected this breakdown to come in a few days, when Denton delivered the news that he was done because Elle hadn't bowed to his demands. But instead, she'd be helping her mother plan yet another funeral.

How fucked up was that?

Margaux came back and stopped beside me.

"You got a broom?" I asked. "I want to clean up this glass so no one slices themselves to bits."

She shook her head. "I'll take care of it."

I laid a hand on her shoulder as she turned to leave. "Let me help. I'm feeling pretty useless right now."

"Okay."

When she returned with the cleaning supplies, I asked her, "What about the son? Where's he at?"

Margaux frowned. "He was here, and he left. Think he went to his mother's house. Or maybe to a friend's. He didn't say much, just heard what the cop had to say and turned and walked out."

"What did the cop say?"

Her gaze sharpened. "I wasn't supposed to be eavesdroppin' I'm sure, and I know I shouldn't be gossipin', so you didn't hear this from me. But he said that Mr. Denton was shot in the back. They aren't sure of the motive just yet. He said maybe a robbery that got out of hand."

"Shot in the back?" A cold shroud settled over me.

"When did it happen?"

"Last night. Detective Hennessy said he was leaving a …" she cleared her throat and lowered her voice, "a gentlemen's club in the French Quarter."

Fucking A.

My mind spun. Hennessy was on the case, and Denton had been shot in the back. How the fuck could it be connected? It didn't make any goddamn sense.

The doorbell interrupted my thoughts.

"That'll be the doc. He's a neighbor. Said he'd be here fast as he could." Margaux bustled up the hallway to the huge front door and pulled it open. An older man, probably in his fifties, stepped through.

"Where is Virginia?" he asked without any greeting.

The wailing from the library had quieted, so he didn't have the same cues to follow that Elle and I had when we'd arrived. Margaux led him toward the library. I nodded at him, but I don't think he noticed my presence. He strode across the broken glass, black doctor's bag in hand, and dropped to his knees beside her.

"Oh, Ginny, I'm so sorry."

Elle pulled back, and her ma's attention jumped to the doc. "He's dead," Ginny whispered. It seemed to be the only coherent thing she was capable of getting out. She felt around on the floor and grabbed the empty bottle and brought it to her lips.

"Oh, Ginny. Shit. You cut yourself."

Even from my position by the doorway, I could see the red smear on the clear glass of the empty bottle.

"Shit," Elle echoed. "Mama—"

"I don't care. I don't care about anything except why the hell this bottle is empty!" Her voice rose on every word and she hurled it—with surprising strength—at the wall. It bounced off, and I was glad as fuck it didn't shatter and add to the mess.

The doc took that opportunity to flip open his black bag, pull out a syringe and bottle, and quickly measure out a dose. He was fast, and luckily Elle's ma didn't notice. She was too busy trying to struggle to her feet, but couldn't quite get her legs under her. The doc slid the needle into her arm without a word, and she was too blitzed to even notice. Another minute of struggling and she sagged back against him. "What did you do…" The slurred words trailed off.

"Thank you," Elle whispered. "I didn't know what else to do. She was inconsolable."

"And drunk. I only gave her a tiny fraction of a dose because of the alcohol. I'm going to have to stay with her and monitor her as long as she's out. I'm not taking any chances."

Elle lifted a hand to her mouth. "I didn't even think about that. Hell. What a mess."

The doc looked to me. "Could you help me get her upstairs?"

Finally, something I could do to be useful. "Of course. I'll get her; Elle, you lead the way."

Once we had Elle's ma situated in her bed, and the doctor by her side, holding her hand in a way that suggested to me that he was a little more caring than your average doc, we went back downstairs.

Elle threw herself into my arms, and I squeezed her tight.

"What a mess," she said. "What a goddamn mess."

"We'll work it all out. I promise."

42

elle

AS SOON AS his arms closed around me, I let go. The edges of the wound that had been knitting together tore wide open, and years of grief flowed free.

I'd been transported back over a decade, to the moment when my mother had called to tell me my father was dead.

Her lifeless words still rang in my ears.

"He's gone. You need to come home."

But home wasn't home without my father.

Tears streamed down my face, soaking the front of Lord's shirt. I cried for everything I'd lost. Years of memories I never got to make. Knowing that my dad would never meet the man I'd fallen in love with and give his approval. Never walk me down the aisle. Never hold the children I'd have someday.

I cried for my mother and the wedge my father's death—and everything that had followed—had shoved between us. I hadn't just lost him that day; I'd lost her too. Nothing had ever been the same. I'd gone from the safety and comfort of knowing I had two parents at home who loved and supported me to being completely alone. Barely eighteen. Still trying to figure out who I was going to be and how high I could soar ... but my foundation had crumbled. The night before my college graduation, I'd listened to all of my friends talking about their parents coming to see them walk, taking them out to celebrate, and all I could think about was how *unfair* it was that I'd never share another milestone with my dad.

Unable to deal, I'd pulled a card from my mother's deck and drank until I didn't care about anything at all. The next day, she and Denton had bailed me out of jail, and their scathing reprimands had made it clear just how alone I truly was.

The conversation still played vividly in my head: "Disappointed? How can you of all people be disappointed? I'm just taking after you by solving my problems with a bottle."

My words had been followed by her sharp inhale, the sting of her palm across my face, and Denton's eyes lighting with approval.

I'd never forget that look on his face—or hers.

Because she'd looked like I'd slapped her right back.

Over ten years of ugliness on both sides ... spawned by a man we'd both loved and lost.

He would have been so disappointed in us both.

My tears fell faster, but this time they were washing

away the bitterness instead of letting it fester. I was done holding it in. It was time to let it all go. Time to start over. I had one parent left, and I'd already wasted over a decade caught up in the past.

Time was fleeting. Nothing was guaranteed. I could just as easily lose my mother, and with that, my chance to repair everything between us.

Lord's hand stroked my hair and my back as my tears quieted. I lifted my head and began wiping them away. I didn't even care how I must've looked.

Lord stilled my hands and slid his thumbs along my cheeks, catching the tears I'd missed.

"We're going to get through this, Elle. I swear to you. I will not let another one of your tears fall without putting myself on the line to stop it from happening again."

This man. What did I do to deserve this man?

"I love you," I said. "I don't deserve you, but I love you."

"That's where you're wrong," Lord said, lowering his lips to press against my forehead. "You deserve everything—and I'm going to give it all to you."

I bit my lip. "If you keep saying things like that, I'm going to cry again."

"You're going to have to figure out how to handle it, because I guarantee it's not the last time I'm going to say it."

I hugged him tighter before pulling away. I stood straighter, stronger, and not feeling nearly as broken as

I had only minutes before. I had a renewed sense of purpose. A renewed sense of hope.

Lord's hand slid down my arm and threaded through my fingers. He brought it to his mouth and pressed his lips to my knuckles.

"How about we clean this place up?" he asked.

I surveyed the room and the shards of glass.

It was time to start picking up the pieces … for good this time.

WE CLEANED UP the library in silence, but it was a silence filled with purpose and not despair. Elle was already pulling herself together, and I was impressed as hell.

When we finished, I asked her what she wanted to do.

"I have to stay. I can't leave her."

"You want to stay the night? Or just for the rest of the day?"

Elle released a long breath. "I really should stay the night, probably."

"I'll get your bag out of the car." It was the one she'd packed and had waiting when I'd picked her up this morning. "The rest of your stuff is at the house, though. You tell me what you need, and I'll get it for you and run it back."

She snuggled into my chest. "Thank you. Thank you for everything."

"You never need to thank me for being here for

you. It's my privilege, not a burden." I pressed a kiss to the top of her head.

Elle pulled back, her smile wobbly again.

"No more tears, sweet thing."

She nodded. "I'm good. I promise." She paused before adding, "I left my purse at the shop. It's in the office. Do you mind getting it?"

"Of course. Anything you need." I pressed another kiss to her forehead before releasing her and turning toward to the hallway. "I'll be back soon."

Before I hit the kitchen, the doorbell rang again. Margaux hurried to the door.

"Detective, was there something else you needed?"

Fuck. Hennessy. My earlier thoughts came back in a rush.

The door opened wider, and Hennessy shoved a guy who looked to be in his mid-twenties into the house. The kid stumbled, but righted himself before face planting on the floor of the foyer.

"What in the world?" Margaux hissed.

"DJ?" That came from Elle. Which meant this was the stepbrother.

His shirt was untucked and soaked down the front.

"A unit picked him up in a bar fight about twenty minutes ago. They called me because they recognized the name from today's … events. I thought I'd deliver him home rather than toss him in the drunk tank."

Damn. The kid worked fast. He was *wasted*.

I wasn't sure if he'd mainlined moonshine, or what,

but I could smell the booze coming off him from where I stood.

Margaux was ringing her hands, and I stepped up. "Where's his room? Hennessy and I will get him up there."

Elle led the way up the stairs to a bedroom at the far end of the hall and pushed it open. We dumped the kid on the bed. Margaux fussed, pulling off his shoes and yanking the covers out from beneath him.

No one said anything.

No muttered comments about his behavior, which we all recognized as a kid going off the rails because he just lost his dad. Again, it made me think about Elle and what she'd been through.

Hennessy and Elle followed me back downstairs. I paused by the front door and pulled her against my side.

I reached out my hand to Hennessy. "Thanks for that."

"Sure. Kid's having a bad fucking day." He reached for the door handle. "You want to walk me out, Lord?"

I looked down at Elle. "Want me to stay for a while before I get your stuff?"

She bit her lip and considered. "What would you say about staying here tonight with me? When you get back?"

"Of course. I'll hurry." She rose on her toes to press a kiss to my jaw.

"I'll see you in a little bit then."

Hennessy pulled open the door, and I trailed him outside. As soon as the latch clicked behind me, I dove in. No use beating around the bush.

"Was it the same as the other two?"

"I can't give you anything that's not already public, but since this one's a mess because the guy who found him posted a pic on Facebook, I can tell you he was shot in the back. No ID on the gun yet."

"Fuck."

"You know this looks bad, right?" Hennessy said, fixing his stare on me.

"You think I don't know that? I've got alibis for the others, so there's no way you're looking at me for this. When the hell was he killed anyway? You got a time of death so I can get you yet *another* alibi?"

"Last night. Around eleven. You're the only solid tie I've got to all three, man. I'm coming up empty otherwise."

"You want to bring me in for questioning a third time to make you feel better? I didn't fucking kill them, and I don't know who did."

"I suggest you think hard, because this shit just got a hell of a lot more high profile now that we've got a white lawyer who was murdered. Bree and Jiminy? No one cared about them … but this guy? He's news. And it's going to come back on your shop and your girl if the firearms ID supports what I'm thinking. And I'd have to have it come back on her."

Hennessy's words chilled my blood. "She's got no

motive. You leave her out of this."

He stopped beside his car door. "It was her stepdad, and from what I'm hearing, they didn't get along."

I grabbed him by the arm. "She didn't have a fucking thing to do with any of it. So you step off that path right the fuck now."

He shook me off and straightened his suit jacket. "I have to do my job, and if that bothers you, it ain't my problem. If she didn't do it, she's got nothing to worry about."

"Yeah, because the fucking justice system is so perfect."

Hennessy yanked open the door to his sedan and climbed in. "I'll be in touch, Lord."

I COLLECTED A few more of Elle's things from my place, and headed for the shop. I needed to throw off this mood before I got back to her, because *fuck*, I needed my head on straight before I explained that she might have to answer some really uncomfortable questions. The thought of her sitting in the interview room like I had, facing Hennessy, was not something I wanted to see happen.

It was already after closing, so the place was dark and empty. I unlocked the back door, and slipped inside, hitting the light as I made my way to the office.

I pulled open the filing cabinet drawer where Elle always left her purse. It was a big white thing, with silver chain handles. I lifted it, shut the drawer, and turned to leave.

The chain got stuck on the filing cabinet handle and jerked me to a halt as it tilted sideways and spilled the entire contents.

"Shit."

The *thunk* caught my attention first.

In the middle of the change, tampons, wallet, and makeup scattered on the floor was Elle's gun.

Fuck. I was lucky the thing didn't misfire. I grabbed it off the floor and pulled back the slide to pop the round out of the chamber. And froze.

It was a .32 ACP.

Hennessy's words echoed in my head.

The bullet.

That Elle was the only one with ties to all of them.

No. Fucking. Way.

She had no motive.

At least not for Bree and Jiminy.

But her stepdad … last night. She'd stayed at her apartment.

No. No fucking way.

I grabbed the gun.

I was going to prove it.

IT WAS ALMOST ten, and Lord hadn't shown up. And stupid me—my phone was in my purse, and his number was on my phone. How shitty was it that I didn't know my boyfriend's phone number? Hobbled by technology.

Boyfriend.

I had a boyfriend. And I was totally cool with that ... at least I was when I wasn't freaking out about every bad thing that could've possibly happened to him. An accident, or ... what if whoever had killed Bree and Jiminy had somehow gotten to Lord?

No. Lord can handle himself. Always.

And I wasn't going to lose him just when I'd found him.

He'd changed everything for me—*everything*.

I sat in my mother's house, in the library, not feeling claustrophobic and antsy for the first time since she'd moved into it. I was working on a plan to carefully explain the treatment center so we could get her help. I was making lists of things I could do for the funeral to take the weight off her. The wedge between us? I was determined to pull it free and bridge the gap.

For the first time in as long as I could remember, I was being a good daughter—and not out of guilt or obligation—but because I genuinely wanted to carry her burdens until she was strong enough to carry them herself.

And she would be. I would do everything in my power to make it happen. And Lord would be standing beside me, there for me to lean on when things got too heavy.

If I could just find him.

I couldn't shake the feeling that something was wrong.

I pushed up from the chair and paced toward the empty hearth. What were my options?

I couldn't call him.

But I could go looking for him.

Arnie was gone for the night. Margaux had left an hour ago. So … I could call a cab … or … my step-dad's Porsche was parked in the garage.

Do I really want to do this?

Fear was growing inside me with every passing minute that something horrible had happened to Lord.

"Fuck it," I said to the empty room. "I'm going."

I hustled to the kitchen—directly to the key rack on the wall. There only one Porsche key, so I snagged it and pushed open the door to the garage.

All silver and sleek lines, even I could admit that my stepdad's car was really pretty.

And then I remembered I didn't have my purse.

"Driving for the first time in over a decade and with no license. Way to be a rebel, Elle."

But wherever Lord was, I'd find my purse. And he'd be so freaking proud that I'd clawed back this piece of myself.

If he's okay … my brain whispered.

He had to be okay. No other alternative was remotely acceptable. My fears were totally irrational. I was *not* going to lose another important person in my life.

Tenacity flooded me as I opened the door of the Porsche and slid into the black leather seat. After adjusting the mirrors and locating the button for the garage door, I inserted the key into the ignition and turned it. The car purred to life. Sucking in a deep breath, I shifted out of park.

The car coasted out of the garage and onto the driveway.

See, just like riding a bike. I got this. I shifted into gear and followed the curving driveway out to the road. I didn't even clip the mailbox—points for me. But where the hell did I start? The idea of going to Chains this late at night—driving a freaking Porsche—didn't seem like the best plan ever. So I'd go to Lord's first, and then to Chains if I couldn't find him. *I better freaking find him.*

Within miles, I was calling myself a crazy woman for not getting over my hang up sooner. I loved how the Porsche handled and the *freedom* of it.

Hello, my name is Elle Snyder, and I'm hunting down the pieces of my life and putting them back together one by one.

I turned down Lord's street and slowed as I neared his house, before pulling into his empty driveway.

Shit.

I'd been so damn sure of how this would unfold—he'd be inside, fussing over what stuff I wanted him to bring me, and he'd be shocked that I'd shown up *on my own*, and then he'd be totally proud. But apparently that wasn't how it was going to go down.

I guessed my next stop was Chains.

I looked up into the rear view mirror, my eyes catching on the apartments across the street—and the sexy black 'Cuda parked near the entrance—and my hand froze over the gearshift.

lord

I STOOD AT the door, guts twisted into knots.

I wanted to be wrong.

I'd done a lot of shit in my life, but accusing someone of murder … that was a first, even for me. It'd
taken a good hour of sitting in the garage at Chains,
thinking about how to deal with this before I'd finally
pulled away.

The door opened.

"Come on in, man. You just gonna stand there on
the rug and take up space? It's been for-fucking-ever
since you came over to shoot the shit," Mathieu said.

The word *shoot* was sobering, and the gun tucked
into the back of my jeans weighed down my mood even
more.

Mathieu picked up on my unusually sober expression.

"Dude, you look like someone stole your girl. Everything cool?" He strode to the fridge and pulled it
open, snagging two beers by the necks.

I studied him like I'd never seen him before. His T-shirt and jeans hung on his lanky frame, no visible ink, hair buzzed even shorter than mine. He'd come a long way from the kid who'd run into Chains and grabbed a guitar and tried to run out the door. I couldn't get the words out. What if I was wrong? Then what?

But I wasn't wrong. Except for Elle, there were no other suspects. I didn't know where she'd been during any of the murders, but there was no way in hell I'd believe she could have done something like that.

No, Mathieu had killed at least two—likely three—people … with Elle's gun.

The discovery I'd made in my amateur firearms ID lab in the basement of Chains had rocked me. Elle's gun was a .32ACP, and the round I'd test fired had matched the striations on the picture of the bullet I'd snapped when Hennessy had left Jiminy's file on the table during my last visit to the station for questioning. They'd already determined that the bullet from Jiminy's murder matched the gun used in Bree's. The ID wasn't completed on the bullet from Denton's murder, but I'd bet my pawnshop that Mathieu had killed him too. What I didn't understand was—*why?*

He crossed the five or so feet between the fridge and me and handed me a bottle. I made no move to pop the top—or scold him for underage drinking. Mathieu stepped back and leaned against the counter.

"Seriously, man, what's goin' on?" Mathieu's brow furrowed.

I started the only way I knew how. "Elle's stepdad is dead."

"That so?" Mathieu shrugged, completely indifferent. "Must've had it comin'."

I held back the *why the fuck did you do it?* clawing out of my throat and decided on a different tactic.

"They're looking at Elle for it. I had to talk Hennessy out of dragging her down to the station an hour ago to start questioning her."

Mathieu's grip on his bottle tightened. "Why the fuck would they be looking at her for it? That girl couldn't hurt a goddamn fly." His tone was adamant, his nostrils flaring.

I pulled the unloaded gun from the waistband of my jeans and laid it on the kitchen island between us.

"Because her gun was the murder weapon."

Mathieu's eyes darted from the gun to mine and held. He slammed his bottle on the counter. "Then you better fucking get rid of it."

The time for bullshit was over. "Why? Just tell me why?"

I wasn't sure what I expected him to say, but it wasn't what came out of his mouth next.

"You know why. You've known all along. What I want to know is why you look so fucking surprised. This is how shit works on the street. You know it. I know it. Just because I'm livin' the good life doesn't mean I don't know how to take care of my own."

"I don't know shit, Mathieu."

He crossed his arms, confusion creasing his features.

"How could you think I'd let Bree disrespect you that way? Or Jiminy? He was a piece of shit from the beginning, and you saw the way he looked at your girl. He wasn't gonna leave her alone. He dug his own fucking grave."

Bile rose up in my throat. Mathieu—the kid I'd been trying to keep on the straight and narrow and out of fucking prison—had done this for … me.

Death wasn't new to me. I'd seen plenty. But this … I couldn't even grasp what he was saying. There had to be some kind of mistake. All of it had to be a mistake.

"And Denton Fredericks?" I choked out.

Mathieu's eyes narrowed. "Why the fuck do you look so goddamn surprised? You *knew* I'd take care of that prick after he threatened her."

His words made no sense, and my brain was spinning out of control. "I didn't fucking know, Mathieu. Are you even listening to yourself? I'd never expect you to take care of him—*any* of them."

It was the wrong thing to say, because his posture shifted and his eyes took on a crazy light.

"You *knew*. You knew I'd handle it. That's how we roll, brother. You're the only family I got. People fuck with you and yours, and I fuck them up."

The words—and his absolute conviction in them—slammed into me. Somehow, some way, I'd let this happen. I was partially responsible.

"Why the fuck would you use Elle's gun? Were you trying to pin it on her?"

"Pin it on her? Why the fuck would I do that?"

"Then why use her gun?"

He blinked and shook his head. "She's a rich white chick; who the hell would ever ask to see her gun? And if Hennessy is looking at her for this, then I gotta take him out too. She's family now. Nothing touches her."

Jesus fucking Christ. I was still trying to figure out how the hell to respond to him when a knock sounded at the door.

The crazy look in his eyes intensified into something twisted and hard. "You didn't know. *You didn't know.* And you called the motherfuckin' cops, didn't you? That's how you thank me for taking your back? The cops?"

"What the hell are you talking about?" I strode to the window and looked out into the street, searching for Hennessy's sedan.

"Can't fuckin' believe it."

I turned back as Mathieu lunged for the gun on the counter and bolted for the slider.

He already had the door open as I took my first step toward him—bent on tackling him the same way I had two years ago. But the voice that filtered through the door stopped me cold.

"Pawn star, you in there?"

lord

DID I CHASE down Mathieu? Tackle him like I had when he was seventeen?

Did I tell Elle that he'd inadvertently framed her for three murders?

Did I just hope to fuck I woke up and this was all a goddamn nightmare?

I grabbed the door handle and yanked it open before I ran to the slider where it hung open and looked out.

Nothing but darkness.

"Ummm … is everything okay?" Elle asked.

I looked back at her and shook my head. "No. Everything is not okay."

The sound of a car firing up out front had me changing directions and heading to the front window.

"Shit."

"Was that Mathieu? Where'd he go?"

"Ain't that the question? Fuck. How did you get here? How'd you know where I was?"

304

"I'm getting that you're not happy to see me … but do you need to follow him?

I stared out the window, but he was gone. Leaning forward, I pressed both hands to the windowsill and dropped my head.

"Fuck!"

I could feel Elle beside me before her hand landed on my shoulder.

"What did I miss?" she asked quietly.

What the hell was I supposed to say? How did I answer her? How did I explain the fucked up conversation I'd just had with Mathieu? The kid—someone I trusted—had thrown my world into chaos.

"It's a mess. A goddamn mess."

"We'll figure it out. Whatever it is, we'll figure it out together."

The words reminded me of what I'd said to her. I pushed off the windowsill and stared down at her. She was dressed in yoga pants and a ripped T-shirt. She looked so … fucking innocent.

I had to respond. Had to think of something to say to ease the lines in her brow and worry in her eyes. But I had nothing. Nothing at all.

I glanced back out the window. There was no cab waiting out front, no idling Mercedes with a driver.

"How did you get here?"

She lifted her chin. "I drove."

"You what?"

"I drove."

Tonight was just jam-packed with surprises, but at least this was a good one—I thought.

"You drove," I repeated.

"Yeah, I drove."

"And made it here in one piece, thank fuck."

Her smile was small. "It's not like I've *never* driven before. I mean … it's just been awhile."

"Whose car?"

"Denton's Porsche."

A tiny measure of the tension coiled inside of me eased—until Elle laid her hand on my arm again.

"What happened with Mathieu?"

I squeezed my eyes shut. Not only did I have to tell Elle, but I had to make another call that was absolutely going to gut me.

Black and white. Right and wrong. Honor or cowardice.

I knew what kind of man I was—and wasn't. And I couldn't wait before calling Hennessy. He had to know, and anything other than reporting Mathieu as soon as he'd run for it would be … less than honorable.

I had my duty to Mathieu—to protect him from others—but I couldn't protect him from himself and what he'd done.

Black and white. Right and wrong.

Elle looked at me, the lines in her brow deepening.

My words weren't well thought out, but they covered the high points. "Mathieu did it. Bree, Jiminy, your stepdad. All of them. With your gun. Hennessy was going to start looking at you next. I tested a round. Compared it. It was a match to the round they recovered from Jiminy."

Elle's mouth dropped open, her eyes widening. "Wha—? Wait … What?"

I realized how it sounded. "I knew it wasn't you; I knew there had to be some other explanation. And that's how I wound up here."

"My gun?"

I nodded.

Elle stumbled backward and landed in a beat up La-Z-Boy.

"My gun?"

I closed the two steps between us and crouched in front of her. Her lungs were heaving too fast, her face completely pale. Shit. She was gonna hyperventilate.

"Elle. Calm down. Slow your breathing." I lifted my hand and cradled her cheek in my palm. She shook so hard, the vibrations carried through me. "It's gonna be okay, sweet thing. Just slow it down. In. Out. In. Out. That's a good girl." When her breathing slowed to a normal pace for a solid minute or so, I relaxed. She was still pale, but not shaking as bad.

"Omigod," she whispered. "I can't—That's just— What in the ever-loving fuck of fucks?"

Miracle of miracles, even in this most fucked up of situations, Elle drew a smile to my lips.

"What in the ever-loving fuck of fucks is right. And yeah, it's a mess."

Her golden brown eyes met mine and held. "You're goddamn right it's a mess. Holy shit. What are we going to do?"

The *we* hit me right in the chest and calmed my churning gut some.

"We're going to deal with it." And the way we were going to deal with it sent my gut tumbling like a washing machine all over again. I pulled in a deep breath— long and slow—the way I'd just coached Elle, and released it. "But I have to call Hennessy first. That's where we have to start."

"I'm so sorry, Lord. I'm so, so sorry."

Her apology drove home that I wasn't the only one feeling the pain of loss right now. And not loss because Mathieu was gone—but because the kid I'd thought I'd saved had turned out to be his own breed of monster. It didn't matter what his motive was. His misguided protectiveness had cost *lives*. And that couldn't stand.

"I know." I shoved my hand in my pocket and palmed my phone. "I gotta do it though. No way around it. Shit. Can't believe he thought he was protecting me—and you—by doing it."

I pulled my phone from my pocket and found Hennessy's number. It rang five times and went to voicemail. My mind scattered, words evading me until the *beep*. All I said was: "It's Lord. Call me as soon as you get this." And then I hung up.

Lead settled in my chest, and I contemplated what to do next. Elle rose on shaky legs and held out a hand.

"Can we go? I think we should go."

She was right. I looked around Mathieu's tiny apartment, and I remembered the day I'd given him the key and told him the rent was paid for three months. He'd beamed. The first home of his own he'd ever had.

There was nothing left that I could do here.

Not a goddamn thing.

I threaded my fingers into Elle's outstretched hand. "Let's get out of here."

I shut off the lights, locked the door, and followed Elle out into the parking lot.

A silver Porsche was parked a few feet from my 'Cuda, and we paused on the sidewalk between them.

"I can't believe you drove."

"I was worried about you. And with good reason, it seems. I knew I had to find you." Elle dropped my hand and slid her arms around my waist. I followed suit and held her.

Pressing my lips to her hair, I said, "You drove around to find me because you were worried about me. That's crazy, sweet thing."

She pulled away and looked up. She bit her lip for a beat before blurting, "I don't remember your cell number. I couldn't call you. I … my phone was in my purse. I'm pretty much the worst at this girlfriend stuff. I'm memorizing it tonight, I swear."

Again—against all odds—I smiled. "You good to drive home?"

Elle straightened. "Damn right I am—do you have

any idea how good that car handles? I'm not sure if *Eleanor* is going to be able to impress me after that."

I pressed a thumb to her lips. "Bite your tongue, woman. That's an insult to all American muscle. Now go get your ass in your German machine, and I'll follow you home." I started to pull away, and then stopped. "Except ... if Hennessy calls..."

She nodded. "You do whatever you need to do."

That reminded me. "I have your purse. And you drove without a license?"

Elle's shrug was the definition of *so sue me*. "Desperate times."

MY PHONE HADN'T rung the entire drive home. I'd followed Elle in the Porsche as she'd hugged the turns and *mostly* kept to five over the speed limit. Back at her ma's, the house was dark and quiet, so we tiptoed our way to the guestroom she'd chosen. I hadn't made it to my house to get her stuff, but at least some of her clothes had been in my car. I spit my toothpaste in the sink of the guest bath, and still, my phone didn't ring. There was nothing I could do but wait.

It was going to be a long night.

Rinsing my mouth and grabbing my phone off the counter, I crossed the hallway and slipped back into the bedroom.

"Still—"

My words cut off as my eyes landed on the bed.

Elle. Spread out. Naked.

All creamy skin and perfectly round tits tipped with rosy pink nipples.

She ran a hand down her body as she spoke. "I know there are probably better ways to handle everything that happened today, but I can't think of one right now. I just … I need you."

And that was all she had to say.

I crossed to the side of the bed, slid my phone on the nightstand, and dropped my drawers. I needed her too. With the insanity of everything today, I just needed to check out for a while—because there wasn't a goddamn thing either of us could do to change what had happened. All we could do was clean up the shattered pieces left from the mess.

But that could wait.

Elle

UNTIL LORD HAD shoved his boxer briefs down his hips, I'd been completely freaking out this had been the worst idea ever. But still, I wanted to beat back the specter of death that seemed to be creeping up on us from every angle.

Lord said nothing before he lowered his head and took my mouth.

This wasn't a regular, ordinary kiss. This was … all of the pent up emotions and uncertainties pouring out through the meeting of lips.

I wrapped both hands around his neck, pulled him closer and kissed him harder. The energy rolling off him carried an edge of danger. But I wasn't going to shy away from it. Instead, I spurred Lord on. Dragging my nails down his shoulders, I sank them into the muscles of his back. He groaned into my mouth, lowering himself on his forearms to get closer. His lower half—and his rock hard cock—pressed into me.

My body seemed to liquefy on contact. It didn't

matter what was happening outside this room—the entire world could be falling apart—and still I'd want this man. Anywhere, anytime, and any way I could have him.

Lord pulled up a few inches.

"I need this. Need you. You're the only fucking thing that makes sense right now."

"I need you too."

He squeezed his eyes shut before lowering his lips again, this time landing on my jaw and dragging them down my throat, to my collarbone. Nips and scrapes of his teeth sent goose bumps prickling across my skin. He moved lower still, mouth closing over my nipple and his hand finding my other breast to cup and tease the peak.

Heat and slickness pooled between my legs, and my hips bucked against him, seeking more and more pressure. More and more Lord.

All thought faded from my brain, replaced by the pleasure shimmering and rippling through me.

Lord traded one nipple for the other, driving me higher still. His hand slid between my legs, his fingers finding my clit.

"So fucking wet," he said, lifting his head from my breast. "Can't wait to be inside you."

"Then what are you waiting for?

"I'm trying to take this slow."

I shook my head, "I don't want slow. Whatever you need is exactly what I want."

His finger speared up inside me, and he pumped it in and out before adding another. Each motion sent me closer to the edge. Tonight, I was tightly strung, every emotion so close to the surface.

Changing the angle of his hand, he found my G-spot, and pleasure spiraled through me.

"I'm gonna come," I whispered.

Lord said nothing, just watched as I splintered with the force of the sudden orgasm.

I'd hardly recovered when he was pressing into me.

I didn't need to recover.

I *never* wanted to recover.

I wanted this man to wreck me for the rest of my life.

"It gets better every time. How is that even possible?" Lord breathed as his cock sank into me inch by inch.

He stilled when he was seated to the hilt. His eyes found mine, and he pushed the errant strands of my wild hair away from my face.

"You're so beautiful. So goddamn smart. You're the whole package, and I've got my cock buried inside you. I don't know how I got here, but I never want to leave."

"I can work with that," I replied. The words were hushed when they fell from my lips. My inner muscles clamped down on Lord's cock.

He groaned. "You're stealing my control, woman. Before I even get a chance to make you come again."

He withdrew and slammed home, sending more shivers of desire radiating through my limbs.

I buried my face in the crook of his neck to muffle my cries as I came. When Lord emptied himself inside me, he did the same, his teeth scraping along my shoulder. The sensation kept my body on edge as the orgasm flared through every pleasure receptor I had.

Neither of us moved for long minutes. The only sound in the room was the drawing in of heaving lungfuls of air.

Lord finally lifted his head and pressed a kiss to my forehead and then my lips. "I love you, Elle. So god-damn much."

"I love you too. More than you know."

He pulled away, and a tissue box on the nightstand provided the means to clean up. When he shut off the light, Lord wrapped me in his arms and held me close. I'd never been a fan of spooning, but this man had converted me for life—so long as they were his arms I was sleeping in.

In the darkness, our breathing slowed, and I swore I could hear his brain start to churn again.

"Go to sleep," I whispered. "You'll hear your phone if it rings, and until then, there's not a damn thing you can do."

"I know. That's not what I'm thinking about." The words ruffled the hair sliding forward over the side of my face.

"Then what?"

"Even though I wish I didn't know, I'm glad I do. Now I can do something about it."

"It's good to have the mystery solved … even if it had to be solved this way."

He pressed another kiss to my hair. "Yeah. Tomorrow's going to be a hell of a day, so we better sleep."

He was undoubtedly right. My mom would be awake and sober, and I needed to tell both her and my stepbrother that my stepdad had been murdered because of me.

That wasn't going to go well.

Lord

THE RINGING OF my phone ripped me from the dream I'd been having about being trapped in my basement shooting range, staring down the barrel of a gun. Needless to say, I was really glad to wake up.

I reached for the phone and every ounce of that gladness drained away.

Hennessy. Here we go.

Elle's eyes snapped open as I answered.

"This is Lord."

Hennessy didn't even bother with a greeting. "Got some bad news for you, man."

I froze, bracing myself for whatever else could possibly be coming next. It didn't just rain—it fucking hurricaned in NOLA. Guess I shouldn't have been surprised.

"What?"

"Found a Charger registered to Chains smashed into a telephone pole down by Loyola. It was totaled."

What the hell?

"The Charger? *My* Charger?"

"Yeah, if I were you, I'd head down to your place and see if anything else is missing. I can meet you there."

My mind immediately went to Mathieu. "You find anyone with the car?" I held my breath waiting for the answer. As fucked up as what he'd done was, and despite the fact that I was going to share everything I'd learned with Hennessy, I didn't want anything to happen to the kid.

"No. Abandoned. The accident reconstruction guys were just finishing up when I heard about it, and they're saying the tracks look like the driver swerved to miss something and lost control."

My mind kicked into high gear to process all the shit he was throwing at me.

"Thanks for calling. I'm on my way. And yeah, I got some shit I need to tell you in person … so if you could meet me there, I'd appreciate it."

"What the fuck does that mean?" Hennessy demanded.

"I'll fill you in when I see you."

"Fine. Be there in ten."

I hung up, and Elle was watching me. "What happened?"

"Someone stole the Charger. I gotta get to Chains and check out the warehouse to see if anything else is gone."

"Do you think it was Mathieu?"

I shrugged. "I didn't get any calls from the alarm company, which makes me think it must have been. Anyone else would've tripped the alarm. He had keys and the code."

"But why would he steal the car?"

"He must've expected me to go to the cops and give a description of his car. He knew I wouldn't realize the Charger was gone until today. That would've bought him enough time to get out of town."

Elle nodded and frowned. "I can't go with you. I have to check on my mother and make sure she's okay. And then I have to figure out how to break this all to her, plan a funeral, and get her to agree to rehab."

Shit. Talk about the morning from hell for both of us. "What if you just make sure she's situated and work on the funeral stuff. I say you let Hennessy deal with telling her about any motive for the murder. That's not going to do either of you any good right now. And then rehab ... Maybe wait until I'm back so I can be there if you need me?"

Elle leaned in and pressed a kiss to my lips. "Thank you. I'll wait."

I pulled her in closer and stole another taste before releasing her. "Call me if you need me. I'll be back as soon as I can. We just have to get through today. That's all you need to focus on."

I DIDN'T WANT to leave Elle to deal with that mountain

of shit by herself, but when I pulled up to Chains an hour before we were scheduled to open and saw Hennessy's car parked in the alley, I knew this was preferable to telling him over the phone.

I shut the door of the 'Cuda and turned to the warehouse. The overhead door was down, the service door was closed, and the locks were intact. It reinforced what Elle and I had discussed. Mathieu stealing the Charger made the most sense.

Hennessy climbed out of his car and barked some orders into his phone before ending the call and walking toward me. He surveyed the exterior of the building.

"Doesn't look like the scene of a break in."

I worked through the locks and opened the door before heading for the alarm panel to punch in the code. Hennessy followed me inside.

All of the other cars sat in their spots and so did the bikes. Nothing else was missing.

"Anything else gone?" he asked.

I shook my head. "Not a damn thing."

"Inside job?"

"Looks that way."

"Assuming it wasn't your girl."

My eyes cut to him, and I huffed out a laugh. "No. It wasn't Elle."

"Then your other employee—the kid?"

"Had to be."

"You don't sound too fucking surprised here,

Lord."

"Because I'm not," I replied, meeting his narrowed eyes.

"Are you gonna fill me in here, or are you gonna make me pretend I'm a detective or some shit like that?"

His comment might've been funny on any other morning.

I considered how to tell him what I knew, and I decided the direct route was the only one worth taking.

"I think I found your murder weapon. For Bree and Jiminy and Denton Fredericks."

Hennessy's posture changed instantly. He was no longer relaxed; he was all cop.

"Tell me you took it in on pawn, man. Otherwise I got a really bad feeling about this."

"Found your killer too."

Hennessy's eyes pinned me. "You better lay that shit out right now, or we're gonna have a problem."

"Let's just say grand theft auto is a hell of a lot less prison time for him than murder."

"The kid?"

"Yeah."

"You've got to be fucking kidding me."

I filled him in on everything I knew. Telling him about the gun—how Elle had no idea Mathieu must have been lifting it from her purse and replacing it—and about his motive. By the end, Hennessy's face was set in stone.

"Just when I think I've heard it all. Nothing should shock me anymore. Not a goddamn thing. But *fuck*."

"I know. Trust me—I know."

"I need to get back to the station. I got a shit ton of work to do now. Where's the gun?"

"He grabbed it when he ran. We need to report it missing, and I want you to be really fucking clear on the fact that when it's recovered, even though it's registered to Elle, she didn't have a goddamn thing to do with this."

Hennessy waved off my concern. "Of course. But she's still going to need to come in and give a statement about where she left it and how she didn't notice it was missing."

I forced a laugh. "Have you seen that woman's purse? Do you know how much shit she carries around? You could hide a goddamn puppy in the thing and she might not know it was there until it started howling for food."

"Women," was all Hennessy said. "But you be sure to let her know I'll be in touch."

We started for the door again, and I remembered something. "I might not have the gun, but I've got the round I test fired from it. It's downstairs in the range."

Hennessy stopped midstride and turned. "I don't even want to know how this all unraveled, do I?"

I shook my head. "Does it matter?"

"Not as long as you're telling me the truth."

I met his stare and held it. "There's nothing I've ever wanted to tell you less than that Mathieu was responsible."

"I believe you. You know it's not your fault, right? I see it all the time—some people are just wired wrong. No amount of saving is enough to set them right."

I swallowed and shrugged off his comment. I had a long way to go before I'd feel absolved for my part in this. I locked up the warehouse and headed for the back door of Chains.

"I'll be right back."

Hennessy leaned up against his car. "I've got a shit ton of calls to make. Gotta track down the kid."

It had to be done, but I still felt the words like a cheap shot to the kidney.

I unlocked the back door, punched in the code, and headed for the basement. I hustled down the stairs and hit the light at the bottom.

"Fuck."

Mathieu sat in the folding chair, Elle's gun held loosely in his right hand, barrel pointed at his face. An empty bottle was at his feet, and he clutched a half-full fifth of Wild Turkey in his left hand.

He looked up at me, and his eyes blazed with that crazy light I'd never noticed before last night. His knuckles were crusted with blood, and a deep cut sliced through his eyebrow.

"Shit, kid. You need a doctor."

He laughed, and the rusty sound echoed in the cinderblock room.

"More likely gonna need a hazmat crew," he said, lifting the gun and gesturing with it.

"There's no need for that because you're going to put the gun on the floor and kick it toward me."

His chuckle was more muffled this time, because he was swigging from the bottle. When he pulled it away from his lips, he held it out toward me.

"You wanna share my last supper?"

"Mathieu, there's no call for what you're saying." I kept my voice calm and even, thinking fast for a way to keep him from blowing his brains across the room. For the first time in a long time, I wasn't carrying. My .45 was tucked in the glove box of the 'Cuda.

"You shoulda been thanking me," Mathieu said, his words slurring. "'Cuz you know that's how things work on the street. We got each other's backs. Can't let someone disrespect you or we'll be weak. You gone soft, Lord. Didn't expect that from you. Thought you still knew the code. Lived the code."

His ramblings were punctuated by the swinging gun and bottle. My only option was talking him down.

"I know you did it for me—and for Elle. You were protecting us, and I get that." Even as I said the words, they rang false in my mind.

Mathieu shook his head. "No. You don't know. You're just sayin' that shit so I won't eat a bullet. Too fuckin' late, man. Too fuckin' late. I saw your face last night. I ain't getting locked up for this shit. I'd rather be in the ground than a cell."

"There's no reason for that."

He lifted the gun to his head again. "There's every fuckin' reason. You ain't the brother I thought you were. I got no one. I got nothin'." His thumb flicked the safety off. "I'm done. Made my peace. Time for me to cash out."

Footsteps thudded down the stairs, and Mathieu's eyes widened.

"What the fuck is taking you so goddamn long?"

The gun swung toward me as Mathieu registered Hennessy's voice.

"You brought the fuckin' cops." His arm shook as his finger closed over the trigger.

My chest ached as I yelled the words that would give Hennessy a fighting chance. "Stay the fuck out of here!"

But Hennessy had already come too far—putting himself directly in the line of fire.

"Sorry, cop. You're done."

Mathieu pulled the trigger, and the deafening percussion of the shot filled the basement as I dove toward Hennessy.

Heat lit across my arm as I missed my target and three more shots rang out. I hit the concrete floor and slid toward where Hennessy had dropped to a knee and taken aim.

Static filled my ears, and I lifted a hand to my shoulder. It came away with only a slight smear of red.

"Fuck. He got you." The words sounded muffled as

Hennessy holstered his gun and lifted the sleeve of my T-shirt away from the wound.

"Barely," I said. "Don't worry about it."

Because I wasn't worried about it. It wasn't my first close call, but God-willing it'd be my last.

No, my eyes were on Mathieu's crumpled body. Blood already pooled around him on the cement. I swallowed back bile as the reality of what had just happened hit me hard.

Hennessy caught the direction of my gaze. "I'm sorry, Lord. I didn't have a choice. He fired first—"

The buzzing in my ears was starting to quiet. "Don't. I know. He didn't intend to leave this basement alive."

Shock held my eyes on Mathieu, and I barely listened as Hennessy called it in.

The absolute madness of yesterday was crushed by the events of today.

Part of me couldn't stop thinking I'd failed Mathieu on every level, and the other part of me recognized what Hennessy had said earlier: some people were just wired wrong. The crazy in Mathieu's eyes hadn't been the boy I'd thought I'd known. Somehow I'd looked right past it to the good that had always been there.

My thoughts were interrupted by Hennessy holding out a hand. "Come on. Let's get the fuck out of here so the techs can preserve the scene. They're on their way. There's a bus coming to check out your arm."

I took his hand and stood. "I don't need an ambulance. It's just a graze."

Hennessy shrugged. "Your choice. I'm just doing my job."

I could almost hear the unsaid: *And some days I fucking hate my job.*

"I'll be investigated for this, so I'd appreciate you giving a full statement about what happened before and after I came down the stairs."

"They'll get the truth. He fired on you first. Fuck—he fired on me."

I climbed the stairs behind him, thinking that for as long as I lived, this basement would always be tainted. I'd been so proud of my set up—the firearms ID equipment and the range. And now … now I never wanted to set foot down here again. It was a fucking crime scene.

Chains wouldn't be opening today … or probably anytime soon.

My numbers would run into the red really fucking fast, but that fact paled in comparison to what had just happened. Swallowing my pride and admitting to my brother I couldn't swing the payment next month was nothing compared to this. My customers would get over it. Life would go on.

For most of us.

When we stepped into the alley, we had another visitor.

Rix.

"Came to get my car," he said in greeting. "Decided on the Charger."

Mother. Fucker. Of all the shit timing on the planet.

"This isn't a good time."

Rix looked closer at my arm.

"The fuck happened to you?"

"Nothing you need to worry about. But if you don't want to be surrounded by cops, you're gonna want to get a move on."

Hennessy stepped out of the back door and into the alley. Rix's eyes landed on him.

"Seems like you've already got one here."

"Good to see you too, Rix," Hennessy said.

"I've never said it was good to see a cop," Rix tossed back.

"Then you best be moving on, because there's about to be a whole lot more of us."

"The fuck happened here?"

"None of your business, man."

"Everything that happens in this neighborhood is my business."

"Not today."

Rix got in Hennessey's face. "You think because you're a cop you're so much fucking better than me?"

"Not because I'm a cop."

Hennessy had balls of steel—that was for goddamn sure. But Rix didn't need to know what had just happened. He'd find out soon enough.

"I'll get back with you on the car soon. Let's table that discussion for another day."

Rix eyed us both, and it was obvious from the ticking in his jaw that he hated being in the dark.

"You know I'll find out what's going on. I got my sources. Don't need to get my information from a cop."

"Then like I said, you best be on your way," Hennessy replied as broken pavement crunched under the tires of the police cruiser turning into the alley.

Rix gave me a chin jerk and strode to his car. "I'll be in touch."

I nodded in response, and Hennessy and I both watched as he started up his Caddy and pulled away.

A second police cruiser and the ambulance pulled into the alley a few moments later, and I steeled myself for what was next.

49
elle

"MAMA, YOU'RE UP?"

It was one of those stupidly obvious statements, but my surprise got the better of me, and it tumbled out. My mother was sitting at the dining room table, one hand lifting a teacup to her lips. It was only nine, and I didn't think she'd been up this early in years.

"I have a funeral to plan today." Her words were crisp—no hint of slurring.

"I know. I thought I'd see if I could help."

"I've already called the funeral director. He's coming to the house in an hour to go over everything."

I was surprised she hadn't said she'd called the priest. Hesitantly, I asked, "Do you want me to call Father Benedict?"

My mother's eyes swung to me. "Whatever for?"

"To talk about the mass?"

She shook her head and sipped her tea.

"That man is going to hell whether he gets a mass or not. But I suppose … people will talk if we don't have one. The last thing I want is people having more to talk about." I expected a snide comment about people having plenty to talk about because of *me*, but she added, "Margaux told me what I did to the library. I must've gotten the attention of the whole neighborhood last night."

The way she said it, it sounded like she had no recollection of her actions. And maybe she didn't. I'd been black out drunk exactly once, and we all knew how that had turned out.

"You didn't attract any attention, Mama. The only person who was here was Doc Monroe. He came to … umm … help calm you down."

Her face—already drawn—paled further. "Why would you call him? Of all people, why would you call *him*?"

"Because he's the doc?" I replied, my answer coming out more like a question.

She lowered her teacup to the saucer with a clatter. "A woman should never be seen by a man when she's at anything less than her absolute best. That wasn't well done of you, Eleanor."

Her vehemence surprised me. "I'm sorry, Mama. I didn't know what else to do."

Her hand shook as she reached for the teacup again. "Oh well. I suppose he should know the whole of what he's getting."

I choked on air. Yes, it was possible, because I did it.

"Wha—what?"

She looked at me, and I felt like this was some kind of twisted déjà vu—like a few weeks after my dad died, when she'd called me home one weekend from college, and I'd arrived to find movers packing the entire house. That was when she'd dropped the bomb about getting remarried. Somehow, her announcement had been secondary to the fact that she needed me to determine if there was anything I could get rid of from my room to make the packing go more quickly. It'd been like a gut punch followed by someone ripping your heart out. And now this?

"Mama, are you saying you're going get remarried again? Like, now?"

She straightened. "I'll do whatever I like, Eleanor. And this time, I'm not getting married. I don't want to sentence John to the fate of the black widow."

"But—"

"But nothing. I'm a grown woman, and I've been trapped in a hell of my own making for over a decade. He tried to get me to wait after your father died, but I couldn't. Now, I don't have a lot of good years left, so I'm going to make the most of them."

"But, Mama, what about—"

A knock on the door interrupted my stuttered words. Was the funeral director early?

Margaux's voice carried from the foyer, and footsteps signaled the arrival of whoever was at the door.

But it wasn't the funeral director. It was a woman

I'd never seen before. She was around my age and dressed in a neat black suit.

My mother stood as she entered. "Eleanor, could you give us some privacy?"

I rose and looked from the woman to my mother. *What in the world?* But my mother didn't offer any explanation, and I was still reeling from her confession about Doc Monroe. I made my way out of the dining room and headed for the kitchen. Margaux was retying her apron when I entered. There was nothing I could do about the doc at the moment, but I could find out who had just arrived.

"Who was that?" I asked Margaux. If she didn't know, then no one would.

Margaux turned to the stove without answering. After she flicked on the control to light the burner under a frying pan that was apparently waiting on her return, she cracked three eggs into it and dashed them with salt and pepper. I waited, semi-patiently, for her answer.

"That was things getting right with the world."

"What does that mean?" I asked. Because serious-ly—what the hell did that mean?

"I know you and your mama haven't seen eye-to-eye in a long time, but things have been tougher for her than you know."

"I think I know a little about that."

"Well, that meetin' this morning proves your mama is a strong woman, and ready to admit she has a problem that needs taking care of."

My mind spun. "Wait. Do you mean … just freaking tell me who that chick was."

Margaux grabbed a spatula and checked the eggs before flipping them for over-easy perfection. Finally, she turned to me.

"We both know the drinking has been out of hand. And I've done what I can to try to keep her from doing any permanent damage … but Lord, child, you didn't have to live with that man. I'd be finding the bottom of every bottle I could if he'd treated me the way he'd treated your mama."

I'd seen plenty. He'd been a complete and utter asshole every time I'd met him. But had he been worse in private? I'd assumed, but had never really known. But, assholes rarely improved in close quarters. Now, I wondered what I'd missed.

"What are you talking about?"

"Treated her like she had no mind of her own. The early days were the worst. It didn't take long for him to break her. Every word that came out of his mouth crushed her into smaller pieces. There wasn't nothin' she could do right, and he let her know at every opportunity."

"But—"

"But we deal with our demons in different ways. We've all got chains to break free from; some might just be prettier than others." She nodded toward the doorway. "This right here is your mama breaking free.

First thing she told me when I helped her out of bed this morning was that she'd be checking herself into a facility to get some help as soon as the funeral was over. She said she's let that man ruin her life for long enough, and it was time to take it back."

No freaking way.

"Are you serious?"

"Serious as a heart attack. And you better be supportive, child. This isn't easy for her to face."

"I'm definitely supportive. I mean, I'd planned to try to talk her into it myself. I had a place lined up and everything."

Margaux's smile was slow as molasses, but once it got moving, it was brilliant.

"Good. Glad you're on your mama's side. Seeing you at odds for all these years has been hard on ol' Margaux. Can't tell you how many nights your mama's rambled to me about how she ruined your life and hers."

"What do you mean?"

"Just that you got whiplash from how fast she married Denton, but she didn't know what else to do. No education, no skills, a whole hell of a lot of debt, and college to pay for. Your mama made the only choice she knew how to make at the time. She was worried you'd have to drop out of that fancy school, and you'd be as bad off as her. She didn't want that for you. She wanted you to go on and do better."

Guilt multiplied inside me. I'd had no idea she'd

felt that way, or had been worried about paying for college. "I thought my trust paid for all my college stuff. The money was there."

Margaux shook her head. "It wasn't written right. The lawyers said she couldn't use a dime of it, even for your schoolin'. It was completely locked up until you turned twenty-one."

And there was enough money that I'd never even bothered to check what had or hadn't been spent before I gained control.

"I had no idea," I whispered.

"It's easy to judge what you think to be the truth. So often it's a helluva lot more twisted than you realize."

I didn't know what to say. Didn't know what to feel. All the resentment, hurt, and anger I'd bottled up for years—that I'd been working on pushing away just recently—began to fade.

Heels clicked in the hallway, and voices carried. My mother was showing her guest to the door, and the funeral director would be here next. We had a funeral to plan, and I had over a decade's worth of assumptions to right.

When the front door closed, I met my mother in the foyer. The words were clawing up my throat, and there was no keeping them in.

"I—I didn't know. I thought … I always thought you'd married Denton because of the money, but not because … of me."

My mother just looked at me for a few moments. "I did what I had to do."

"But—"

"I haven't always been the best mother, but there were some things I wasn't willing to sacrifice. Your future was one of them."

Her words stunned me. I opened my mouth to speak, but she continued.

"You were already destroyed by your daddy dying. I knew I was going to lose everything to the debts. Every last piece of the life you'd known was going to be gone. You might've been eighteen, but you were still a child in so many ways. My little girl had lost her daddy, the most important man in her life, and I didn't want every familiar thing to be stripped away all at once. You'd worked so hard to get into that school—and your father had been so proud of you. I couldn't let either of you down by making you leave it and start over somewhere else. I was bound and determined to find a way … and then I met Denton."

She smoothed her hair in what I recognized as a nervous gesture.

"Mama, you don't have to explain—"

"Let me get it all out, Eleanor."

I shut my mouth.

"Denton wanted a society wife. Someone who could raise his cachet and take him from being an ambulance chaser to the top. He had the money, and I had the pedigree. He offered me a bargain I couldn't refuse: to settle all the debts and pay for your college and all I had to do was make the right introductions— and sell my soul to the Devil himself." She grasped my hand. "But there's nothing I wouldn't have done for you to have a chance at making a strong future for yourself. A future where you'd never have to rely on a man to see you through. A future where you'd never be as vulnerable as I was."

The understanding that had started to crystallize in the kitchen snapped into place. "And I went out of my way to waste it." I thought about my string of less than prestigious jobs and how I'd thrown them constantly in my mother and Denton's faces. "You wanted me to be something … to do better … and I've been wasting it." Shame worked through me, and my tears began to fall.

"You were a stubborn one. Always have been."

"I'm so sorry, Mama. I'm so, so sorry."

She opened her arms, and I did something I hadn't done in over a decade: I threw myself into them. She hugged me close like she had when I'd been a little girl. Again I repeated, "I'm so sorry, Mama." Hindsight was not only twenty-twenty—it carried a machete to hack through your emotions.

"You're not the only one who's sorry here. I owe you an apology, too. I've been carrying my own resentment for a long time."

"Because I acted like a spoiled child and wasted the sacrifice you made."

My mother pulled away and met my eyes. "We all

make our own choices. You chose your path for your reasons, and I chose mine. And part of the path I chose was not a good one. I'm … I'm an alcoholic. That's my demon to battle, and it's time I faced it."

I squeezed her against me again. "I'm sorry. I feel like—"

"Don't you dare say that my problems are your fault. I'm a grown woman, and I can accept now that I let my problem control my life rather than putting myself in the driver's seat. So, after the funeral, I'll be going away for a month. From what Martine explained, there's going to be plenty of time for forgiveness in that process. Knowing that we're taking the first step right now is going to make this easier as we move forward. It's time to let the past go so we can both have the futures we deserve."

I lost track of time as we stood in the foyer, holding on to each other, and recovering a piece of what had been lost and damaged through years of misunderstandings and miscommunications. So much time lost because we'd never told each other how we felt. My mother was right—it was time to let the past go and focus on the future.

LORD DIDN'T RETURN for several hours, and he'd answered my text message with only: *Things got complicated. Will tell you when I get home.*

As soon as I heard his heavy, distinctive footsteps, I

ran from the library where I'd been sorting out the catering menu. He glanced up just as I threw myself into his arms.

"Goddamn, you feel good." He breathed in the scent of my hair and squeezed me to the edge of bone-crushing.

"I love you," I blurted.

Lord's head jerked up, and his eyes met mine. "You don't know how bad I needed to hear that right now. I love you too, Elle. So goddamn much." He crushed me to his chest, and I clung.

There, in his arms, the rest of my shattered pieces melded together into something stronger than before they'd been broken.

When Lord finally set me on my feet, he lifted a hand and trailed a finger down my cheek.

"You've been crying."

Clearly my makeup repair job hadn't been as good as I'd thought.

"Yeah. My mama and I … we worked some stuff out."

His features softened. "That's good to hear. Really good. You talked about rehab?"

"She'd already made the call. She's going after the funeral. Which is tomorrow, by the way. She just wants to put that bastard in a tomb and move on. Her words, but I think they're appropriate."

"That's good too." The smile on his face didn't reach his eyes.

"What's wrong? Were there more cars stolen?"

"No. Just the one." He gripped the back of his neck with both hands and stared at the ceiling.

"And Mathieu?"

Lord stared down at me, and the pain in his eyes pierced me.

I stepped toward him and wrapped my arms around him once again.

"How bad is it?" I whispered.

"Really fucking bad."

His hands settled on my shoulders, and I looked up at him.

"Mathieu's dead."

My heart clenched painfully.

"From the accident?"

Lord shook his head, his throat working as he swallowed. "From Hennessy's bullet."

I lifted my hand to my mouth. "Oh my God. What happened?"

Lord told me everything—or at least everything he was willing to share. The despair and guilt in his eyes as he told the story tore my heart to shreds.

I reached up to smooth the lines creasing his forehead. "You didn't do this. You are not responsible for Mathieu's actions. He made those choices of his own free will."

Lord wrapped his hand around my wrist. "But he would've never been in this position if it wasn't for me."

"Us," I reminded him. "He targeted Jiminy and Denton because of me. He would've never done that because of you. So if you're going to shoulder the blame for this, then I'm going to carry more than half of it."

Lord slid my hand closer to his lips and pressed a kiss to my palm. When he lowered it, he didn't let go. "No—there's no way this is your fault. That's perfectly clear."

"Then it's perfectly clear it isn't your fault either." I mimicked his move and lifted his hand to my lips and pressed a kiss to his knuckles. "And I'll keep reminding you of that fact. We choose our own path. You could've taken a different one, and so could I. But … there was something missing in Mathieu. Because what he did, it's not something you could've stopped."

It was several long moments, but finally, he replied, "I know, logically, but it's gonna take me some time to believe it." He squeezed my hand. "So, what now?"

That was a good question, and I only had one answer I could give. "We let go, and we move forward."

LORD STOOD BESIDE me as we watched the car take my mother away to rehab. He stood by me today in the same way he'd stood by me all week—as my rock. And I'd like to think I'd done the same for him. Dealing with the aftermath of Mathieu's and Denton's deaths had put us into new territory. We'd forged through together, coming out stronger on the other side. I'd held him as he'd broken down after we'd had Mathieu interred. He was a man who could carry all of my burdens and never stumble, and I'd taken on the weight of his too.

Lord laced his fingers through mine and pulled me against him.

"What do you say about getting out of town for a few days?"

"I'd say that sounds amazing, but what about Chains?"

The shop hadn't yet reopened.

"I was good with keeping it closed a little longer,

but Con offered his services. He's going to cover for a few days so we can get a break."

I smiled. "Okay."

"Good. That saves me from having to kidnap you."

I pressed a finger to my lips and pretended to reconsider. "On second thought, I think this is a terrible idea. I probably need to be kidnapped."

Lord ducked and wrapped an arm around my waist and picked me up and over his shoulder.

"Not a problem. Packed your bag already anyway."

I tried to swing my head around to look at him, but it was impossible from my position.

"You what?"

"I wasn't taking no for answer. The kidnapping part wasn't really a joke."

I burst into laughter, and the sound made me feel lighter and more alive than I had in days. "I knew there was yet another reason I love you."

His response was to land his palm on my ass with a *smack*.

"What was that for?"

"Because you love that too."

Lord lowered me to the ground beside the 'Cuda and opened the door.

"In you go."

Instead of getting in the car, I wrapped my arms around his neck and pulled his face down to mine.

"Kiss me first, pawn star."

When his lips met mine, I put everything I felt for

him into the kiss. When I finally pulled away, he looked down at me.

"Best decision I ever made was to hire you."

"Only because I made you."

He smiled and pushed a wild strand of hair out of my face. "Then I guess it was the best decision I ever made not to fire you."

"Not to correct you, but I didn't let you do that either," I said, my lips turning up into a grin.

"Stubborn woman. How the hell did I get so lucky?"

"Maybe it's that voodoo magic sprinkled across the doorway of Chains … but I like to think it's because my daddy brought us together. That watch of his sent me to you, so I guess I've got both him and my mama to thank."

"That explanation works just fine for me. Now let's get out of here."

I glanced down at the passenger seat and back to Lord. "How about I drive?"

His lips quirked into a small smile, and he pulled the keys from his pocket and dropped them into my hand. "I'd only give up the keys for you, sweet thing. Any damn time you want."

I closed my fingers around the keys as he led me around to the driver's side and opened the door.

I slid behind the wheel and waited for him to climb into the passenger seat.

I grinned at the rumble of the Hemi as I turned the

key.

"Next time, we're taking Eleanor," I said.

"It's a deal," Lord replied.

I shifted into reverse and wrapped both hands around the wheel—ready to conquer the world and anything the future had to offer with the man beside me.

EPILOGUE
lord

"WHAT THE HELL is he doing here?" Elle whispered-yelled at me over the laughing and general raucous of the party going on around us. She took a step to the side for a better view, and I slid my arm around her to keep her from unexpectedly taking a dip in Lake Pontchartrain.

"Whoa, sweet thing. You're about to run out of dock," I murmured into her ear.

She looked down at her feet and shifted even closer to me as she realized the edge was only inches away.

"Shit. That was close."

I tightened my grip on her. "I'd never let you fall. You know I've got you. Always."

Elle sighed and pressed her hand to my chest. "When you say stuff like that, you make me want to climb you. Which a problem, because I'm not one for audiences."

I dropped my other hand to cup her ass. "I think we're going to be leaving sooner than I'd planned."

She wriggled out of my hold—this time staying away from the edge of the dock—until she could see through the crowd again. "We can't go yet. And for sure not until I figure out why the hell Lucas Fucking Titan is here. Who would've invited that asshole?"

I finally followed her stare through the bodies to where a tall, dark-haired man stood. "Vanessa invited him," I told her.

Elle's eyes darted up to mine. "Why?"

I raised my eyebrows. "Did you forget this is a fundraiser? And he's probably got the deepest pockets in town?"

Tonight was our first annual Beers for Boxing event. Basically, we got people all boozed up on the samples donated and served by a dozen craft breweries from around the State of Louisiana and held a live auction. With Vanessa's connections—and Elle's—the guest list was pretty damn impressive. We were hoping we'd make enough tonight to start expanding our boxing program. My confidence had been rocked by Mathieu's actions and death, and I'd pulled away from the boys. Con had given me my space, but I could tell it had bothered the hell out of him. But a little soul-searching—and several come to Jesus talks from Elle—went a long way. I finally believed what she'd said to me: It wasn't something I could've stopped. We all made our own choices. Mathieu had made his, and I was making mine.

I was moving forward. I was letting go of the past and the things I couldn't change. The future was bright and full of opportunity. I wouldn't let the guilt from failing Mathieu prevent me from trying to help others.

And in that vein, I was determined to see Chains become so much more than a pawnshop. I wanted to see it become the heart of a neighborhood—a place where people could come if they fell on hard times—not only seeking financial help, but the help of a community. It wasn't all about the bottom line to me anymore; it was about being successful, but not to the detriment of others. We weren't going to just pawn, buy, and sell. We were going to start connecting people in need with resources to give them a hand up. And one of those resources was the gym. It might seem strange that we were relying on fighting to get these boys off the streets, but it was about more than learning how to throw a punch—it was about learning discipline and giving them something to work toward—namely, college scholarships like some of the boys had already received.

Elle grabbed me by the hand and pulled me down the dock. "The auction is starting. There's a killer Chanel bag Vanessa found at an estate sale and donated, and I'm bidding on it in the name of raising money for the program—and in the name of fashion. Oh, and Yve and Dirty Dog donated an awesome vintage Metallica T-shirt that I'm also dying to get—obviously to raise even more money and because you're going to look sexy as hell in it until I strip it off you."

I laughed as I let her drag me toward the crowd—because quite frankly, I'd let this woman drag me anywhere she wanted.

The rest of the evening rolled on, and predictably,

Elle got her purse and the T-shirt. Unpredictably, Lucas Titan bid a million dollars on a boxing lesson with Con.

It would take all million dollars of restraint for Con not to pound the shit out of him in the ring—which I was sure was Titan's motive. Either that, or he felt like he still had a score to settle. Regardless, it wasn't something I was going to miss.

In the Shelby on the way home—which Elle drove since she still didn't drink—I asked her, "What do you think about becoming a full partner in Chains?"

She slowed to a stop at a red light and swung her head my way. "Are you serious?"

"Hell yeah."

"A partner? Like, with equal say and skin in the game?"

"Exactly that."

"You'd trust me with that? You're not drunk, are you?"

The light turned green, but she didn't accelerate because I'd lifted my hand to her face and skimmed my fingers along her cheek. "I'm not drunk. And you know damn well I trust you with everything and anything."

She turned her face to press a kiss to my palm, before taking a deep breath. "Well, obviously the only answer I have is *hell yes*. And maybe one more question."

"Shoot, sweet thing."

"Do you have any idea how *epic* this going to be?"

"Oh, I have no doubt about that." Every bit of my future with Elle would be epic. I wouldn't let us settle for anything less.

Elle accelerated, and we drove off into the mother-fucking sunset.

THE END

Lucas Titan's story is coming next in *Beneath These Scars*. To keep up with the latest, including exclusive sneak peeks, sign up for my newsletter!

Also, if you have a few moments, I would be incredibly grateful if you'd consider leaving a review for *Beneath These Chains*. Good or bad, reviews help authors more than you know. If you email me the link to your review at meghanmarchbooks@gmail.com, I'd love to thank you with a personal note.

About Beneath These Scars

I'm the guy you love to hate.

In every story in my life, I seem to end up playing the villain—and I've got the scars to prove it.

That role works fine for me, because I'm sure as hell not anyone's hero.

I run my life and my empire with an iron fist—until *she* knocks my tightly controlled world off its axis.

She's nobody's damsel in distress, but I can't help but want to save her anyway.

I guess we're about to find out if there's a hero buried … beneath these scars.

The Beneath Series Reading Order
Beneath This Mask (Beneath #1)
Beneath This Ink (Beneath #2)
Beneath These Chains (Beneath #3)
Beneath These Scars (Beneath #4) – Coming Soon

connect with

meghan march

UNAPOLOGETICALLY SEXY ROMANCE

Newsletter: http://bit.ly/MeghanMarchNewsletter
Website: www.meghanmarch.com
Facebook: facebook.com/MeghanMarchAuthor
Twitter: twitter.com/Meghan_March
Instagram: instagram.com/MeghanMarch
Pinterest: pinterest.com/MeghanMarch1
Tsu: tsu.co/MeghanMarch
Goodreads: goodreads.com/MeghanMarchAuthor

CPSIA information can be obtained
at www.ICGtesting.com
Printed in the USA
FSHW04n1013280318
46239FS